그가
꿈꿨던
혁신 성장

그가 꿈꿨던 혁신 성장

지금 다시 돌아봐야 할 우리 시대의 과제

박기영 지음

시공사

익히 알고 있지만 그동안 잊고 살았던 책, 단테의 《신곡》이 새삼 가슴에 꽂혔다. 르네상스의 발상지였던 이탈리아 피렌체에서 교황 중심 정치에 반대해 서른다섯 살에 추방당한 후 유랑 생활을 하다 말라리아로 죽은 단테 알리기에리Dante Alighieri, 1265~1321가 19년 동안 썼다는 대서사시. 단테는 표범, 사자, 늑대로 상징되는 권력과 야망과 욕망이 넘실대는 곳을 지나 지옥문에 적혀 있는 글귀를 보게 된다. "여기 들어오는 너희는 온갖 희망을 버릴지어다."

단테가 살았던 13세기 말과 14세기 초는 중세가 근대로 넘어가는 과도기였다. 단테를 연구하는 박상진 교수(부산외국어대학교)는 "단테의 시대에서 보면 중세는 잊히기에는 너무 가까운 과거였고 근대는 외면하기에는 이미 너무 가까이 와버린 미래였다"고 했다. 그는 "단테를 만든 근본적인 동력은 시대의 요구에 대한 응답"이라고 강조한다.

최근 지식의 축적과 기술의 진보가 빠르게 진행되면서 기술과 산업의 내용이 변하고 기업도 바뀌고 있다. 이제는 지식정보사회에서 지능정보사회로 바뀌고 있다. 나는 이런 격변의 시점에서 단테와 더불어 노무현 대통령을 떠올린다.

노무현 대통령은 과거 구태 정치의 막내가 되어 역사의 굴곡을 말

끔하게 해소하고 미래로 나아가는 첫 주자가 되고 싶어 했다. 그동안 한국 사회를 지배했던 시대적 의제는 민주화였지만, 새로운 시대의 의제는 단연 과학기술 혁신이었다. 성장 잠재력을 높여 지속가능한 경제성장을 추진하면서 복지를 확장하여 성장과 복지가 선순환되는 선진국을 만들고 싶었던 것이다. 결국 이 뜻을 이루지 못하고 안타깝게 세상을 버렸기에 10년이 훨씬 지난 지금까지도 슬픈 마음이 그지없다.

노무현 대통령은 후보 시절부터 시대의 새로운 의제로 과학기술 혁신을 선택했다. 취임 후 첫해인 2003년 8월에 열린 국가과학기술위원회에서 이제 한국 사회는 시대 전환이 일어나고 있고 "민주화에서 과학기술 혁신으로 넘어가는 시기"라는 점을 강조했다. 지금까지 역사의 변화와 세계화는 과학기술에서 출발했으므로 과학기술인들은 내일의 한국을 건설할 수 있다는 자부심을 가져야 하고 자신은 대통령으로서 정치적, 사회적으로 뒷받침하겠다는 의지를 밝혔다.

기후변화로 인해 이미 '에너지 산업은 혁명 중'이다. 더구나 최근 코로나바이러스감염증-19(COVID-19, 이하 코로나19)로 전 세계가 고통을 겪으면서 감염 확산을 막기 위해 비대면 소통이 불가피해졌고, 그 결과 IT 기술의 도입은 더욱 가속화되고 있다. 전 세계 많은 도시가 봉쇄정책을 쓰거나 혹은 거리두기를 강제하면서 대면 사업은 심각한 경영난을 겪는 대신 IT를 활용한 비대면 사업이 위력을 발휘하고 있다. 이제 웬만한 회의와 모임은 비대면으로 처리하는 것이 더 편하게 느껴지는 시대가 되었다.

오랜 역사를 갖고 있던 과거의 최고 기업이 사라지고 신생기업이 빠르게 등장하고 있다. 코로나19 이후에는 이러한 변화가 더욱 빨라

질 것이다. 새로운 서비스가 출현하는 양과 속도는 매우 획기적인 수준이다. 인터넷 혁명이 가져다주는 기술 빅뱅의 모습이 점차 사회의 큰 변동을 일으키고 있어 산업 패러다임의 대대적인 전환이 예고되고 있다. 전기자동차의 확산으로 엔진이 없는 자동차 사회가 실현될 것이다. 스스로 에너지를 만들어 사용하는 각종 기기, 생명 연장이 어디까지일지 알 수 없게 만드는 생명과학 및 의료관리기법이 등장하고, 종이화폐가 사라진 사회, 개인의 모든 행동이 24시간 감시당하는 사회, 개인 소유가 점차 줄어드는 사회, 비대면 방식을 통해 소수가 세계 시장을 제패할 수도 있는 사회가 될지 모른다.

이처럼 분산, 집중, 독점이 동시에 일어나는 사회를 보면서 트렌드를 연구하던 미래학자들은 2010년대 초 이것을 제3차 산업혁명이라고 말했다. 그런데 이런 변화가 더 빠르고 충격적이라고 판단하면서 2016년 세계경제포럼에서 제4차 산업혁명을 거론했다. 이미 우리는 제4차 산업혁명 시대라고 부르기를 주저하지 않는다. 그리고 과학기술의 발전은 단절이 없기 때문에 지속적인 변화와 혁신을 추구하는 많은 나라가 굳이 제4차 산업혁명이라는 명칭없이 '기술혁신 시대', '디지털혁신 시대' 라고 말하고 있다. 현재는 과학기술의 이런 변화와 혁신 덕분에 일자리가 바뀌고, 사회가 변하며, 또한 삶의 방식과 생각도 달라지고 있다.

그래서 산업혁명의 앞에 붙는 숫자에 차이를 두는 것은 무의미할 것 같다. 기술과 사회의 패러다임 전환은, 더구나 코로나19라는 변수는 가속화하는 사회 변화를 전혀 예상할 수 없는 빠른 속도의 혁명으로 이끌 것이다.

우리나라는 코로나19에 대응하면서 'K-방역'을 통해 방역 성공 국가로 평가받고 있다. K-방역의 성공에는 방역 지침을 잘 지켜준 국민들의 성숙한 시민의식이 큰 몫을 차지했지만 IT의 이용도 큰 비중을 차지했다. IT를 이용하여 교육과 회의, 쇼핑 등 많은 영역에서 비대면으로의 전환이 빠르게 일어날 수 있었고, 위치 추적 등 방역관리도 철저하게 진행할 수 있었다. 이 모든 배경에는 김대중 정부에서 시작한 세계 최고 수준의 인터넷망 연결을 비롯하여 노무현 정부에서 추진했던 디지털 전환과 전자정보화 사업이 크게 기여했다고 생각한다. 최근 문재인 대통령은 한미정상회담에서 백신 파트너십, 전기차와 배터리 공급 협력 및 미사일 지침 해제 등의 성과를 이루었다. 과학기술 체계를 혁신하겠다고 선언하면서 출발한 참여정부는 생명과학 전공자에게 질 좋은 일자리를 제공하고 제약산업을 발전시키기 위해 바이오 의약품 생산에 위탁생산방식CMO을 처음 도입하였고, 인공위성 발사체 개발과 발사대 건설을 시작하였으며 소형원자로와 배터리 기술개발을 적극적으로 추진하였다. 또한 '미스터 반도체' 라는 별명을 가진 장관이 IT839를 추진하면서 정보통신산업 고도화를 이끌었다. 이후 참여정부의 과학기술정책의 초석은 여러 정부를 거치면서 기술강국으로 결실을 맺고 한국이 과학기술 최첨단국가인 미국의 기술협력 동반자가 되는 성과로 이어졌다.

코로나19라는 죽음의 계곡을 건너며 과학기술 혁명이라는 파고를 맞이하고 있는 이때, 우리는 어떤 과학정책을 마련해야 할 것인가. 나는 과학기술 혁명으로 시대 전환을 향해 달리고 있는 지금, 과학기술 육성을 통해 후세에 경제 대통령으로 평가받고 싶던 노무현의 꿈을 증언해야 할 것 같아 이렇게 참여정부의 과학기술정책을 정리하게 되었다.

과학을 사랑한 대통령, 노무현

노무현 대통령은 과학이 매우 흥미롭고 매력적인 분야라고 생각했다. 특히 한국사회의 시대 전환을 과학기술에서 찾으려 한 것 같다. 그래서 성장과 복지의 선순환 구조를 만들기 위한 성장 정책의 원동력을 과학기술로 설정한 것일 테다. 노무현 대통령은 과학기술의 변화와 의미 및 가능성을 존중하고 이를 행정과 정치에 반영하고자 많은 고뇌 속에서 노력했다. 때론 과학이 가져다줄 미래의 가능성에 자주 흥분하기도 했다. 특히 과학이 나아가는 방향성에 대해 상당히 개방적인 시각을 갖고 있었으며 과학과 사회와의 통합·관리에 관심이 많았다.

나의 개인적인 생각으로 노무현 대통령은 정치·사회·경제·문화 등 모든 분야에서 과학적 합리성과 논리적 사고라는 철학을 바탕으로 인간성이 존중받는 보편적 삶을 고민하신 분이기에 정치인이지만 철학자 혹은 사상가가 아니었나 싶다. 노무현 대통령의 실용주의는 이러한 과학적 인식 속에서 나타난 것이 아닐까 생각해본다.

노무현 정부의 과학 정책 슬로건은 '과학기술중심사회 구축'이었다. 우리나라의 어떤 정부에서도, 또한 세계 어떤 나라에서도 과학을 정책의 중심에 세우겠다고 선언한 적은 없었다. 그동안 정책 차원에서는 늘 변방이었던 과학기술을 감히 핵심정책으로 내세우기는 어려웠다. 참여정부가 과감하게 '과학기술중심사회 구축'이라는 슬로건을 내걸 수 있었던 것은 과학기술을 좋아하고 과학기술인을 신뢰했으며, 과학기술이 사회에서 건강하게 사용될 수 있도록 관리하고 싶어 한, 그래서 과학기술정책을 정부 정책에서 최우선 순위에 둔 노무현 대통령이 있었기에 가능했다. 대통령은 후보 시절부터 과학기술 분야에서 '대통령 빅 프로젝트'를 비롯하여 차세대 성장동력을 선정해 추진하고 싶다고 관련 정책들을 주문했다.

노무현 대통령은 과학기술 분야에서 미래학자와 같았다. 과학기술이 사회경제적 활용성 측면에서 사회변혁과 미래사회를 이끌어내는 원동력이라고 판단했다. 또한 과학기술이 만들어내는 사회가 어떤 사회이든지 미래사회는 정치의 힘으로만 제어할 수는 없다고 본 것 같다. 그렇다고 과학기술 발전이 마냥 장밋빛 미래를 보장하지는 않을 것이라고 판단했기에 그 폐해도 직시하려고 노력했다. 노무현 대통령은 과학과 사회와의 대화 속에서 합의를 통해 점진적으로 만들어가는 '사람 사는 세상'을 꿈꾸었다.

과학기술의 발전을 방치하지 않고 과학이 사회적 지혜와 접목되도록 잘 관리하는 것이 바로 정치의 몫이라고 말했다. 과학기술을 혁신성과 불확실성을 내포하고 있는 분야로 인식하고 그것이 내포하고 있는 실용적이고 긍정적 가치를 활용하는 사회를 존중하되, 과학의 부정적 일탈을 최소화하기 위해 과학의 발전을 관리하는 정치의 역할을 주요하게, 자주 언급했다. 특히 과학의 오남용을 막고 인간 가치의 훼손을 최소화하는 정치의 개입과 참여는 당선인 시절부터 줄곧 강조했던 것이다.

노무현 대통령은 과학자를 만나 과학 이야기를 나누는 것을 좋아했고, 앨빈 토플러를 만나서 미래에 관한 이야기를 나누기도 했다. 과학 분야 노벨상 수상자인 릴런드 하트웰(Leland H. Hartwell, 미국 허치슨암연구소, 2001년 노벨생리의학상 수상)이나 다국적 제약기업의 대표들도 만났으며, 외국에서 성공한 한국 출신 과학자들을 청와대로 초청해 만나기도 했다. 미국 한림원 회원인 한인 과학자가 대통령 초청으로 한국을 방문하게 되니까 동료 과학자들이 매우 놀라워했다고 전해줄 정도로 노무현 대통령의 과학자에 대한 신뢰와 애정이 컸다.

한 번은 요트 이야기를 하면서 베르누이 원리를 적용하여 설명하기도 했고, 어느 날 회의 중간 쉬면서 커피를 마시는 시간에 대통령이 커피믹스를 직접 타면서 설탕이 조금 적게 들어갔으면 좋겠다고 해서 커피믹스의 뒤를 잡으면 설탕이 적게 들어간다고 했더니 너무 반가워하면서 "역시 과학이야"라고도 했다. 아마도 설탕의 비중이 크니까 밑에 내려가 있다고 생각한 것 같다. 나중에 권양숙 여사께 들었는데 대통령이 관저로 퇴근해서는 설탕을 적게 넣는 방법을 알았다고 여사께 알려주었다고 했다.

대통령으로서 업무를 수행하면서 대통령 업무 결재시스템인 'e지원'을 개발하고 특허 등록도 하였다. e지원 시스템 개발 과정에서 활용에 필요한 기능 등을 직접 설명하면서 아이디어를 발굴했기에 정보통신기술에 익숙하지 않은 청와대 참모들은 고통이 컸다. 과학기술은 끊임없이 혁신을 재창조한다. 노무현 대통령의 아이콘인 혁신은 참여정부의 모든 부분에서 핵심 주제가 되었다.

경제대통령으로 평가받고 싶었던 대통령, 노무현

노무현 대통령은 연구 현장의 과학기술인을 대통령직 인수위원회에 처음으로 임명한 분이다. 대통령 선거 과정에서 나는 과학기술정책 자문을 한 인연으로 인수위원으로 위촉되었다. 청와대 참모진 구성도 경제보좌관, 안보보좌관, 과학기술보좌관의 세 축으로 정책 보좌진을 설계했다. 분단국가에서 국가 안보의 중요성이 반영되었을 것이고, 경제정책으로 거시경제정책 중심의 경제보과관과 실물 중심의 미시경제정책의 정보과학기술보좌관을 구성한 것이다. 과학입국을 강조하면서 산업 성장을 추진했던 박정희 대통령 시절에는 경제2수석이 과학기술 분야를 담당했다. 참여정부에서 노무현 대통령은 과학기술정책을 경제정책의 하부 정책이 아니라 미시경제를 총괄하는 독립된 분야의 정책으로 설정했다. 늘 변방이던 과학기술정책이 핵심 정책이 된 것이다. 그만큼 노무현 대통령은 정보 및 과학기술 분야 정책의 추진 의지가 높았다.

노무현 대통령에게 경제를 포기한 대통령(경포대)이라는 조롱이 있었다. 그럼에도 노무현 대통령은 미래에 기여한 경제대통령으로 평가받고 싶어 했다. 경제대통령이 되고 싶다는 포부를 2004년 1월 초에 청와대 관저에서 내게 직접 밝혔는데, 참여정부의 두 번째 정보과학기술보좌관을 맡으라면서 해준 말씀이었다. 아마도 2004년 신년 구상에서 과학기술정책에 역점을 두고 싶었던 것 같다.

대통령직을 수행하면서 '경제는 심리'라는 말에 따라 인위적인 경기부양이나 이벤트성 경제 현장 방문 등을 권하는 조언을 많이 들었지만 경포대라는 조롱에도 불구하고 실제 그런 활동을 탐탁해하지는 않았다. 대통령으로서 경제 분야에서 적극적인 정책을 펼치기보다는 오랜 시간이 투여된 거시경제 관리 시스템이 자체적으로 잘 작동하도록 하는 것이 더 중요하다고 판단한 것이다. 정책을 추진하는 원칙은 역시 시스템이 바로 선 과학적인 합리성에 기반한다고 판단한 것 같다. 노무현 대통령이 갖고 있는 경제정책에 대한 통치 원칙을 외부에서는 경제 챙기기에 덜 적극적이라고 본 듯하다. 그러나 노무현 대통령은 권력은 이미 시장으로 넘어갔다고 말했다. 세계 10위권으로 성장한 한국에서 시장경제 질서를 통해 작동하는 경제 운용에 있어서 대통령의 역할은 제한적일 수밖에 없다는 것이 거의 1년간의 대통령을 지낸 경험에서 나온 소견이라고 했다. 정부의 시장 개입을 통한 경제정책은 어렵다는 것을 인정한 견해라고 생각된다.

그러나 여러 복합적인 이유로 2004년 신년 구상에는 과학기술정책에 좀 더 집중하기로 결정한 것 같았다. 거시경제정책보다는 실질적으로 대통령의 통치 철학을 더욱 잘 반영하고 성과를 낼 수 있는 분야로 미시경제정책의 핵심 분야인 과학기술정책을 적극적으로 추진하겠다고 했다. 2004년 1월 2일 점심에 부르셨는데 나는 순천에 있었기에 가지 못하다가 1월 4일 저녁 시간에 관저에서 뵙고 자세한 말씀을 들었다. 그 자리에서 정보과학기술보좌관의 역할을 제안받았다. 그리고 정보과학기술보좌관으로서 해야할 일들의 방향도 명확하게 설정해주었다. "먼 미래에 나는 경제 대통령이었다고 평가받고 싶다."는 말씀으로 자리를 마무리 했다.

노무현 대통령을 비롯하여 역대 대통령들에게도 청와대 참모나 공직을 임명하면서 직접 이렇게 청와대로 불러서 의도와 의지를 설명하는 경우는 흔치 않았던 것 같다. 노무현 대통령이 각별한 통치 철학으로 과학기술정책을 수행하려 한 의지를 엿볼 수 있는 사례였다. 청와대에 여성 참모진을 임명하는 것에도 적극적이었는데, 2004년 당시 수석보좌관급 여성은 두 명이었다.

여성 참모진과 함께한 노무현 대통령과 권양숙 여사.

과학기술에 대한 노무현 대통령의 철학적 관점

노무현 대통령은 과학에 대한 근본적인 믿음을 갖고 있었다. 실용주의적 성향과 사물에 대한 흥미가 강했고 혁신을 추구한 분이었기에 새로운 것을 탐구해내고 과학적 발전을 통해 사회 혁신을 이뤄내는 것에 많은 매력을 가졌던 것 같다. 청와대의 분위기가 가라앉았을 때, 오히려 과학기술 행사를 해보라는 권유가 많았다. 현장에서 흥미로운 과학기술 내용에 몰입하시는 대통령의 태도 때문이었다. 나는 오히려 그런 상황에서 과학기술 행사를 준비하고 진행하는 것이 두려웠다. 하지만 노무현 대통령은 과학기술위원회 회의 중에 시중에 유행하는 개그를 전하면서 분위기를 화기애애하게 만들어주어서 참석자들이 편안하게 발언을 이어갈 수 있게 하는 등 여러 과학기술 행사에서 밝은 분위기를 이어가도록 애썼다.

노무현 대통령이 과학기술의 육성을 핵심 정책으로 선택한 배경에는 바로 과학기술의 혁신적 발전을 통해 일자리 창출과 경제적 성과, 합리적이고 논리적인 과학문화 사회로 진입 등의 구상이 있었다. 그러나 환경문제와 생명과학의 오남용 등 과학기술의 부정적 측면은 법과 규제 및 사회적 논의 등을 통해 정치적인 활동과 행정적인 참여로 관리해야 한다고 판단하였다. 참여정부가 〈생명윤리 및 안전에 관한 법률(생명윤리법)〉을 제정(2004. 1. 29.)한 이유이기도 했다. 이렇게 주의를 기울였음에도 불구하고 황우석 논문 사건이 터져 매우 안타까웠다. 생명윤리를 강조하는 내용의 연설문을 준비한 행사에서 참석자들의 환호 분위기 때문에 참석자들의 기대에 맞춰주기 위해 즉흥 연설을 한 경우도 있었다. 과학기술 오남용의 관리는 정말 쉽지 않았다. 생명과학 분야에서 치료의 패러다임이 세포치료로 전환될 것을 예측하고 참여정부가 과학기술 사회로의 시대 전환을 추구하는 과정에서, 황우석 사건은 분명 대형 사고였다.

2002년 대통령 선거 기간 중, 정세균 민주당 정책위원회 의장 주관하에 노무현 대통령에게 과학기술정책을 처음 브리핑할 때 '과학기술입국'이 거론됐다. 노무현 후보의 과학기술정책으로 제2의 과학기술입국을 해보자고 방향이 정리되었다. 그 당시 이공계 기피 문제로 언론에서 과학기술의 중요성을 강조하면서 '사이언스 코리아Science Korea'를 외칠 때였다. '사이언스 코리아'를 대통령 선거 슬로건으로 바꾼 것이 바로 '과학기술중심사회'였다. 또한 제2 과학기술입국을 통해 경제적 도약을 천명하기도 했다.

대통령 당선 이후 나는 노무현 대통령에게 '제2 과학기술입국'의 단어를 '혁신주도형 과학기술정책'으로 바꾸자고 두 번이나 제안했다. 그 이유는 이 단어에는 박정희 대통령의 산업 성장의 이미지가 강했기에 과학기술을 경제성장의 도구로 여겼던 방식에서 벗어나고 싶었기 때문이었다. 두 번이나 똑같은 건의를 들은 노무현 당선자는 '과학기술입국' 슬로건을 유지해야 하는 이유를 설명하였다. 국민들이 과학기술을 가장 잘 이해하는 단어가 바로 '과학입국'이라는 것이었다. 정책은 국민이 가장 잘 이해하는 단어로 설명해야 한다는 조언까지 덧붙여주었다. 국민이 이해할 수 있도록 정책을 설명해야 한다는 이 말은 이후로도 여러 차례 들었다. '이공계 공직 진출 확대'를 위한 정책을 추진할 때도 똑같은 주의를 주었다. 노무현 대통령은 후보 시절부터 당선인 시절을 거쳐 대통령을 역임하고 이후 퇴임 때까지 줄곧 과학기술정책을 국정의 핵심 정책의 위치에서 추진하였다.

국가과학기술위원회의 방향성은 "과학기술인들이 모여서 국가의 과학기술 방향을 설정한 후 예산집행 계획을 설계하고 연구하고 스스로 평가하라"는 이 한마디가 바탕이 되어 미시경제정책을 총괄하는 과학기술부총리제와 과학기술혁신본부가 탄생했다. 경제 분야 부총리로서 거시경제정책을 총괄하는 경제부총리와 미시경제정책을 총괄하는 과학기술부총리로 2004년 10월에 조직 개편이 완성되었다. EU와 OECD 등 과학선진국들에서 과학기술정책을 미시경제정책으로 접근하고 부총리로 상향하여 총괄 조정기능을 구축한 것에 대해 호평이 쏟아졌다. 대통령은 가끔 외국을 방문한 후 우리나라 과학기술 혁신정책에 대해 높이 평가하고 관심이 많더라고 전해주었다.

나는 2004년 11월, 일본에서 열린 교토포럼 "사회의 과학과 기술: 빛과 그림자Science and Technology in Society: Lights and Shadows"에서 21세기를 이끌어갈 국가의 과학기술전략을 다루는 세션에서 발표하였다. 교토포럼은 2004년이 첫 번째 포럼으로서 과학기술계 다보스 포럼을 표방하고 있었는데 고이즈미 총리, 노벨상 수상자, 화이자 CEO, 도요타 사장 등 세계 많은 국가의 정부와 기업에서 총리, 장관, 기업 대표 등이 참석한 포럼이었다. 우리나라에서는 오명 부총리와 외교부, 과기부, 교육부, 대학, 기업 등에서 많은 분이 참석했는데 한국의 국가전략 발표에 뿌듯해했다.

점차 더욱 첨예하게 대립하는 국가 간 기술경쟁 시대에서 보듯이 세계 모든 국가에서 과학기술을 통해 혁신 성장을 이루려는 노력을 기울이고 있고 의사결정의 최고 책임자가 상향이동하는 추세였다. 2004년 제17대 국회의원 선거에서는 각 정당에서 비례대표 1번과 2번을 과학인으로 지명하는 등 과학기술에 대한 관심이 매우 높았고 과학기술을 육성하려는 분위기가 고조되어 가고 있었다.

과학기술정책은 장기적인 정책이다. 장기적인 정책에 몰입한다는 것은 그만큼 임기 중에 성과가 어렵다는 위험부담이 크다. 만약 단기적 성과에 집착했다면 과학기술 혁신에 집중하는 정책을 선택하지 않았을 것이다. 바보 노무현이니까 선택할 수 있는 정책이었다. 가끔 과학기술계에서 좋은 성과가 나와 이를 대통령께 보고하면 꼭 주의를 주었다. 이 성과는 참여정부의 성과라기보다는 이전 정부에서 노력한 성과이기 때문에 우리가 직접 홍보하는 것을 무척 겸연적어 했다. 장기적인 정책이므로 임기 중에 성과를 내기 어렵다는 점을 내포하고 있었다.

이명박 정부에서 가장 먼저 참여정부 지우기에 나섰던 분야가 바로 과학기술부총리제였다. 노무현 대통령은 과학기술부총리제가 허물어지는 것에 상당히 마음 아파하였다. 국가의 성장동력을 굳건히 만들어 10년, 20년 후의 밑거름이 된 경제대통령으로 남고 싶던 목표를 갖고 추진했던 행정체계 개편이 물거품이 되는 것을 보고 안타까워하는 이야기를 임기 말에 청와대에서 직접 들었다. "과학계에서 희망하던 거의 대부분을 정책으로 채택했는데……"라고 하면서 과학계에서라도 살릴 수 있도록 노력해보라고 당부하셨다. 나는 아주 많은 곳에 SOS를 청해보았다. 홍창선 의원 등 몇 분이 앞장섰지만 정권이 교체되면서 학계 또한 냉담해졌다.

이명박 정부는 모든 정책에서 '혁신'이라는 글자 지우기에 몰두했다. 그러나 과학기술부총리제는 사라졌지만 노무현 대통령 때 씨앗을 뿌리기 시작하였던 디스플레이, 2차전지, 생명과학 등 다양한 분야에서 한국의 성장동력은 계속 성장하였다.

참여정부의 과학기술중심사회 구축

참여정부에서는 과학기술정책의 적용 분야를 과학기술육성정책에서 확대하여 과학기술의 사회적 활용과 경제적 가치로의 전환 및 인재 육성 등 교육, 경제, 연구개발, 산업 등 사회 전반에 혁신을 도모하여 육성과 성과 활용이 선순환되는 시스템을 구축하고자 했다. 정부가 지원하는 과학기술 육성이 국가의 성장동력으로 발전할 수 있도록 했으며 정부지원 단계를 넘어서는 영역에서는 시장경제 원리가 작동하는 시스템을 구축하는 혁신성장정책으로서 기술금융과 창업, 특허와 표준, 중소기업 지원, 대학교육 혁신 등 미시경제 영역으로 확장하였다. 이러한 구상은 노무현 대통령의 당선인 시절부터 '과학기술중심사회 구축'이라는 정책적 목표하에 혁신생태계 구축 계획으로 수립되었다.

그동안 진행되었던 과학기술정책은 연구를 지원하는 정책적 성격이 강하고 때로는 연구관리정책으로 축소되어 운영되기도 하였다. 현재도 기초연구자들을 중심으로 과학기술정책이 혁신성장정책으로 확장되는 것에 반대하는 경우가 있으며 참여정부의 혁신정책을 비난

하는 시각도 존재한다. 과학이 경제의 영역으로 확장되면 과학의 순수성이 훼손되고 경제의 도구로 전락한다면서 연구개발 관리를 혁신하는 부문 정책의 위치를 유지하려는 시각이 존재하기 때문이다. 정부 연구개발비 배분에 관심이 많은 기초과학자 일부는 참여정부가 과학기술정책을 산업정책 등의 미시경제정책 분야로 확대하고 혁신성장정책과 연계하여 추진한 점에 대해 과학을 시장주의와 결합시켰다고 비판하였다. 일부의 그러한 이념적 시각은 아직도 여전한 것 같다. 또한 몇몇의 경제학자는 과학기술정책으로 연구비 관리에나 집중하지 왜 혁신성장을 거론하느냐고 비판하기도 했다.

그러나 현대사회의 과학기술은 상아탑을 벗어나 점차 경제 및 사회와 더욱 긴밀하게 결합하고 있다. 과학기술 육성의 당위성은 경제사회적 활용에서 유래된 것이 아닌가 생각한다. 대다수 국민들은 국가의 과학기술 육성을 높게 평가하는데 이를 어떻게 생각해야 할까?

경제학자들 중에서도 과학기술정책이 미시경제적 접근을 하는 것을 못마땅하게 여기는 시각이 있는데, 국가연구비 관리나 하는 정책으로 간주하는 경우가 많기 때문이다. 노무현 대통령은 정보과학기술보좌관실에 경제정책 지원을 받을 수 있도록 개편하는 것에 대한 의견을 물었다. 과학기술 영역에서 경제 영역까지 확장하려 한다는 오해와 견제를 받을 것 같아 현 상태 유지가 좋을 것 같다고 말씀드렸다. 과학기술정책이 변방인 것은 세계 공통의 문제다. 부시 대통령의 과학보좌관을 만났을 때 그분의 첫 질문이 바로 "청와대 내에서 경제 분야 정보를 제공해주느냐"는 것이었다. 그만큼 과학기술정책은 중요하다고 여기면서도 소외받는 왕따 정책 분야인 것이다.

그러나 참여정부에서는 대학과 정부출연연구소의 연구 활동을 지원하는 기존 과학기술부의 정책에서 벗어나 정보통신부와 산업자원부가 수행하던 성장동력 육성과 산업화 촉진 기능을 포괄하여 과학기술정책이 국가 전체의 혁신생태계를 구축하는 방향으로 정책 범위를 확장해 과학기술혁신이 미시경제정책 시스템으로 작동하는 국가혁신체계National Innovation System를 구축하고자 설계하였다. 이후 미시경제정책의 총괄 체제로서 과학기술부총리제로 발전하였다.

혁신생태계 구축의 범위로서 과학기술의 분야별 육성전략을 비롯하여 혁신생태계 구성요소인 기술금융, 기술평가, 특허제도, 기술표준제도, 맞춤형 중소기업지원 전략 등 다양한 부문에서 정책을 개발하였다. 또한 인력 양성의 수준을 높이고 질 관리를 위해 기술자격제도, 기술사제도, 공학교육 인증제 등을 개선했다. 미래의 성장동력을 강화하기 위해 차세대 성장동력 육성, 지역혁신생태계 조성, 출연연 연구 활성화 등을 추진했다. 새로운 산업 영역을 개척하기 위해 생명과학 산업, 소재부품 산업, 기계 산업, 항공우주 산업 등 다양한 산업을 찾아 나가는 일도 적극 추진하였다.

또한 참여정부에서는 과학기술인의 복지를 위해 과학기술공제회를 출범시켰다. 현재 과학기술인공제회는 공무원 연금이 부럽지 않은 수준으로까지 성장했다는 평가다. 과학기술을 안전하게 관리하고 불확실성을 감소시키고자 생명윤리법 제정, 기술영향평가 등도 시도해 보았다.

많은 예산이 소요되는 연구개발 예산의 의사결정을 대통령이 직접 결정하지 않겠다고 선언한 점이 바로 과학기술혁신체계의 핵심이다.

과학기술계와 산업계, 인문 및 사회학자, 경제학자 등까지 포함된 의사결정기구를 만들어 토론을 통해 공론을 형성하고 투자 방향을 정해서 예산을 배분하고, 성과를 평가하는 혁신 거버넌스를 만들어 미시경제정책을 총괄하도록 한 구조가 바로 '과학기술부총리제'이다. 과학기술혁신본부는 혁신 거버넌스의 사무국 기능을 수행하도록 한 조직이다. 예산 담당 공무원들이 결정하던 예산 배분 기능을 토론과 공론의 장으로 내어줬다. 그만큼 과학기술 예산의 투자 방향은 사회적인 공론화 과정을 통해 결정되어야 함을 강조한 것이다. 과학계에서는 부총리 부처로 승격되어 권력 서열이 높아졌다고 환영하였다. 그러나 승격의 근본적인 이유는 보다 폭넓은 차원의 과학기술행정의 거버넌스를 구축하기 위함이었다.

과학기술정책을 결정하는 과정에서 사회적 공론을 어떻게 판단할 것인가? 참여정부에서는 과학기술정책 결정의 참여 방안을 수립하는 것이 가장 큰 고민이었다. 누가 과학기술계를 대표할 수 있는가? 공론의 장에는 누가 참여하는가? 국가의 자원을 쏟아부을 투자 방향이 잘 설정되고 추진되도록 어떻게 모니터링할 것인가? 이 많은 질문을 던지면서 '과학기술계 마스터키'라고 지칭한 과학기술 데이터베이스를 만들어 계량화된 자료를 분석하기로 했다. 자료에 기반하여 과학기술의 현황과 방향성을 파악하고 또한 의사결정에 참고하고자 했다. 이렇게 구축된 데이터베이스는 연구 결과와 자원을 공유할 수 있는 정보의 플랫폼으로 작용할 수 있다고 판단하였다. 이러한 고민 속에서 대통령직 인수 때부터 구상한 R&D 플랫폼이 바로 국가과학기술지식정보서비스National Technology Information Service, NTIS였다. 2013

년 UN으로부터 공공행정상을 받았으며, 개발도상국 지원을 위해 시스템 구축을 권고받은 세계 최초의 R&D 플랫폼이었다.

참여정부는 출범을 준비할 때부터 자료에 기반한 의사결정 구조를 만들어나갔고, 행정체계를 개편했으며 R&D 플랫폼도 만들었다. 미래의 기술혁명에 대비하기 위해 과학기술인이 연구에 몰입할 수 있는 안정적인 복지환경 확보에도 노력했다. 특히 김대중 정부에서 인터넷 기반을 확충했는데, 참여정부에서는 IT를 잘 활용하는 경쟁력 있는 사회를 만들기 위해 유비쿼터스 사회를 강조하면서 모바일 중심의 정보통신 역량 확충에 많은 노력을 기울였다.

노무현 대통령께 올리는 보고서에는 반드시 현장 중심적이고 전문적인 자료를 제시한 후 과학적인 해석과 함께 장단점을 고려한 다수의 대안을 기록해야 했다. 나는 노무현 대통령의 후보 시절부터 연설문과 보고서를 직접 써달라는 주문을 받은 바 있고 역할이 보좌관이었기 때문에 보고서 완성은 항상 직접 했다. 주말에는 이틀 내내 출근하여 보고서를 직접 작성했다. 주말에 출근할 때는 개인 차량을 민원주차장에 주차한 후 청와대로 들어갔더니 경호실에서 나의 개인 차량을 청와대 경내로 진입할 수 있도록 허가를 내주는 특혜도 받았다.

대통령께 올리는 보고서는 처음에는 많아야 4페이지 정도로 쓰고 참고자료는 별첨하여 분량을 최소화도록 노력했다. 그런데 건축기술분야 보고서를 쓸 때 미국의 과학자문회의의 자문 과정을 벤치마킹하면서 보고서 분량이 너무 많아졌다. 급기야는 대통령으로부터 "얄밉기도 하고 예쁘기도 하다"라는 질책을 듣기도 했다. 연구를 열심히 했기 때문에 예쁘기도 하지만 대통령께 긴 분량의 보고서로 고통을 주니 밉기도 하다는 말씀이었다. 늘 너무 많은 보고서가 대통령께 전달되니 늦은 밤까지 읽고 또 결재도 해야 하는 대통령의 고충이 컸을 것이다. 보고서를 열심히 작성한 덕분에 나는 청와대와 행정 부처에서 '보고서 귀신', 'R&D 마녀'라는 별명을 얻기도 했다.

2004년 10월 18일 세계의 주목을 받으면서 출범한 한국의 과학기술부총리제와 과학기술혁신본부는 3년 정도 유지되었는데 새로운 제도를 정착시키기에는 너무 짧은 기간이었기에 기능도 제대로 정립시켜보지 못한 채 역사의 뒤안길로 사라지고 말았다. 과학기술 혁신체계가 잘 유지되어 과학기술 발전의 선순환적 구조가 체계화되었다면 지금의 제4차 산업혁명이라는 기술 변혁의 소용돌이 속에서 한국은 더 큰 발전을 거두었을 것이다.

이 글의 통해 두 가지는 꼭 알리고 싶다. 첫째로 기술 빅뱅 시기가 몰려오는 가운데, 참여정부는 한국이 기술 대변혁 시기에 반드시 새로운 도약을 이루어야 한다고 판단했으며, 정치와 행정이 과학기술혁신과 동행할 수 있도록 혁신체계를 구축했다. 지금도 과학기술선진국들은 이 흐름을 향해 줄곧 정진하고 있다. 한편 한국은 여러 번의 행정체계 개편을 거쳤지만 아직도 많은 과제를 남겨놓고 있다. 노무현 대통령이 미래를 보면서 준비했던 과학기술혁신의 시대정신이 한국의 성장동력 육성에 반영되기를 기원해본다. 노무현 대통령이 과학기술 중심의 혁신성장 정책을 추진했던 이면에는 성장과 복지의 선순환 구조에 대한 꿈이 있었기 때문이다.

둘째로 노무현 대통령은 과학기술의 연구와 내용은 비정치적이면서 과학적이어야 함을 강조하면서 과학기술인에게 신뢰를 보냈다.

과학기술인이 과학적으로 연구하고 발전시키면 이를 채택하고 관리하는 것은 정치인의 몫이어야 함을 강조하였다. 18년이 지난 2021년 1월 미국의 바이든 대통령이 연설에서 강조한 이야기가 있다. "세계의 과학자들을 정치적 간섭으로부터 보호할 것이며 그들이 자유롭게 생각하고 연구하며 국민들에게 직접 말할 수 있도록 할 것이다." 최근 우리 주변에서 일어나고 있는 코로나19 감염증, 백신 접종, 탈원전, 지구온난화 등이 전문적 지식과 자료에 근거한 견해가 중요한 영역들이었다. 노무현 대통령은 특히 이런 부분에서 과학기술인과 정치인 각각의 역할을 강조하였다.

과학기술을 통치의 중심에 놓았던 노무현 대통령의 시대정신은 지금도 절실하게 필요하다. 노무현 대통령은 제4차 산업혁명의 물결을 예견하고 시대를 앞서 진두지휘하였다. 지금은 범국가적으로 과학기술과 산업의 경쟁력을 육성하는 정책을 대부분의 국가들이 앞다퉈 추진하고 있다. 최근 미국에서 상원의회를 통과하고 이제 하원 통과를 기다리고 있는 미국 혁신경쟁법United States Innovation and Competition Act, 2021. 6. 8.에서 기술표준, 기초연구, 교육, 연구개발투자확대, 기술이전, 혁신 등을 강조한 것이 바로 그런 사례다. 노무현 정부는 국가기술혁신체계를 통해 이러한 분야에 대통령이 위원장을 맡고 부총리가 총괄하는 통합적인 미시경제정책을 펼쳤다.

20년이 지난 2021년 5월 한미정상회담 중 문재인 대통령은 한국기업들과 함께 참석한 기자회견에서 바이든 대통령의 발언을 통해 반도체, 배터리, 백신 등에서 한국은 미국 첨단산업의 동반자임을 세계에 널리 알렸다. 한국의 미사일 지침도 해제되었다. 한국 첨단산업 분야의 기술력 성장을 실감할 수 있었다.

연구개발research and development 정책에서 최근에는 연구개발·실증Research, Development and Demonstration으로 과학기술정책이 확장되고 있다. 코로나19의 위기가 끝나면 그동안 위축되었던 신규투자가 확대될 것이다. 전 세계적으로는 새로운 성장의 계기가 펼쳐질 것이다. 기후변화 위기로 탄소중립산업이 새로운 성장동력으로 자리매김할 것이며 대대적인 시대 전환이 이루어질 것이다. 새로운 성장의 전환기를 맞이하여 한국이 과학기술에서 명실상부한 선두주자가 되길 바란다. 디지털 혁명 시대의 첫 주자가 되고 싶었던 노무현은 꿈은 지금도 진행 중이다.

차례

3부 혁신으로 새로운 성장을 꿈꾸다

혁신으로
시대 전환을
꿈꾸다

1부

1장 과학기술 공약 제시

결정된 기존 정책은 준수하되 개선책을 찾아라

노무현 후보는 선거공약을 준비하는 데 정말 많은 시간을 할애했다. 나는 2002년 초반부터 노무현 후보의 선거 캠프에서 간접적으로 활동하고 있었다. 유종일 교수와 장하원 박사 등 경제학자들과 김용익 교수 등이 참여하여 정책을 논의하는 모임인 노연(노무현을 연구하는 사람들의 모임)에 가끔 나갔다. 그러다 2002년 6월경 노무현 후보 정책자문단장인 김병준 교수로부터 환경 분야의 정책 자문을 요청받아 대선 캠프에 합류했다. 김병준 교수와는 경실련 활동으로 인연이 있었다. 그 당시 나는 경제정의실천시민연합(경실련)의 과학기술위원장을 맡고 있었고, 과학기술 NGO 활동을 오랫동안 한 경험을 살려 과학기술정책을 적극적으로 추진해보자고 제안했다.

사실 환경정책의 자문을 요청받은 후 2002년 초여름의 어느 날 여의도 설렁탕집에서 노무현 후보를 만나게 되었다. 나는 서울 YMCA에서 여성위원장으로서 1987년 남녀고용평등법 제정 운동을 하면서 청문회 스타인 노무현 의원을 만난 적이 있었다. 처음으로 건넨 말이 "앞으로 환경 분야 정책과 관련해서 많이 좀 도와주었으면 좋겠다"라는 것이었다. 당연히 나는 열심히 해보겠다고 대답한 후 "한 가지 질문을 드리고 싶다"고 했다. 그 당시 환경 분야에서 가장 예민한 주제는 새만금 문제였다. 환경단체에서는 "새만금 물막이 공사를 당장 중단하겠다는 공약을 제시하라"고 요구하고 있었다. 나는 이런 큰 주제의 정책 방향에 대한 후보의 생각을 알고 싶었다. 그 질문을 하니까 "새만금 물막이 공사는 정부가 의사결정 과정을 거쳐 현재 진행 중인 사안이므로 후보가 이것을 중단시키겠다고 말하는 것은 적절하지 않다"고 했다. 일단 진행되고 있는 기존 정부 정책은 존중하되 이에 대한 개선책을 수립하는 것이 더 바람직하다는 입장이었다. 이런 입장은 대통령에 당선된 이후에도 일관되었다. 환경정책으로는 시민단체들의 환영을 받을 수 없고 오히려 표를 깎아 먹게 될 것 같다고 말했다. 결국 환경정책은 "가능한 범위 내에서 어느 정도 시도해보자"라는 것으로 시들하게 결론을 맺고 자리를 끝냈다.

노무현 후보의 새만금에 대한 입장 때문에 환경정책 현장에 나가 공약을 발표하는 기회를 만들기 어려웠다. 결국 노무현 후보의 환경 분야 공약은 시민단체의 평가에서 낮은 점수를 받았다. 나는 민주당의 전문위원과 함께 캠프에 보내온 환경정책 질의서에 열심히 답안을 작성해서 보냈다. 대기, 수질, 친환경 에너지, 환경정책의 민주성 확대 등 주요 정책들을 많이 담아내어 환경 분야 공약을 만들어냈지만, 결국 새만금 한 가지에 걸려 좋은 평가를 받지는 못했다.

과학기술정책에 매력을 느낀 노무현 후보

민주당 대선 후보로 결정된 노무현 후보가 과학기술 공약의 전반적인 내용을 처음 제시한 것은 2002년 11월에 개최된 한국과학기술단체총연합회(과총) 주관의 대통령 후보 초청 토론회였다.

노무현 후보가 과학기술정책을 처음 논의하게 된 계기가 있었다. 후보가 '노무현을 사랑하는 사람들의 모임(노사모)' 회원들 중 한국과학기술원KAIST 학생들의 초청으로 KAIST를 방문하기로 했기 때문이다. 2002년 10월 24일 민주당 후보 사무실에서 다음 날 있을 KAIST 방문을 준비하기 위해 민주당의 정책위원회(의장: 정세균 의원) 주관으로 후보 참석하에 과학기술정책을 논의하는 자리가 처음 마련되었다. 나를 비롯한 민주당 내 자문그룹 등 여러 그룹에게 각각 과학기술정책을 15분 정도 제안해보라고 주문한 자리였다. 일종의 콘테스트였다. 이 테스트를 통해 나는 보다 적극적으로 과학기술정책을 자문하는 역할을 맡게 되었다.

내 발표가 끝난 다음 노무현 후보는 "도대체 과학기술정책을 어떻게 하자는 말이냐"며 한마디로 답해보라고 했다. 그 당시 과학기술계의 화두는 이공계 기피 문제였으며, 지속적으로 경제성장을 이룩하려면 과학기술 기반을 확고하게 갖춰야 하는 상황에서 언론을 중심으로 과학기술계의 위축을 우려하는 분위기가 고조된 시기였다. 특히 보수 언론에서 이공계 기피를 우려하는 기사를 지속적으로 내보내던 때였다.

마침 그 시기는 노무현 후보의 지지도가 최악의 상태를 벗어나 약간 회복되는 조짐이 나타나고 있을 때였고 우리는 이공계 다시 살리기를 화두에 올렸다. 과학기술에 대한 전폭적인 지원을 통해 과학기술의 역동성을 다시 살려내고 과학기술정책도 대폭 개편해서 체계적으로 펼쳐야 한다는 점을 강조해 건의했다. 노무현 후보는 "그렇다면 다시 한번 과학기술입국을 하자는 이야기냐"고 질문했고 아주 간결한 말 한마디로 과학기술정책의 방향이 정리되었다. 결국 이 한마디 말이 바로 노무현 후보의 과학기술 공약이 되었다. "제2의 과학기술 입국"이 노무현 과학기술 공약의 키워드였으며, 대통령에 당선된 이후에도 "제2의 과학기술 입국"이라는 슬로건을 지속적으로 사용했다.

노무현 후보가 과학기술정책을 처음 연설한 것은 10월 25일 KAIST에서 진행된 노사모 초청 모임이었는데 과학기술 전공 학생들이 매우 열광적으로 반겨주었다. 강당에 가득 찬 학생들, 앉을 자리가 없어 계단에도 앉아 있는 이공계 학생들의 힘찬 환호성과 열광에 후보는 감명을 받았다. 이회창 후보의 동생이 KAIST 교수였는데 교수들이 이회창 후보를 선호하는 것에 반해 학생들의 분위기는 사뭇 달랐다. 후보는 전날 준비한 개조식 연설문을 바탕으로 대학생들 눈높이에 맞춰 유쾌하게 명연설을 펼쳤고 이공계 학생들을 감동시키기에 충분했다. 초청 강연회 이후 대전에서 정부출연연구원 관계자들과의 모임도 있었다. 그러면서 후보는 과학기술정책에 점차 빠져들게 되었다.

공약을 만들어 나가는 과정은 매우 감동적이었다. 그동안 과학기술정책은 경제정책의 한 분야로 취급되었던 부문 정책이었다. 대통령 후보가 많은 시간을 할애해서 여러 분야를 집중적으로 논의하고 과학기술정책의 방향을 결정해준 것은 아마도 노무현 후보가 처음일 것 같다.

정세균 당시 민주당 정책위원회 의장이 정책 모임을 주관했는데 주로 과학기술 현장 행사를 앞두고 점심시간에 후보의 공부 모임이 진행되었다. 노무현 후보에게 과학기술정책을 현장 이슈와 연결해 대략 15분 정도 보고하면 후보가 직접 짧게 요약해서 공약의 기조를 잡아주었다. 결국 참여정부의 과학기술정책은 선거 과정에서 후보가 방향성을 직접 설계한 것이다. 후보가 정책의 전체적인 방향성과 기조를 결정해주면 그 기조에 관련 자료를 찾아 논리적 근거를 만들고 세부적인 내용을 첨부하면서 공약을 완성하였다. 후보는 선호하는 연설문 양식도 직접 설명해주었는데, 문장 전체를 서술식으로 쓰지 말고 키워드 중심으로 개조식으로 요약하여 정리하되 직접 작성하라고 주의도 주었다. 이러한 준비를 바탕으로 노무현 후보가 현장을 방문하여 힘차게 연설하면 환호가 쏟아졌다.

노무현 후보의 공약은 대부분 정책 영역에서 후보가 직접 방향성을 결정하는 방식이 특징이었다. 이러한 과정을 거치면서 정책이 내용 면에서 충실해졌고, 5년 대통령 단임제에서 집권 후에도 정책 추진을 신속하게 이루어 효과를 극대화할 수 있었다.

과총 주관 후보 초청 토론회에서 과학기술정책 첫선을 보이다

사실 과학기술단체총연합회(과총)를 비롯한 과학기술계에서는 은근히 이회창 후보를 선호하는 분위기였으며 지지도가 상당히 낮은 새천년민주당의 노무현 후보 초청 토론회는 성사되지 않을 것으로 보는 분위기였다. 대대적인 환영 분위기 속에서 열린 이회창 후보 초청 토론회로 대선 토론회를 끝내려고 했기 때문에, 과총의 정치적 편향성에 대해 강력하게 항의하고 민주당 후보도 초청하는 과총토론회 개최를 요청함으로써 겨우 열릴 수 있었다. 이런 경위로 열리게 된 노무현 후보 초청 과총토론회는 준비부터 무척 냉랭했다.

11월 19일, 새천년민주당 당사에서 민주당 버스를 타고 의원 몇 분과 함께 역삼동에 있는 과총회관으로 갔다. 사실 한 달 전에 열린 이회창 후보 초청 토론회에는 과학기술계에서 참석자들이 대거 동원되면서 앉을 자리가 없을 정도로 열기가 뜨거웠다. 그러나 노무현 후보 초청 토론회는 기관 차원의 협조 없이 개별 참여자들로 채워져서 나름대로 열기는 높았으나 빈자리도 많았다. 역삼동 주변에 있는 변리사와 과학기술 노조 회원 등 노무현 후보의 정책에 우호적인 사람들에게 급하게 도움을 요청해 자리를 좀 메꿨다. 이는 지지도 면에서 크게 열세인 노무현 후보 측이 감당해야 할 몫이었다.

노무현 후보의 과학기술계 데뷔전은 무척 성공적이었다. 과학기술상임위원회 소속의 새천년민주당 김영환 의원과 허운나 의원 등 여러 의원들이 토론회 단상에 배석하였고 가운데 좌석에 노무현 후보가 앉았다. 이 자리에서 노무현 후보가 직접 발표한 과학기술정책의 기조에는 과학기술에 대한 신뢰와 희망이 가득했으며, 무엇보다도 과학기술 현장과 과학기술인의 현실을 너무 잘 이해하고 있는 모습을 보여주었다. 토론회를 준비했던 과학기술계 인사들 대부분이 노무현 후보의 과학기술정책에 관한 의지와 인식에 찬사를 보냈다. 특히 현장을 발로 뛰어 만든 과학기술정책 내용이라는 평가를 받았다.

나는 객석에 앉아서 후보의 토론을 지켜보면서 숨도 쉴 수 없을 정도로 긴장하고 있었다. 토론회가 다 끝나고 참석자들이 상당히 환호하는 분위기를 보면서 박수를 쳤는데 11월 중순이라는 날씨가 무색할 정도로 손에서 큰 물방울이 튀었다. 말 그대로 물방울이 튈 정도로 손에 땀을 쥔 적은 내 평생 한 번도 없었다. 토론회가 끝나고 그동안 못 쉰 숨을 내쉬었다.

지금 와서 돌이켜보면 후보 초청 토론회에서 노무현 후보가 기조연설과 질의응답 과정에서 발표한 모든 내용이 거의 참여정부의 정책으로 실현되었다. 사실 이때 발표했던 내용이 결국 대통령직 인수위원회의 과학기술정책으로 이어졌고, 이후 정부 정책으로 더욱 구체화되고 실현되었다. 아마도 정책 기조가 거의 바뀌지 않은 채 후보 때 만들어진 정책에서 출발하여 참여정부가 끝날 때까지 정책의 완성도를 높이면서 실현했던 분야로 과학기술정책을 손꼽을 수 있을 것 같다. 대통령직 인수위원회에서 풀버전과 요약본의 정책보고서를 낸 분야는 과학기술 분야가 유일했다고 한다.

이 토론회에서 제시된 정책 비전으로 "과학기술 5대 강국 선언, 사이언스 코리아Science Korea 추진"으로 설정하고 신산업 창출을 위한 미래 선도기술 분야에 집중 투자하고 GDP 대비 국가연구개발 투자 비율을 2002년 2.27퍼센트에서 2007년 3.0퍼센트로 설정하였다. 이때 제시한 과학기술정책은 결국 많은 부분에서 초과 달성하였다. 국가의 총 연구개발비로 정부 투자가 1.7배 증가하여 2002년 4.7조 원에서 2007년 8.2조 원으로 증가하였고, 민간 투자는 1.8배가 증가하여 2002년 12.6조 원에서 2007년 23.1조 원으로 증가하였으므로 5년 만에 거의 연구개발 예산이 2배 가까이 증가하면서 과학기술이 국가의 중심에 놓이게 되었다. 특히 과학기술자를 우대하는 국정운영과 과학기술인 복지와 고용 확대 등도 제시했는데, 참여정부에서 과학기술 전공자 5급 특채와 과학기술 분야 공무원 채용 확대 등을 지속적으로 추진해서 과학기술계의 숙원을 많이 해소했다.

《디지털타임스》의 보도 내용을 보면 과총 토론회에서 공약했던 내용 대부분이 참여정부 기간 내에 이루어졌다. 기초연구 지원을 확대하고, 과학기술수석비서관 대신 정보과학기술보좌관을 신설하고 추가적으로 과학기술 부총리제까지 이루어졌다. 참여정부에서는 과학기술계 주요 기관장으로 부처마다 여성들이 한두 명씩 임명되었다.

과총 토론회 노무현 후보 기조연설 주요 내용

기조연설 서론: 국가 지식사회 건설

- 과학기술자들이 국가 경제성장을 위하여 꾸준히 노력하고 있어 괄목할 만한 성과를 거두었으며 오늘날의 경제성장이 모두 과학기술

자들의 노력의 결실이라는 점 강조.

■ 최근 대덕연구단지의 정부출연연구소에서 유능한 3, 40대 젊은 과학기술자들이 스트레스 등으로 사망한 일들이 몇 건 발생하여 안타깝게 생각한다. 과학자들의 건강을 지킬 수 있는 체계적인 관리와 처우 개선이 시급하다고 생각함.

■ 과학기술자들이 사회발전에 기여하는 것만큼 대우받는 풍토를 조성해서 과학기술자들이 사회적으로 존경받는 사회를 만드는 데 노무현이 앞장서겠다.

언론 보도 기사 《디지털타임스》(2002년 11월 19일)

노 후보의 기조연설에 이어 과총 박승덕 부회장의 사회로 6인의 지정토론자가 묻고 노 후보가 답하는 방식으로 토론회가 진행됐다. 이날 지정토론자들은 중국 및 일본의 예를 들며 과학기술 인력의 활용, 노벨상 수상 문제, 여성과학자 지원 문제 등에 구체적인 질문을 던졌으며, 노 후보는 이에 선심성 수사보다는 내실과 개혁 추구를 강조하며 평소처럼 가식 없이 답변하는 모습을 보였다.

노 후보는 기조연설에서 과학기술 관련 정무직 자리를 10개 정도 확대해 총 13개로 운영하고, 3급 이상의 기술직 임용가능 직위 중 기술직 임용비율 목표제를 도입해 더 많은 과학기술인이 정책 결정에 참여토록

하겠다고 말했다. 그는 그러나 과학기술인이 고위직에 올라갈 수 있는 직위 수보다 신뢰와 존경이 바탕이 되어야 한다고 역설했다.

첫 번째 토론자로 나선 민석기 고려대 교수가 청와대 과학기술수석비서관을 신설하고 GDP 대비 연구개발(R&D) 투자를 5%로 높여야 한다고 질의하자 노 후보는 청와대 과학기술수석비서관 신설 및 과학기술자문위원회 기능을 활성화하고, R&D 투자 비율도 거품을 제거하고 알맹이를 높여 내실을 다지게 하겠다고 답했다.

노 후보는 이어 정완호 한국교원대 총장의 기업연구소의 박사급 인력 채용 확대 등 연구인력 확대에 관한 질문에는 기업 연구소에 세제 혜택이나 교환 근무 등으로 정부출연연구소와 긴밀히 관계를 맺으며 연구 역량을 높이는 방법을 찾겠다고 말했다.

지제근 서울의대 교수가 질문한 기초과학육성책에 대해 노 후보는 아침에 읽은 신문기사를 인용하며 노벨상은 하루아침에 받는 게 아니라 학문적 축적과 연구성과가 뒷받침될 때 가능하듯이 기초과학은 장기적인 투자가 필요하다며 시장은 단기적인 문제를 해결할 수는 있지만 100년 이상의 장기적인 투자가 필요한 것은 국가가 나서야 한다고 답변했다.

김도윤 서울대 교수가 링컨을 존경하는 이유를 묻자 노 후보는 미국의 16대 대통령이며 엔지니어인 링컨과 자신의 유사점을 설명하면서 링컨의 호기심과 진지함이 그를 개혁적인 인물로 만들었다고 말했다. 또 김 교수의 기술고시 확대 여부에 대한 질문에는 정부 관리 가운데 기술고시 인력을 대폭 확대하고, 사법고시 등의 고시제도 개혁에도 관심을 갖겠다고 답했다.

지난번 이회창 후보에 이어 노 후보에게도 여성과학자의 지위 향상에 관한 질문을 던진 나도선 울산의대 교수에게 노 후보는 곧바로 출연연구소 원장직에 여성을 꼭 임명하겠다고 순발력 있게 답변, 참석자의 박수를 받았다.

마지막 토론자로 나선 김학수 서강대 교수는 공중파 방송의 과학프로그램 의무화와 자연사박물관 설립 의지를 질문했고, 노 후보는 과학프로그램 방송을 긍정적으로 검토하겠으며 지방에도 과학관을 많이 건립해 지방 시대를 대비하고 과학 대중화에 힘쓰겠다고 답했다.

과학기술인의 지지가 확대되다

과총 토론회에서 데뷔전을 잘 치룬 노무현 후보의 과학기술정책은 과학기술인들 사이에서 그 분위기가 전달되어갔다. 민주당 내에서 기반이 약했던 노무현 후보였지만, 처음에는 구민주계를 중심으로 정치권과 인연을 맺고 있던 소수의 비주류 과학기술계 인사들이 지지 의사를 밝혀 왔으며 이후 평범한 대학교수나 정부출연연구소 연구원들 사이에서 과학기술계 노사모와 지지자들이 생겨나기 시작했다.

이 당시 과학기술계의 주류는 박정희 대통령 시기에 유치과학자로서 영입되거나 이후 귀국한 유학파 과학자들로서 주로 정부출연연구소 탄생에 주요한 역할을 했던 분들이었다. 비교적 보수적 성향이 강했고, 공화당을 뿌리에 두고 있는 한나라당에 우호적인 인사들이었는데, 이들이 과학기술계의 상층부를 차지하고 있었다.

따라서 그동안 대통령 선거에서 제시된 과학기술 공약은 주류 과학기술계와 연계되어 이루어지는 경우가 많았다. 특히 제16대 대통령 선거에서 이회창 후보 진영에는 과학기술부의 주요 공무원들이 연결되어 있었고 정부출연연구소의 핵심적 위치를 차지하고 있는 연구원과 유명 교수들이 많이 참여하고 있었다.

그러나 노무현 후보 진영에는 주류 과학기술인들의 참여가 매우 저조했다. 정책에 조언을 해주는 우호적인 분들이 몇몇 있었지만 후보와 함께 공부하는 정책 학습 모임에 참여하거나 행사 때 앞에 나서는 것은 기피했다. 노무현 후보는 과학기술인 참여를 확대하자고 주문했지만 과학기술계에서는 노 후보 진영에 참여하는 것이 매우 어려운 일이었다.

점차 노무현 후보의 지지도가 반등하여 올라가고 선거가 막바지에 이르면서 노무현 후보를 외면했던 기관이나 단체에서 점차 노무현 후보를 초청하는 요청도 많았으며, 정책 질의서도 여러 곳에서 들어왔다. 그중 가장 마지막에 진행된 행사가 바로 대덕연구단지의 과학기술인 민간단체인 '대덕 포럼'의 후보 초청 토론회였다. KAIST의 신성철 교수가 회장인 '대덕 포럼'에서는 이회창 후보 초청 토론회를 오래전에 성대하게 치른 바 있다.

정몽준 후보와의 후보단일화 이후 노무현 후보의 당선이 유력하던 대통령선거 일주일 전인 2002년 12월 13일에 개최되었지만 행사장 섭외도 쉽지 않았다. 주류 과학기술계는 여전히 노무현 후보에게 우호적이지 않은 분위기가 느껴졌으며 주류 과학기술계의 냉대를 실감했다.

정부출연연구소 내부에 있는 행사장은 빌려주지 않아서 한국원자력연구원 밖에 있는 아주 비좁은 강당에서 초청토론회가 진행되었는데 후보를 모실 공간도 없었다. 그런데도 정부출연연구소에 있는 일반 평범한 연구원들이 대거 참석해 앉을 자리가 없을 정도로 객석을 꽉 메웠으며 참석자들의 환영 열기도 무척 뜨거웠다. 이때는 후보가 무척 바쁜 시기여서 전날 정책을 공부할 시간이 없었다. 나는 후보 바로 앞 객석에 마주 앉아 숫자를 손으로 표시하는 등 수신호를 하면서 후보가 기억하기 어려운 상황에 대처하였다.

신성철 교수의 사회로 진행된 토론회에서 구체적이며 날카로운 질문과 함께 객석에서도 질문이 쏟아졌다. 출연연 민영화에 대한 우려가 있던 상황에서 노무현 후보는 출연연은 절대 민영화하지 않고, 과제 중심의 성과주의예산 제도PBS는 반드시 개선하여 경쟁적 인센티브 제도로 전환하겠으며, 61세 정년을 무정년제로 전환하고, 과학기술자를 우대하여 정책 결정에 참여시키고, 기술직 채용을 확대하고 박사급 여성과학자 할당제도를 도입하겠다고 답변하였다. 구체적이며, 실질적인 약속을 담은 답변을 들은 객석에서는 뜨거운 박수가 쏟아졌다. 대덕연구단지에서의 노무현 후보에 대한 지지도를 피부로 느낄 수 있을 정도였으며, 후보도 매우 만족한 토론회였다. 실제 이 분위기는 대덕연구단지에서 노무현 후보가 70퍼센트를 득표하는 상황으로 이어졌다.

이날 발표한 노무현 대통령의 과학기술정책 공약은 참여정부에서 거의 그대로 이행하여 실현했다. 이날 발표한 공약의 제목은 〈과학기술인께 드리는 노무현의 약속: 새로운 시대, 과학기술중심사회를 열며〉였다. 예전부터 '사이언스 코리아'를 강조했는데 이 영어 표현을 우리말로 고치면서 '과학기술중심사회 구축'을 슬로건으로 내걸었다. 이후 이 단어는 참여정부의 핵심적인 과학기술정책 기조가 되었으며, 지금도 많은 사람이 무심결에 쓰는 바로 그 단어가 되었다.

나는 전날 새벽 3시까지 공약을 만들어 인쇄소로 넘겼고 토론회장에서 공약집을 배달받았다. 그런데 막상 토론회장에 나온 선거관리위원이 행사장에서 공약집을 배부하면 선거법 위반이라면서 배부를 금지했다. 나는 배달받은 공약집을 어떻게 할 수 없어 행사장 밖에 그냥두고 들어갔다. 그랬더니 참석자들 모두가 행사장 밖에 버려진 공약집을 갖고 들어왔다. 손도 빌리지 않고 공약집을 배부한 셈이었다. 나중에 가보니까 한 권도 남아 있지 않았다. 그렇게 본의 아니게 공약집 배부에 성공했다.

이후 일주일간은 과학기술 분야 공약을 발표해달라는 요청이 쇄도했으며, 노무현 후보를 지지하겠다는 과학기술계의 참여가 줄을 이었다. 과학기술정책에 호응도가 높아지니까 민주당에서 나에게 현장으로 연설 지원을 나가라고도 했다. 그러나 그것은 내 일이 아닌 것 같아 사양했다. 이러한 과정을 거치면서 완성된 과학기술 공약은 참여정부의 과학기술정책의 핵심적인 내용이 되었으며, 거의 대부분의 내용이 실현되었다고 판단된다. 후보 때 공약을 어떻게 발전시키고 실현했는지 보여주기 위해 과총 토론회 때 발표한 내용을 첨부자료로 제시한다.

대통령직 인수위원 최초의 과학기술인

2012년 12월 19일, 드디어 대통령 선거가 치러졌다. 정몽준 후보와의 단일화가 투표 전날 깨지기는 했지만 결국 노무현 후보가 제16대 대통령에 당선되었다. 대통령 취임 후 정부 진용 등을 구성하는 논의가 진행되는 것은 들었지만 나와는 무관한 일로 생각했다. 오랫동안 공부해왔던 과학기술정책을 대통령 후보 공약으로 만들기 위해 반년 동안 수많은 밤을 새우고 전공 공부도 못 하면서 집중했기에 여한이 없었다. 시민단체 등에서 정책과 관련한 사회봉사에 익숙했던 나는 대학교수로서 과학기술 공약을 만드는 봉사를 한 후에는 당연히 나의 자리인 연구실로 돌아가 있었다.

어느 날 이병완 간사(인수위원회 간사, 노무현 대통령 비서실장 역임)로부터 전화 한 통을 받았다. 노무현 당선자가 나에 대한 질문을 해서 전화했다는 것이다. 내가 인수위원에 포함되었다는 것은 12월 27일 오전에 발표된 뉴스를 통해 처음 들었다. 사실 대통령선거에서 과학기술정책이 주요 정책으로 후보의 관심을 끌었다는 것만으로도 큰 성과라고 여겼는데, 결국 과학기술인으로서는 처음으로 내가 대통령직 인수위원이 되는 영광을 얻게 되었다.

제16대 대통령직 인수위원회는 2013년 1월 1일부터 업무를 시작했는데 나는 제2 경제분과 인수위원으로서 과학기술부, 산업자원부, 정보통신부와 관련된 업무를 주로 맡게 되었다. 공약으로 제시된 내용을 과학기술계의 폭넓은 자문을 받아 정리하여 제16대 대통령의 과학기술정책 분야 어젠다를 만들었고 인수위원회 과학기술정책 보

제16대 대통령직 인수위원회 제2 경제분과 위원과 함께한 노무현 당선인.

고서를 작성했다.

사실 과학기술 분야 정책의 상당 부분은 선거운동 과정에서 후보와 직접 토론하여 작성한 공약이 많아서 당선인의 과학기술정책의 개요가 거의 정해져 있는 상황이었다. 인수위원회라는 공식적인 위치를 활용하여 다양한 분야의 부처 공무원, 자문위원 및 자원봉사자들의 지원을 받아 구체적인 세부 정책까지 포함해 인수위원회의 과학기술정책 보고서를 완성했다. 선거 과정에서는 협의의 과학기술정책이 주를 이루었으나 인수위원회 보고에서는 산업정책, 정보통신정책 등이 모두 포함되었다.

대통령직 인수위원회 정책보고서를 작성하면서 가장 치열하게 다투었던 분야가 바로 산업정책 분야였다. 신자유주의 물결 속에서 일부 공무원과 전문가들은 산업 육성은 민간에게 맡겨야 하며 국가가 산업정책을 수립해서는 안 된다고 주장하였다. 따라서 외환 위기 이후 지난 정부에서는 "산업정책을 추진하지 않는 것이 현재의 산업정책이다"라고 서슴없이 주장했다. 결국 신자유주의 정책의 뿌리가 공고하다는 것을 확인했다. 산업정책은 새로운 장을 써야 할 것 같은 예감이 들었다. 참여정부에서 국가의 산업정책을 적극적으로 부활시켰다. 최근 미국과 중국 등 대부분의 국가에서 산업경쟁력 확보에 심혈을 기울이는 것을 보면 참여정부의 산업정책 확장은 옳았다.

특히 전국의 광역자치단체에 한 개씩 설치되어 있는 테크노파크의 기능에 대해 의견 대립이 많았다. 그동안 건물 건축 등 주로 하드웨어 중심으로 테크노파크 사업이 진행되고 있었으므로 실제 지역의 혁신을 이끌어내는 역할이 제한적이라고 생각해서 정책 전환을 촉구했다. 그렇지 못할 경우라면 그동안 2조 원 정도의 국가예산이 투입된 테크노파크 사업을 종료해야 할 것이라고 주장한 점에 대해 특히 반발이 컸다. 결국 최종적으로 합의에 도달한 방안은 테크노파크를 지역혁신의 주체로 활용하도록 지역 혁신정책을 개선하는 지역혁신방안Regional Innovation System, RIS을 수립하였고 후에 국가균형발전 정책에 많이 활용되었다.

최근 전해 들은 내용인데 참여정부 인수위원회에서 테크노파크와 관련해서 의견 충돌을 겪으면서 제시했던 생각이 균형발전 정책 등 지역산업 정책의 대안을 만들게 된 계기가 되어 그동안의 정책에서 생각의 전환을 가져올 수 있는 새로움을 주었다고 한다.

인수위원회의 과학기술 분과에서 과학기술부, 산업자원부, 정보통신부의 영역을 포괄하여 참여정부의 과학기술정책의 큰 그림을 완성

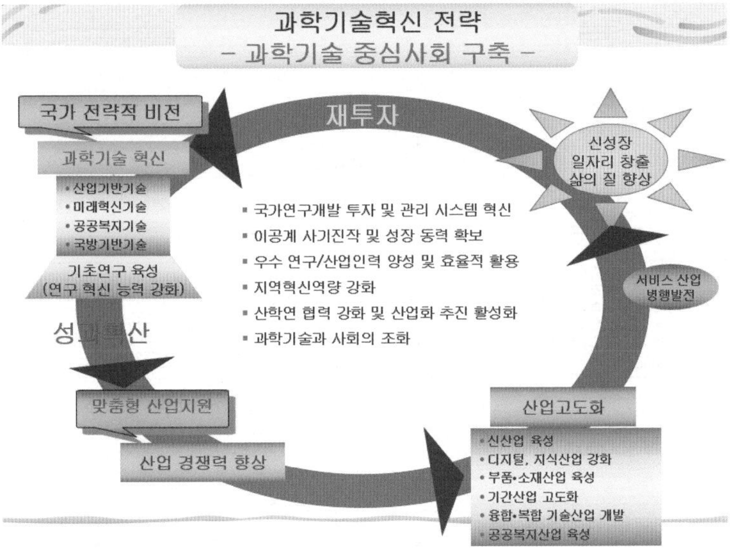

국가과학기술혁신체계 구축의 개념도.

했다. '과학기술중심사회 구축'은 참여정부의 10대 국정과제로 선정되어 집중적으로 관리되었다. 과학기술의 성과 창출과 확산, 재투자를 통해 선순환되는 구조를 제안했는데 이 그림은 내가 직접 그렸다.

노무현 당선인은 정부 출범 후의 제1기 장관 인선도 인수위원회를 통해 진행하였다. 당연히 제2 경제분과는 관련된 3개 부처의 장관 인선에도 참여했다. 노무현 당선인은 과학기술부 장관 후보로 내 이름도 올리라는 쪽지를 주어서 나도 장관 후보로 추천되었다. 공개적으로 장관 후보를 추천받았는데 추천된 인사의 배경들을 보면 자천도 많았고, 자가발전형도 많았다. 이렇게 인수위원의 역할은 마무리되었다.

정보과학기술보좌관 신설

2003년 2월 노무현 당선인의 인수위원회에서는 과학기술정책을 총괄하는 행정체계 기능에 대한 고민이 많았다. 우선 부처 통폐합은 없는 것으로 당선인이 정리해주었다. 선거공약으로는 과학기술계의 요구에 따라 '과학기술수석비서관'을 신설하겠다고 했지만, 실제 경제정책을 총괄하는 경제수석과 경제보좌관 및 정책실장 등이 있기 때문에 과학기술은 어떠한 형태를 둘 것인지에 대한 의견이 분분하였다. 정무 분과에서 여러 가지 대통령 비서실 조직도를 구상하고 있어서 제안된 내용에 따라 조직 구성을 만들어 보내는 과정을 여러 차례 거치다가 최종적으로는 차관급 정보과학기술보좌관을 대통령 비서실에 설치하는 것으로 결론을 맺었다.

국가과학기술위원회의 기능을 강화하다

노무현 대통령은 취임하면서 서울대학교의 김태유 교수를 청와대의 제1대 대통령 정보과학기술보좌관으로 임명했다. 김태유 보좌관은 대통령 공약 사항인 과학기술인 공직 진출 확대를 비롯해 과학기술자문위원의 위상을 강화하고, 차세대 10대 성장동력 육성 등의 일에 굳건한 초석을 다지면서 참여정부 초기의 많은 일을 아주 열심히 하였다.

그런데 정리되지 못한 부분이 있었다. 국가과학기술위원회의 위상과 역할을 놓고 과학기술부와 갈등을 겪었다. 특히 10대 성장동력을 결정하는 과정에서 과학기술부, 산업자원부, 정보통신부 간의 불협화음이 커졌고 언론에서는 연일 갈등을 보도하고 있었다.

특히 김영삼 대통령의 문민정부와 김대중 대통령의 국민의 정부를 거치면서 과학기술계 최고의사결정기구로서 국가과학기술위원회가 설치되었는데, 이 역할에 대한 평가가 부정적이었기 때문에 존폐 또는 역할 정립에 대한 논의도 부처 간 갈등을 부추기는 데 한몫했다. 이러한 갈등을 겪으면서 자연스럽게 부총리제가 부각되었고, 노무현 대통령은 과학기술부를 부총리 부처로 승격하기로 결심했던 것 같다.

나는 2004년 1월 30일에 제2대 정보과학기술보좌관으로 임명되었지만, 그 전에 대통령의 대표적인 공약 사항인 국가과학기술위원회(이하 국과위)의 기능을 강화할 필요가 있는지를 판단하기 위해 2003년 8월부터 국과위의 수석간사를 맡아서 비상근으로 근무하고 있었다.

사실 국과위가 국가연구개발비의 종합조정기구라고는 하지만, 역할은 기대에 못 미쳤을 뿐만 아니라 과학기술부가 사무국을 담당하고 있기 때문에 산업자원부와 정보통신부로부터 선수가 심판도 겸하고 있다는 '선수와 심판론'을 통해 종합조정 기능이 공격받고 있었다. 이러한 분위기 속에서 국과위의 기능을 강화한다고 공약을 내걸었으나 역할이 미흡했던 국과위를 계속 활용할 것인지 판단이 필요한 시기였다. 따라서 나는 대통령의 명을 받아 국과위 수석간사로서 국과위의 역할 정립이 가능할 것인지에 대한 업무를 진행하면서 국과위 간사로서 2003년도 8월에 대통령 보고도 진행했다.

사실 대통령 선거공약으로는 국과위의 기능을 강화하여 국가의 연구개발 방향을 설정하고 사업을 기획한 후 각 부처에서 연구 사업을 나누어 맡게 되는 것이 순서라고 보았다. 이러한 과정을 거쳐 국가의 연구개발 사업이 확정되어야 예산의 국가적 정합성을 제고할 수 있으므로 연구개발 예산의 종합조정권 및 편성권을 국과위로 이관하는 것이 필요하다고 보았다.

따라서 첫 번째로 국과위의 기능을 살리기 위해서 실질적인 종합조정 기능이 가능하도록 제도를 점검하고 개편하는 것에 주력했다. 이것의 일환으로 국과위가 예산 편성 기능을 갖기 위해서는 예산 편성의 합리성을 확보할 수 있는 구조를 갖추는 것이 중요했다. 이를 위해 국과위에서 심의하는 연구개발 사업 평가에서 그동안 진행되던 경제적 타당성 외에 과학기술적 타당성을 분석하는 기능을 추가했다. 500억 이상의 예산이 소요되는 사업은 한국경제개발원KDI에서, 경제적 타당성을 분석하기 때문에 연구개발 예산의 사전 사업 타당성 조사는 과학기술정책기관인 한국과학기술기획평가원KISTEP이 담당하도록 하였다. 최근 이들 기능이 더욱 제도화되어 KISTEP에서 주관하는 예비타당성 조사가 정착되었다.

또한 연구개발 예산 조정권을 국과위가 갖도록 기능 정립도 추진했다. 사실 공약에서는 예산 편성권까지 국과위가 갖도록 했지만, 국회에 국가가 편성한 예산안을 제출하는 기능은 기획예산처가 맡아야 하므로 예산 편성권까지 국과위로 이관하는 것은 무리라고 판단했다. 그래서 절충안으로 국과위의 종합조정권을 존중하여 기획예산처가 예산을 편성한다는 조항을 추가하였다.

이 과정에서 매우 어려웠던 부분이 하나 있었다. 경제부총리 부처로서 경제정책을 총괄, 조정할 수 있는 권한을 갖고 있는 재정경제부에 '과학기술정책과'가 있었는데 국과위의 기능과 중복되는 종합조정 및 과학기술정책 기능을 수행하고 있었다. 기능 중복 문제를 해소하기 위해 재정경제부의 과학기술정책과를 폐지하고 종합조정 기능을 국과위로 이관했다. 결국 노무현 대통령 주재로 개최된 제2회 국과위 회의에서 국과위의 종합조정 기능을 강화하기 위한 제도 개선 방안을 보고하고 대통령의 결재를 받게 되었다.

이러한 일이 진행되는 동안 2003년 거의 1년 내내 과학기술계를 소란스럽게 했던 사건이 있었다. 대통령의 지시로 차세대 10대 성장동력을 선정하는 일이었다. 과학기술 및 산업 관련 3개 부처가 성장동력을 주관하기 위해 막후 전쟁을 벌였다. 우여곡절이 있었지만 삼성전자의 윤종용 부회장 등 기업인을 비롯하여 교수와 정부출연연 관계자들이 참여하는 차세대 성장동력 선정위원회를 구성하였다. 나는 이때 과학기술부가 주관하여 구성한 미래성장동력위원회의 위원장을 맡아 성장동력 발굴 작업을 하고 있었지만 10대 성장동력 발굴로 일원화되었다. 성장동력 선정위원들의 투표를 거쳐 10대 성장동력이 선정되었다. 이후 10대 차세대 성장동력 보고대회가 대통령 주재로 2003년 8월에 열리면서 대외적으로 성장동력 육성 비전이 공포되었고 주관부처도 선정되었다.

갈등은 일단락되었지만 세부기술을 선정하는 과정에서 3개 부처가 또 다시 전쟁을 치르게 되었다. 특히 10대 성장동력의 세부기술과 제품을 선정하는 과정에서 기술로 선정할 것인가 아니면 제품으로 선정할 것인가를 놓고서 혈투에 가까운 대립을 하게 된 것이다. 10대

성장동력의 선정을 김태유 정보과학기술보좌관이 직접 진행하였기에 부처 전쟁의 한가운데에 청와대가 서 있는 셈이었다. 언론이 성장동력 선정과 관련된 기사를 쏟아내면서 과도한 조명을 받게 되었고, 각 부처는 절대 뒤로 밀려서는 안 되는 전쟁이 되어버렸다.

제품을 중심으로 성장동력이 선정되어야 한다는 주장이 커지면서 산업과 직결되었고, 부처는 사활을 걸고 더 치열하게 경쟁하게 되었다. 요소 기술로 성장동력 육성을 분담하는 것보다는 더 치열한 싸움이 된 것 같다. 결국 김태유 보좌관의 조정을 통해 최종적으로 세부제품 육성까지 부처 간에 역할을 나누어 맡으면서 10대 차세대 성장동력 육성계획이 마무리되었다. 제품은 결국 기업이 만드는 것이며 정부는 10대 성장동력의 발전을 위해 연구개발의 인프라적 요소를 지원하는 정도의 역할이 있음에도 불구하고 지나치게 부처 간 경쟁이 과열됨으로써 결국, 서로 상처가 생겼다.

10대 성장동력 육성을 기획하며 부처 간의 역할 분담과 업무 조정이 어렵다는 것을 겪게 되면서 과학기술 행정체계 개편 및 국가과학기술위원회의 역할에 주목하게 되었다. 2003년 연말 대통령 주재 회의가 열렸다. 10대 성장동력 선정 과정에서 과열된 경쟁을 해소할 과학기술정책 개편 방안을 논의하는 회의였다. 이 자리에서 나는 수석간사로서 국과위를 통해 제도적으로 국가의 과학기술 비전과 성장동력을 선정하는 의사결정 구조를 확립할 필요성을 강조하였다. 특히 다양한 이해관계자들이 참여하는 국과위의 논의과정을 통해 연구개발 기획과 과학기술정책이 입안되도록 하는 거버넌스로서 국가과학기술위원회가 가장 적합하다는 것을 강조하였다. 결국 여러 논의를 거쳐 결국 개인이 직접 개입하여 과학기술 기획을 추진하기보다는 기획하고 협의하는 시스템을 잘 갖추는 것이 바람직하며, 기술선진국에서 비교적 잘 정착하고 있는 거버넌스 구조인 국과위와 대통령 자문기구를 잘 활용해야 할 것이라는 점에 의견이 모였다. 이때 이미 대통령은 과학기술부총리제를 염두에 두는 것 같았고, 이런 회의를 통해 주관부처도 과학기술부로 결정한 것 같았다. 결국 과학기술정책으로 시끄러웠던 2003년 한 해가 저물어갔다.

이 당시 청와대 국정상황실과 대통령 직속 정책기획위원회를 자문하는 과정에서 나는 과학기술정책 추진 방안에 대한 보고서를 몇 차례 쓰게 되었다. OECD가 발간한 과학기술정책의 갈등 해소 방안의 자료를 참고하여 결국 산업정책, 과학기술정책, 교육정책, 인력정책 및 노동정책, 평생교육정책, 지역정책까지 포괄하여 통합적인 정책을 추진할 수 있는 거버넌스를 갖춰야 한다는 보고서를 제출하기도 했다.

갈등을 수습하면서 2003년도 연말 과학기술부에 오명 장관이 취임하는 등 장관 교체가 진행되었다. 대통령으로부터 직접 들은 결정 배경에 의하면 부총리 주관부처로 산업자원부를 생각해봤지만, 보다 미래를 준비하는 총괄부처로는 과학기술부가 더 적합하다는 평가를 내렸다고 하였다. 정부가 제품 생산을 지원하는 것보다는 연구와 과학기술과 인재 양성에 주안점을 두는 것이 필요하다고 판단한 것 같았다.

그리고 1월 4일에 대통령 관저에서 나에게 정보과학기술보좌관을 제안하였다. 보좌관으로 내정되었다는 이야기는 당분간 아무에게도 하지 말고 순천에 내려가 있으라고 당부하였다. 노무현 대통령은 인

박기영 신임 정보과학보좌관에게 임명장 수여 후 악수하는 노무현 대통령(2004.1.30.).

사에 혼선을 없애기 위해 세심한 부분까지 주의를 주었다. 그래서 나는 2004년 1월의 과학기술계 신년인사회에도 가지 않고 순천에 틀어박혀 있었다.

내정을 받은 후 거의 한 달이 지난 2004년 1월 30일에 나는 참여정부의 제2대 정보과학기술보좌관으로 임명을 받았다. 여성으로서는 최초의 대통령 정책보좌관이라는 영예도 갖게 되었다. 대통령은 임명장을 주는 자리에서 너무 고개를 숙이면 사진이 예쁘게 안 나오니까 고개를 조금만 숙이라는 조언을 해주었다. 나는 그 말에 고개를 더 숙이게 되었고 주변의 참석자들은 웃었다.

2장
미시경제 총괄, 과학기술부총리제의 탄생

차세대 성장동력 사업을 추진하는 과정에서 부처 사이에서 갈등이 첨예해지면서 대립이 커졌고 갈등을 조정하는 과정에서 청와대 정보과학기술보좌관을 비롯하여 경제부총리와 정부혁신위원장까지 참여하게 되었다. 또한 대통령까지 여러 차례 조정에 관여하게 되는 상황을 보면서 노무현 대통령은 국가의 미래 성장 방향을 결정하는 과정에서 이러한 의사결정 체제는 바람직하지 않다는 결론을 내린 것 같았다. 범정부 차원에서 의사결정이 이루어지는 합리적인 시스템 구조와 함께 보다 강력한 리더십을 갖는 체제 구축이 필요하다고 결단을 내린 것이다. 특히 경제대통령의 뜻을 이루기 위해서는 미래 성장동력이 선정되는 국가 시스템을 갖추어야겠다고 결심한 것 같았고, 그런 시스템으로 많은 국가에서 활용하고 있는 국가과학기술위원회(국과위)를 염두에 둔 듯하다. 시행령을 개정해 신설된 국과위의 수석간사에 위촉된 나는 이미 반년 전부터 국과위에서 비상근으로 일주일에 이틀을 서울의 한국과학기술기획평가원KISTEP에서 근무하고 있었다.

노무현 대통령은 2004년 1월 4일에 내게 정보과학기술보좌관을 맡으라면서 과학기술정책의 결정 체제로서 미시경제 총괄 기능을 갖는 과학기술 부총리제를 만들 것이며 과학기술부가 주관하도록 하겠다고 했다.

대통령 선거공약 중 민간인이 위원장을 맡은 국과위의 위상을 강화하여 기획조정 및 예산 배분 기능을 효율화하겠다고 제시했다. 특히 국과위가 과학기술 부문의 예산을 총괄하여 신청하고 효율적으로 배분해야 한다는 원칙을 세웠고 이 내용은 인수위원회 보고서에도 강조했다. 과학기술 분야 인수위원회 보고서를 작성하는 과정에서 수시로 대통령 당선인과 토론도 거쳤고 전체 회의에서도 논의된 내용이므로 국과위 강화는 참여정부의 가장 상징적인 정책이었다.

그런데 대통령 취임 후 첫 번째 국과위 회의에 참석한 노무현 대통령은 위원회의 기능을 상당히 회의적으로 판단했다고 한다. 그렇지만 과학기술정책의 조정기구로서 국과위를 이용하는 전 세계적 추세를 고려한다면 국과위의 기능 및 구조 조정을 통해 제대로 기능할지에 대한 판단이 필요했던 것 같다. 그래서 대통령의 지시로 나는 2003년 8월부터 국과위의 수석간사로 근무했지만, 박호군 과학기술부 장관의 요청으로 5월경부터 국과위의 기능 활성화 방안에 대해 과학기술부와 함께 연구를 진행했다. 이 과정에서 국과위에 예산 조정권을 주는 방안과 과학기술부총리제 도입을 위한 연구도 함께 진행했다.

국과위에 대한 대통령의 회의적 시각이 전해진 상황에서 대통령

보고를 할 수 있는 담대한 과학기술부 공무원은 없었다. 결국 2003년 8월 20일에 홍릉의 한국과학기술연구원KIST에서 개최된 국과위에서 내가 직접 대통령께 활성화 방안을 보고하게 되었다. 국과위에서의 노무현 대통령 말씀을 보면, 과학기술의 사회적 기여에 대해 높이 평가하면서 육성 의지를 강하게 강조하였다. 또한 과학기술이 발전하는 과정에서 발생하는 부작용이 확산되지 않도록 잘 관리하고 해소하겠다는 내용도 담고 있었다. 과학기술이 발전하는 과정에서 발생하는 부정적 요인을 예측하여 논의하고 예방하고 사회적 갈등을 최소화하는 것이 정치인의 몫이라는 말씀을 매우 여러 차례 했기 때문에 이 의미를 짐작할 수 있었다. 노무현 대통령은 역대 대통령 중 과학기술인을 가장 많이 만난 분일 것 같다.

제13회 국과위 노무현 대통령의 인사 말씀(2003.8.20.)

역사의 변화와 세계화는 과학기술에서 출발했습니다. 그 기반을 위하여 정치 사회적인 노력에 최선을 다하겠습니다. …… 하여튼 여러 차례 말했듯이 과학기술자들이 국가에 기여하는 만큼, 앞으로 기여할 만큼 대우하겠습니다. 현실적인, 물질적, 인력적인 측면뿐 아니라 보람으로 연결될 수 있도록 대우하겠다. 여러 측면에서 과학기술인들이 대우받도록 모든 것을 고쳐 나가겠습니다. …… 앞으로는 과학기술인 시대가 올 것입니다. **민주화에서 과학기술 혁신으로 넘어가는 시기이고 제가 지금 한 몫을 하는 과정에 있습니다.** 지금까지 역사의 변화와 세계화는 과학기술에서 출발했습니다. 종이, 화학, 나침반, 인쇄술 등 사회 변화시키는 핵심적인 기술이 거기서부터 시작됐습니다. 여러분이 내일의 한국을 건설하는 자부심을 가져주십시오. 여러분에게 미래가 달려 있습니다. 열심히 일할 수 있도록 정치적 사회적으로 뒷받침하겠습니다. 여러분의 말씀을 대변하는 사람을 자주 만나고 역대 대통령 중 과학기술인과 가장 많이 대화하는 대통령이 되겠습니다.

출처: 노무현사료관

정부의 업무 보고는 그간 한글로 인쇄된 보고 문건을 사용하였는데 8월 국과위 보고에서는 슬라이드를 제작하여 사용하였다. 슬라이드를 100번 넘게 수정했더니 제작 업무를 맡은 업체 사장이 너무 힘들다고 결국 울어버려 난감하기도 했다. 슬라이드 보고가 처음은 아니었지만 국과위의 슬라이드 보고는 IT 분야의 얼리어답터인 노무현 대통령께 점수를 좀 따고 들어간 것 같았다. 매우 초조한 마음으로 대통령 보고를 마쳤는데 분위기가 나쁘지는 않았다.

대통령의 관심 사항을 중심으로 연구한 정책 내용을 보고했는데, 국과위를 활성화해서 민간전문가 중심으로 국가 연구개발 사업에 대한 평가 및 관리 체계를 개선하겠다는 목표와 책임성을 강조하였다. 특히 기초·응용연구·개발 등을 중심으로 특화한 부처별 평가 지표를 도출하여 부처 간 연구사업의 성과 평가 및 예산 배정에 대한 갈등을 줄이고 동의할 수 있는 부처 간 예산 배분의 토대를 만들겠다는 내용이었다. 당시 성장동력 선정 과정에서 증폭되고 있는 부처 간 갈등해소 방안을 염두에 두었다. 이 시기 OECD에서도 국가의 성장전략과 연구개발 방향 설정에서 이해관계자들의 갈등을 해소하는 방안과 이를 위한 정책결정구조(거버넌스)에 대한 보고서들을 발표했다. 이런 부분에 대해 선제적으로 부처 간 연구개발 사업의 조정 및 관리방안을 보고한 셈이 되었다. 보고한 내용을 그대로 정책으로 추진하라는 대통령의 지시가 내려졌다.

2003년 마련된 국과위의 제도 개선 내용은 정책 결정의 기획, 조정을 위한 시스템적인 구조를 만들어 전문가들이 상시적으로 전략을 만들고 연구개발 정책에 반영하고 예산 배분과 연계되는 시스템을 정착시키는 방향으로 국과위의 조직 개편을 진행하게 되었다.[1]

국과위 제도 개선 제안 내용

■ 제도 개선 내용에는 좀 더 합리적인 국가 전략을 수립하고 이에 대해 정부의 연구개발비 등 국가 역량을 결집하기 위해 기술의 전문성, 기술 예측, 재정 운용과 경영 등에 전문성을 갖는 전문가들이 참여하는 실무그룹인 워킹 그룹working group을 통해 다양한 의견을 개진하는 토론 과정을 거쳐 합리적으로 조정이 되도록 하는 시스템을 구축하고자 함.

■ 기존의 위원회를 좀 더 확대 편성하고, 상시적으로 국가 전략을 논의하는 구조를 만들어 몇몇 개인 혹은 권력에 의한 조정이 아니라, 다수,

1 박기영, 〈과학기술혁신을 위한 정부조직개편의 배경과 의미〉, 한국기술혁신학회 발표 논문.

전문성을 토대로 조정되는 시스템을 정착시키고자 함.

■ 연구개발 선진국이나 기술강소국들 대부분이 장기적인 정책 발굴 기능을 갖는 자문기구와 심의와 조정기능을 갖는 국과위 같은 이원적인 구조를 갖고 있음. 그러면서 전문가들이 상시적으로 협의할 수 있도록 기술별 소위원회를 활발하게 운영하여 조정이 되는 구조로 국과위 기구를 활용하고 있는 추세임.

■ 장기적 방안: 우리나라도 국과위에서 연중 사업으로 조정하는 현재의 시스템을 국가장기전략 수립 과정에서 활용하여 제도적으로 성장동력 등 국가 전략이 조정되고 상황이 반영되어 계획이 업그레이드되는 체제를 구축하고 예산 반영이 자연스럽게 연계되도록 함으로써, 성장동력 발굴 과정이 이벤트성으로 전 국가적인 과도한 주목을 받지 않아도 국가 역량이 자연스럽게 결집되고 산업과 기술이 업그레이드되는 형태가 되어야 함.

과학기술부총리제 논의 과정

나는 2004년 1월 30일에 정보과학기술보좌관으로 임명을 받은 후 대통령 지시사항인 과학기술부총리제를 구축하기 위한 행정체계 등을 연구하는 작업을 진행하고 있었다. 그런데 2004년 3월 12일 오전 11시 56분에 국회에서 노무현 대통령의 탄핵소추안이 가결되었다. 오전에 청와대에서 국회의 표결 과정을 보다가 울음바다가 되었다.

탄핵이 가결되는 시간에 대통령은 창원에 있는 전동차 제조업체인 (주)로템 공장 방문을 끝내고 이동 중이었다. 이후 오후 2시에는 진해의 해군사관학교 졸업식에 참석한 뒤 청와대로 복귀했다. 대통령이 청와대로 들어오는 시간에 우리는 본관 앞에 모여서 힘내시라고 힘찬 박수로 대통령을 맞았다. 그날 정해진 오후 일정까지 모두 마친 후 자정부터 업무가 정지되었다. 저녁에는 청와대 관저에서 수석보좌관들과 만찬을 함께했다. 무척 침울한 수석들과 보좌관들에게 정치권의 비주류로서의 고난과 시련을 받으면서도 도전해왔던 원칙을 소회로 밝혔다. 특히 겪고 있는 고통이 헛되지 않도록 국민을 믿고 힘을 내자고 말씀하였다. 우리는 대통령을 믿고 힘을 내야겠다는 굳은 결심이 마음속에서 솟았다. 국민의 위대한 힘을 믿는다는 대통령 말씀에서 우리는 탄핵이 기각될 것이라는 믿음도 생겨났다. 탄핵소추안이 통과된 그날 이후부터 국민들 사이에서 탄핵 반대 시위가 물밀듯이 일어났으며 광화문에 모인 시민들의 함성이 공기의 진동파가 되어 전달되면서 청와대 내에서는 '웅' 하는 소리로 들렸다. 대통령의 업무 정지는 헌법재판소가 탄핵을 기각한 2004년 5월 14일까지 진행되었다. 업무에 복귀하는 날에 또다시 우리는 청와대 본관 앞에서 환영의 박수를 보냈다.

대통령의 업무 정기 기간 동안 뜻하지 않게 부총리제를 근간으로 한 과학기술 행정 체계에 대해 많은 연구를 할 수 있게 되었다. 일차적으로 연구했던 내용은 미시경제를 총괄해야 하는 부총리의 위상을 어떻게 설정할 것이며, 국가과학기술위원회의 정책 기획 및 종합 조정 기능을 어떻게 강화할 것인가에 집중했다. 실제 대통령이 위원장인 국가과학기술위원회가 과학기술정책의 기획 및 종합조정의 역할을 담당하고 있었지만 과학기술부의 종합 조정과 1개 과에서 수행하는 이 업무가 미흡하다는 평가였다. 특히 연구개발 사업을 평가하면서 자신 부서의 사업을 갖고 있는 과기부가 연구사업 평가도 하고 예산조정도 맡고 있기 때문에 '선수와 심판'을 병행하고 있다는 비판에 직면해 있었다. 연구 사업 평가의 공정성과 수용성을 제고하기 위해서는 이러한 전제 조건을 풀어야 했다.

실제 1970년대 이후부터 개최되었던 '종합과학기술심의회'와 '과학기술장관회의' 등의 의사결정 구조를 만들어 부처 간 협력을 통해 과학기술정책을 추진했다. 이후 IT 강국을 추진한 김대중 정부 출범 후 〈과학기술혁신을 위한 특별법〉을 개정하여 과학기술정책의 최고 의사결정기구로서 1999년 1월에 대통령이 위원장을 맡는 '국가과학기술위원회'를 설치하였다.[2]

국가연구개발사업의 조사·분석·평가, 예산의 배분 및 조정 등의 업무가 형식적이라는 비판이 팽배하였기에 노무현 후보는 공약으로 국과위의 기능 강화를 제시하였다.

기본방향 및 원칙

과학기술 행정체계 개편은 노무현 대통령이 나에게 보좌관 임명을

2 송성수, 주제설명: 국가과학기술위원회, 국가기록원, 2006.12.1.

제안할 때부터 말씀한 사안이었으며, 2004년 2월 23일 수석보좌관회의에서도 정보과학기술보좌관 업무로 지시도 주어졌다. 특히 2004년 1월 30일에 열렸던 과학기술부 업무 보고를 받는 자리에서 노무현 대통령께서 명확하게 밝혀주신 내용이 있다.

노무현 대통령의 국가 과학기술 체제 혁신 강조

"과학기술 혁신 체계를 국가경쟁력의 핵심요소로 구축해 나가려는 것인 만큼, 국가적 체계를 새롭게 세운다는 관점에서 추진할 것. 과학기술 혁신 체계의 재구축 및 빠른 확산을 위해 국민적 붐을 조성하고, 거국적 참여와 자원 동원 네트워크가 구축될 수 있는 계획을 마련할 것."

(제4회 국무회의, 2004.1.20.)

"과기부는 과학기술뿐만 아니라 산업정책 나아가 산업 현장의 기술 인력 문제까지 총괄하는 정책기획, 조정 부서의 시야를 가져야 합니다. 관련 부처 업무의 기획, 조정, 평가가 과기부 업무의 핵심이고 집행은 될 수 있으면 타 부처에서 할 수 있도록 맡겨야 합니다. 국가 과학기술 체제를 새롭게 구축하는 혁신이 성공하면 한국의 역량이 한 단계 업그레이드 될 것입니다.

(과학기술부 업무보고시, 2004.1.30.)

출처: 노무현사료관

과기부 자체의 조직 개편을 어떻게 할 것인지를 위해 조직과 업무

를 조정할 방안을 수립하라는 지시사항에 따라 거의 3개월간 개편 방안을 광범위하게 연구하였다. 대통령 지시를 받았기에 과학기술 행정체계의 개편 방향에 대한 연구 작업을 탄핵 기간 동안 집중적으로 진행했다.

과학기술 행정 개편의 1차적인 목적은 과학기술 발전이 사회에서 시스템적으로 일어나도록 국가혁신체제를 새롭게 구축하는 것이다. 그간의 과학기술정책은 정부주도형 정책이었다. 정부가 경제개발계획을 수립하고 정부 주력 산업을 선정한 후 대기업을 주축으로 역량을 결집시켜 산업육성을 도모하고 연구개발 사업을 수행하는 톱다운 방식의 산업육성 정책이었다.

노무현 대통령이 강조했듯이, 한국의 시장 권력이 성장한 만큼 시장경제가 할 역할은 시장에 맡기되 공정한 경쟁이 이루어질 수 있는 운동장과 경기 규칙은 국가가 개입해서 만들어야 함을 임기 내내 강조하였다. 또한 정부는 기초과학을 포함한 국가의 공적 기반인 기초기술과 응용기술 분야에서 연구사업을 진행하고 인력을 육성하도록 역량을 집중하고자 했다. 이렇게 육성된 인력과 기술은 국가의 혁신시스템을 통해 자본주의 시장질서에 따라 성장하도록 혁신생태계를 정립하자는 것이었다. 즉 과학기술정책을 통해 성장 패러다임을 바꾸고 대한민국을 리셋해보자는 의미였다. 한국을 이끌어가는 동력이 민주화에서 과학기술로 바뀌었다고 보고 시대 전환을 확립해보고 싶었던 것 같다. 이런 면에서 특히 노무현 대통령의 실용주의적 면모를 엿볼 수 있다.

연구개발 사업의 기획과 조정 부처로서 과학기술부의 역할을 강화하여 과학기술정책을 총괄하는 미시경제부처로 설정하고, 이를 위해 과학기술부 장관을 과학기술부총리로 승격, 국가과학기술위원회 부위원장을 담당하게 하여 기획·조정·평가 체제를 확립하는 방안이었다. 이미 기본적인 방향은 설정되어 있었다. 실제 노무현 대통령은 연구개발 예산의 실질적인 배분 기능을 국과위에 부여하겠다고 공약을 제시한 바가 있었다. 이로써 과학기술부가 혁신 성장을 위해 범부처 차원에서 국가의 과학기술 혁신 전략을 수립하고, 다부처 관련 기술 혁신 사업을 연계하여 조정하고 국가전략 사업의 우선순위 설정 및 성과를 평가해 예산에 반영하면서 다부처 사업을 기획하는 등 연구개발 예산의 심의 및 조정을 주관하도록 하였다.

이를 위한 제도적 기반으로 국과위에서 각 부처의 연구개발 사업을 평가하기 위한 메타평가의 근거를 설정하였고, 연구개발 예산의 편성 과정도 개선했다. 예산 편성권을 갖고 있는 기획예산처는 연구개발 예산을 일괄 예산으로 과학기술부에 넘겨주고 각 부처의 연구개발 사업 예산을 조정하여 결정한 내용을 그대로 반영하기로 합의하였다. 실질적인 측면에서 연구개발 예산 편성권을 과학기술부가 갖게 된 셈이었다. 높은 수준의 조정 권한을 보유하고 비교적 각 부처의 이해관계로부터 자유로울 수 있도록 조정 기능의 독립성이 필요하다는 주장이 가장 많았다.

총괄 기획 및 조정의 기능을 정립하는 전제조건이 심판 기능의 공정성이었다. 따라서 과학기술부를 국과위 사무국으로 전환하는 방안 등 여러 가지를 검토하였다. '선수와 심판론'에서 벗어나 국과위의 공정성, 신뢰성 및 독립성을 보장하기 위해서 별도의 행정조직을 만들거나 권한을 갖도록 행정체계를 개편하는 작업이 필요했다.

행정체계를 연구하는 과정에서 실제 세 개의 방안을 수립한 후 각 방안에 따라 2004년 기준으로 연구개발 예산의 내역을 분석했다. 1안을 채택할 경우에는 연구개발 예산을 전혀 집행하지 않게 되어 92.4퍼센트를 타 부처로 이관해야 하지만, 2안의 경우 일부 집행 업무 수행으로 이관될 예산의 비중은 36.3퍼센트 정도일 것으로 예상되었다. 정부혁신위원장인 김병준 위원장, 오명 과학기술부총리, 임상규 과학기술부 차관을 비롯하여 과학기술계, 행정학자, 과학기술 행정 공무원 등을 중심으로 1안과 2-1안, 2-2안으로 구성된 3개 방안에 대해 광범위하게 장단점을 분석하고, 과학기술계의 여론도 수렴했다.

과학기술계에서는 국과위의 독립적인 위상 강화를 비롯하여 과학기술부총리제로 보다 강력한 과학기술 행정 권한을 강조했다. 또한 과학기술계에서는 과학기술부가 연구개발의 집행 업무도 맡기를 원했다. 과학기술부가 집행 업무를 맡지 않게 된다면 마치 보호자가 없는 불안한 위치로 전락할 것 같은 우려가 잠재돼 있었다. 어떻게 보면 이들 여러 가지 요구는 행정체계상 서로 상충된 모습이었다. 그러나 과학기술계의 요구를 모두 수용하기 위해서는 결국 집행 업무가 상당량 남아 있는 과학기술 행정체계가 가장 바람직한 것으로 판단되었다.

행정체계로서 처음에 제시된 1안은 국과위를 독립시켜서 과학기술부총리가 담당하는 '과학기술혁신처'를 두는 방안이었다. 2안은 과학기술부를 '과학기술부총리부'로 전환하고 국과위 사무국을 설치하는 방안이었다. 1안과 2안을 놓고 연구하는 과정에서 노무현 대통령은 탄핵 정국에서 정부 조직을 확대하는 1안은 부담이 크기 때문에 어렵다는 점을 분명하게 밝혀주었다.

1안은 과학기술부총리가 국과위의 사무국을 총괄하도록 하여 과학기술정책의 총괄 기획, 조정 및 평가 기능만을 담당하고, 기존의 과학기술 집행 업무는 모두 타 부처로 이관함으로써 기능의 공정성과 객관성 및 독립성을 강조한 방안이었다. 그러나 집행 기능이 거의 없어 부총리급 부처로서 존치 이유가 약할 뿐만 아니라 국가 주도의 산업성장 시기에 있었던 경제기획원과 유사한 유형이었다. 경제기획원은 군사 정권시기인 1961년 7월에 발족하여 경제개발 종합계획을 주도했으나 민간 경제가 커지면서 정부 부처로서의 위상이 약화되어 1994년에 재무부와 통합된 기구다. 따라서 이러한 집행 기능이 없는 행정위원회라는 정부 부서의 유형은 시장경제의 비중이 커지고, 민간의 연구개발투자가 정부 R&D 투자의 3배나 되는 상황에서 실상제 기능을 발휘하기 어려운 형태라고 판단했다. 예산을 총괄하고 배분하는 기획예산처도 '부'의 형태가 아닌 '처'의 형태로 설치되어 있었다. 또한 과학기술계에서는 과학기술인을 대변해주는 집행부처가 존치되기를 희망했다.

결국 여러 가지 이유로 2안을 선택하게 되었다. 부총리 부처로 승격된 과학기술부 내에 연구개발 사업 집행 부서와는 독립적인 형태로 사무국 기능을 수행하는 과학기술혁신본부를 설치하되, 집행 기능은 관련 부처로 이관하고 인프라적 성격의 업무인 범부처적 기초연구, 수월성 중심의 핵심인력 양성, 복합연구 등만 예외적으로 담당하는 것으로 정리되었다. 과학기술혁신본부는 부처 간의 역할 분담, 과학기술 재원 배분의 우선순위, 연구개발 사업의 평가지표 설정, 부처 간 연구개발 사업의 비교 평가, 연구개발성과의 관리 및 활용 등의 업무를 담당하도록 하였다. 또한 혁신생태계 구축을 위한 새로운 업무로써 부처에서 분산되어 수행하던 산업 육성을 위한 인프라 업무를 범

논의 주제	대안	주요 내용	장, 단점	조직 구조
과기부는 집행기능 수행 안함	1 안	❑ 총괄기획, 조정, 평가 기능을 우선적으로 담당 ❑ 집행업무는 모두 타 부처로 이관함 ※총괄조정의 지원기능으로 연구개발DB, 과학기술 문화 및 활성화 담당	❑ 조정기능과 집행기능의 분리로 종합조정의 공정성, 객관성 확보 ❑ 집행기능이 거의 없어 부총리급 독립부처로의 존치 사유가 약함 ※기획과 조정기능 중심의 경제기획원 유형임	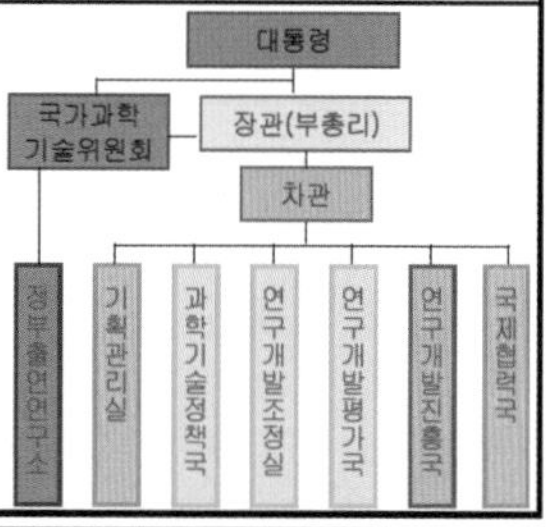

논의 주제	대안	주요 내용	장, 단점	조직 구조
과기부가 집행기능 부분수행	2-1 안	❑ 총괄기획, 조정, 평가 기능을 우선적으로 담당 ❑ 집행업무는 제한적으로 일부 담당 ❑ 국과위 사무국으로 범부처 참여의 기술혁신본부(차관) 설치 ※축소된 정무직 1석(과학기술자문회의 위원장, 장관급) 활용	❑ 집행업무조직과 독립적으로 운영하여 신뢰성을 제고하고 전문가 참여 등 유연한 인사행정 가능 ❑ 출연(연) 등 범부처적 사업 수행 가능 ❑ 복수차관 도입 부담과 독립인사행정 운영의 실행가능성 확보의 어려움 존재	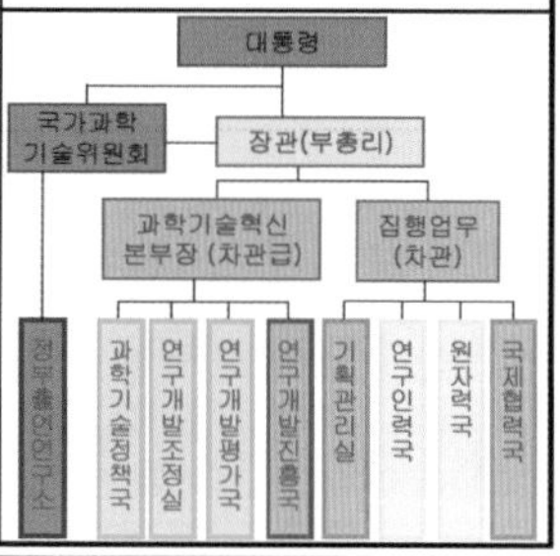

논의 주제	대안	주요 내용	장, 단점	조직 구조
과기부가 집행기능 부분수행	2-2 안	❑ 총괄기획, 조정, 평가 기능을 우선적으로 담당 ❑ 집행업무는 제한적으로 일부 담당 ❑ 국과위 사무국을 구분하여 설치하지 않고 집행업무 조직과 병렬적으로 설치	❑ 조직개편의 폭을 최소화하고 지휘체계를 단순화 시킴 ❑ 종합조정에 대한 공정성 시비를 불식시키기 어렵고 사무국 조직의 전문성 확보 미흡 ❑ 출연(연) 등 범부처적 성격의 사업을 수행하기 어려움	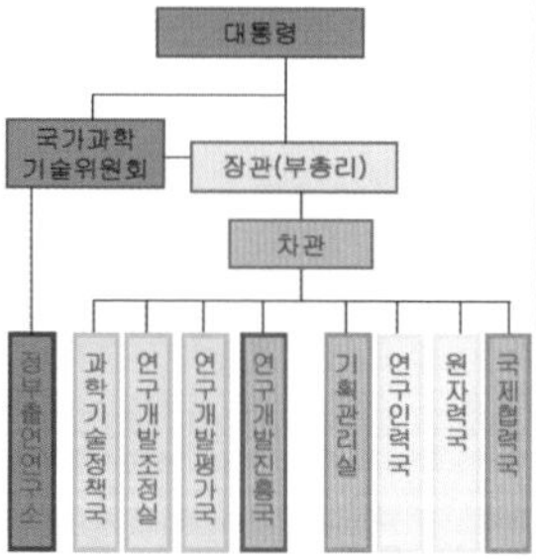

과학기술행정체계 개편 주요 방안.

부처적으로 총괄하는 국가 혁신 기능을 부여하였다. 차세대 성장동력 육성과 기술 금융, 기업 지원세제, 기술 품질관리 등 범부처적 산업기술개발 정책 및 지원제도도 국과위의 기능으로 포함하였다.

종합조정의 개념은 각 부처가 연구개발 활동을 활발하게 하면서 정부 부처 간의 조정을 통해 예산의 효율성을 확보하면서 서로의 역할을 합목적적으로 분담하여 국가 공통의 비전과 목표를 달성하자는 것에서 출발한 구조였다. 사회가 혁신성이 높아지면서 연구개발의 다양성이 증가되는 상태에서 효율성을 추구하기 위해 필요에 의해 종합조정 기능을 추가하는 추세였기 때문이다.

대통령의 탄핵이 기각된 이후 그동안 준비된 내용으로 김병준 위원장 등과 함께 업무에 복귀하신 노무현 대통령께 여러 차례 보고하면서 토론을 거쳤으며, 검토 보완 및 수정 지시를 받아서 최종적으로는 2-1안을 채택하였다. 2-1안에서 과기부에 집행업무 조직과는 별도로 독립적인 국과위의 사무국을 설치하는 방안이 결정된 것이다.

2-1안은 중국 등 대부처주의를 택하고 있는 일부 국가가 분야별로 나누어진 부총리제를 실시하면서 다수의 장관이 업무를 분담하는 구조를 참조했다. 우리나라에서도 외교통상부 산하에 통상교섭본부가 설치되어 있으며 통상교섭본부장은 통상대표로서의 기능을 수행하고 있는 행정체제를 갖고 있었다. 외교통상부의 통상교섭본부장의 명칭을 벤치마킹하여 '과학기술혁신본부'를 제안하였다. 특히 과기부가 종합기획과 조정을 맡으면서도 집행 업무를 수행하도록 설계하여 행정체제의 '부총리부'로서 존치하는 다소 어정쩡하지만 현실을 고려한 행정조직안을 만든 것이다.

과학기술 행정 체계 개편 추진 과정

(1) 법령개정 및 과학기술부 직제 개편 현황

2004년 5월에 완성된 과학기술 행정체계 개편안은 오명 과학기술부총리의 지휘 아래 국회에서 여당과 야당의 초당적 협력을 통해 초고속으로 진행되었다. 개정이 필요한 관련 법안은 〈정부조직법〉, 〈과학기술기본법〉, 〈과학기술 분야 정부출연연구기관 등의 설립·운영 및 육성에 관한 법률〉 등이었다. 국회 통과 후 2004년 9월 14일에 국무회의 의결을 거쳐 9월 23일 개정을 공포하였다.

이에 관련된 과학기술부 직제는 법안이 공포된 당일인 23일 행자부와 협의를 완료하고 당정협의와 규제심사 및 법제처 심사 등을 10월 2일에 완료하였다. 과학기술부 총 정원을 315명에서 50명 증원해 365명으로 편성했고, 집행부서에서 19명을 감축하여 과학기술혁신본부에 106명을 편제했다. 집행업무 이관으로 산업자원부로 13명, 교육인적자원부로 6명이 이관되어 총 19명이 이관되었다. 이관된 주요 업무는 순수기초 및 응용·개발 연구 지원사업 예산 3,502억 원(2004년 과기부 예산 대비 26.4퍼센트)을 9개 부처·청으로 이관하였다.

(2) 과학기술혁신본부의 구성과 운영

인적 구성으로는 기존 과기부 공무원과 타 부처 공무원 및 민간전문가를 4 대 4 대 2로 구성하기로 하여 기능직을 제외한 1~7급 93명을 과기부 37명, 타 부처 37명, 민간 19명으로 배분하였으며, 민간 19명은 별정직과 계약직으로 구성하고, 5급 이상 상위 직급에 배치하였다. 특히 혁신본부의 핵심 요직인 4개 심의관(국장급)으로서 정보전자심의관, 기계소재심의관, 생명해양심의관, 에너지환경심의관을 두었는데 민간에게 개방하였다. 심의관의 업무는 국가연구개발 사업의 조정 및 예산 배분으로써 전문 분야별 권위자를 위촉하여 실질적 권한과 책임을 부여하고, 정무직 수준으로 재산 등록 등의 의무를 부여해 관리하는 방안을 수립, 신뢰성을 제고하고자 하였다. 또한 범부처적 성격이 강한 업무 특성을 고려하여 타 부처로부터 순수 충원과 부처 간 인력 교류를 적극적으로 실시해 타 부처 공무원으로서 국장급(1명), 과장급(3명), 4급 이하(33명) 등으로 구성하였다.

(3) 과학기술혁신본부장의 자격과 지위

혁신본부장의 자격 요건으로 강력한 리더십, 탁월한 행정 능력, 국가R&D 관리 경험, 범부처적 시각을 보유할 것을 제시하였으며 지위는 상위 직급인 차관급으로서 직제상 차관이지만 연봉 등에서 장관급 예우를 받는 지위를 제안하였다. 그 당시 정부에는 국정홍보처장과 통상교섭본부장이 장관급으로서 예우를 받고 국무회의에도 참석하고 있었다. 이러한 상위 직급을 제안한 이유는 혁신본부장의 조정 업무 영역에는 과기부의 집행조직 업무도 포함되어 있어 범부처적 조정력과 리더쉽을 확보하고 공정성을 획득하는 것이 필수적이었기 때문이었다. 또 이와 관련해 장관의 수가 한 명 늘어나게 되는 것에 대해 노무현 대통령이 부담을 느꼈고, 과학기술부총리의 위상을 정립하는 것이 더 시급하며 일은 사람이 하는 것이지 위치가 중요한 것은 아니라고 하면서 혁신본부장은 차관직급으로 출범하도록 정리해주었다.

이러한 과정을 거쳐 혁신본부장이 신설되었고, 그 당시 과학기술부의 임상규 차관이 혁신본부장을 맡고 싶다는 의사를 표명하여 제1대 과학기술혁신본부장으로 임명받았고, 개방형 직제인 심의관들은 외부의 과학기술인들로 임명되었으며, 타 부처에서 파견된 공무원들도 참여해 혁신본부가 완성되었다. 2004년 10월 18일에 노무현 대통령은 오명 과학기술부총리에게 임명장을 수여하였다.

과학기술부총리제 운영

정부 조직에서 경제 정책을 총괄하는 부총리로서 거시경제정책을 담당하는 경제부총리와 미시경제정책을 담당하는 과학기술부총리로 나누어 담당하는 구조로 구성됐다. 과학기술부총리제를 설치한 이유는 국가기술혁신체계NIS를 구축하고 혁신 주도형 경제로의 전환을 강력하게 추진하기 위한 기반을 마련하고, 각 부처가 분산해서 추진하고 있는 과학기술정책과 산업정책을 총괄적으로 기획하고 조정하고자 한 것이다. 또한 연구개발 예산 사업의 효율성을 제고하여 국가경쟁력을 강화하는 것이 1차적인 목적이었다. 따라서 미시경제정책을 총괄하는 부총리의 업무 범위는 크게 두 가지로 나뉘었다. 국가과학기술위원회 부위원장으로서 혁신 성장을 총괄하고 범부처 협의체인 과학기술 관계장관회의를 주관하고 또한 인프라 성격의 과학기술 지원정책을 담당하였다.

그리고 연구개발사업관리자R&D program manager로서 민간전문가의 참여가 확대되도록 제도화함으로써 민간전문가 중심의 기획, 조정, 분석 및 평가 기능을 강화한 것은 과학기술정책의 의사결정 구조를 획기적으로 혁신하기 위한 것이었다.

오명 부총리의 전언[3]에 의하면, 브라운 영국 재무장관은 G7회의에서 한국의 과학기술 체계를 가장 바람직하다고 말했을 정도로 국내는 물론 해외에서도 과학기술부총리제 실시를 환영하였다. 과학기술관계장관회의에는 과학기술 부총리가 의장을 맡았으며, 재정경제부, 산업자원부, 정보통신부, 보건복지부, 환경부 등 14개 부처의 장관과 청와대에서 경제정책수석과 정보과학기술보좌관 등이 참여하여 과학기술 혁신 의제를 결정하고 현안을 조율하여 실행력을 높였는데 장관들의 참석률이 높은 편이었다.

상정된 주요 안건을 보면 과학기술 혁신 정책의 범위를 확대하여 과학기술 혁신 관련 산업정책, 인력정책 및 지역 기술혁신정책과 국가 연구개발사업에 관한 정책 등을 포함하여 미시경제정책의 전반을 다루었다.[4]

2004년 11월 처음 개최된 이후 28차례의 회의를 열어 145개 안건을 처리하였고 2007년 11월 마지막 회의를 개최한 후 이명박 정부가 출범하면서 폐지되었다.

과학기술혁신본부에서는 출범 초기에 연구개발 사업의 평가 및 예산 배분에 집중하였다. 기획예산처에서 부처별로 편성되어 있는 연구개발 예산을 포괄적으로 편성받은 후 사업평가 결과를 반영하고

---

3 [인터뷰] 취임 1주년 맞은 오명 부총리, 《한국경제》, 2005.10.16.
4 정창화, 과학기술관계장관회의, 국가기록원, 2007.12.1.

분야별 예산 조정을 거쳐 연구개발 예산안을 편성하여 기획예산처에 제출하였다. 2003년 말 노무현 대통령 주재 국과위 회의에서 국가의 총괄예산제를 존중하여 연구개발예산 편성권은 기획예산처에 부여하고, 조정권은 국과위가 갖는 것으로 결정되었다. 기획예산처로부터 연구개발 예산을 포괄예산으로 편성받아 각 부처로 예산을 배분하여 권한을 갖는 구조는 아니었다.

헌법 제54조에 의해 정부가 예산을 편성하고 예산회계법에 따라 각 관서장은 예산요구서를 기획예산처 장관에게 제출하는 절차를 거치고 심의·확정하여 국회에 예산안을 제출하게 되어 있기 때문이었다.[5]

2004년 참여정부에서 '총액배분 자율편성제도'라는 제도로 도입된 하향식 예산편성은 국가예산의 총 규모와 분야별, 부처별 지출한도를 먼저 정하고, 각 부처가 해당 한도 내에서 자율적으로 사업별 예산을 편성하면 최종 조정을 거쳐 예산안을 확정하는 방식으로, 2005년도부터 대부분의 부처를 대상으로 시행되었다.[6]

기본적으로 연구개발 사업이 대부분 계속사업이므로 하향식 예산편성 방식을 취하더라도 각 부처의 기존 예산 범위가 반영돼 결정되는 금액이기 때문에 실제 혁신본부가 할 수 있는 역할은 사업 평가에 근거한 미세한 조정을 하는 것이었다. 실제 국과위를 통해 제출된 연구개발 예산은 기획예산처에서 그대로 반영되었다. 그러나 실제 혁신본부 주도의 범부처 대형사업 기획 기능도 미흡한 편이었고, 국과

5 배영목, 〈재정/금융〉, 국가기록원, 2007.12.1.
6 박상원, 〈하향식 예산편성과 상향식 예산편성: 비대칭 정보와 왜곡〉, 《응용경제》 제19권 제2호 2017년 6월, 한국응용경제학회.

위의 조정 과정에서 각 부처의 연구개발 예산 내역이 크게 바뀌는 정도는 아니었다. 2004년에 발족한 혁신본부가 하향식 예산 편성에 적극적으로 참여한 기간은 별로 길지 못했으며 조정 역할도 제대로 정립하지 못했다. 야심차게 출발한 제도가 정착될 때까지 이어지지 못했다는 점이 크게 아쉽다.

개별 부처의 연구개발 예산조정 기능을 갖은 혁신본부의 본질적인 주요 업무는 국과위 사무국으로서 과학기술 분야 전문가들의 참여를 통해 혁신성장 정책을 추진하는 것이었다. 과학기술정책을 통해 추구할 수 있는 범부처적인 비전 수립과 함께 혁신생태계 구축과 이에 필요한 제도 개선 등을 추진하는 목표를 갖고 있었다. 혁신체제 수립의 목표 달성을 위한 그 수단으로서 연구개발 예산을 객관적이고 합목적적으로 편성하도록 조정하는 역할을 수행하는 것이었다.

그러나 혁신본부의 조직을 구성하면서 분야별 심의관을 설치하여 민간인 전문가를 위촉했으나 기획예산처 예산실장 출신이 혁신본부장을 맡게 되면서 우선 시급한 업무로서 예산을 편성하는 것에 주력했다. 그럼으로써 과학기술계에서는 혁신본부가 연구개발 예산을 편성하는 곳으로 인식했다. 혁신본부가 연구개발 부처의 신규사업의 예산 수립에 의견을 내면서 이런 인식은 더욱 굳어졌다. 기획 기능이 보다 강조되기를 희망했지만 연구개발 예산이 주목받는 현실적인 한계 속에서 국가의 혁신생태계 수립을 목적으로 출범한 혁신본부가 당초의 제 기능을 발휘하기는 어려웠다.

그렇지만 청와대에서 정보과학기술보좌관의 기획 업무를 통해 발굴되고 대통령의 결재를 받고 대통령의 뜻이 반영된 정책들로 과학기술 관계장관회의를 통해 추진된 이공계 우수인력 양성 정책, 중소기업 지술지원 제도, 신기술인증 제도, 기술사 제도 등 혁신생태계를 구성하는 데 요구되는 다양한 정책도 추진하였다.

과학기술부총리제에 대한 단상

참여정부가 처음 시도한 정책인 과학기술부총리제는 혁신 성장을 위한 총괄적인 기획과 제도 개선, 각 부처의 역할 분담 및 이를 위한 연구개발 예산의 종합조정을 목표로 출발했고, 2004년 후반부터 2007년 말까지 나름대로 과학기술 행정을 혁신하는 데 기여했다.

그러나 과학기술부총리제를 인식하는 내용은 각자의 입장에서 서로 달랐고, 다른 시각으로 접근하였기에 혁신본부가 기능을 정립하는 데에도 어려움이 따랐다.

첫째는 '부총리'라는 직책의 상승은 과학기술계의 위상을 높여 주었고 정부에서 과학기술을 매우 중요하게 여긴다는 인식을 보여주었다. 이런 인식을 과학기술계는 패권적인 측면에서 바라보았다. 과학기술계에서는 대통령이 부총리제를 민주적 리더십이라는 거버넌스 개념으로 바라본 것과는 다른 개념으로 인식했다. 대통령은 혁신성장의 전략을 수립하는 시스템으로서 총괄적 기능과 조정의 리더십을 발휘할 수 있는 업무를 부여하기 위해서 '과학기술부총리'를 신설한 것이었다. 과학기술인의 권력적 위치를 상승시켜주기 위한 계급적 차원에서 인식한 것은 더더욱 아니었다. 특히 예산 조정의 리더십보다는 과학기술 관계장관회의의 의장인 부총리가 혁신성장 정책과 제도 개선을 범부처적으로 이끌어 나가는 리더쉽이 더 중요하다는 말씀을 여러 차례 하였다.

둘째로는 과학기술부총리가 미시경제정책의 수장이라는 점을 과학기술계에서 인식하지 못하고 있었다. 과학기술부의 위상이 낮아서 단순하게 위상을 제고해준 것으로 인식하고 있어 과학기술부의 정책 범위를 미시경제 영역 전체로 확대하지 못하고 연구개발 관리의 범위로 한정하는 축소지향적인 경향이 지속적으로 일어났다.

셋째로는 혁신본부가 연구개발 예산을 각 부처에 배분하는 기능이 있다는 인식이었다. 전에는 경제부처가 연구개발 예산을 배분하던 기능을 혁신본부가 가져오기를 희망했기 때문이었다. 그런데 사실 혁신본부는 사무국으로서 전문가인 과학기술인들의 참여를 통해 연구방향 수립과 기획 및 평가가 진행되도록 한 참여민주주의를 위한 과학기술정책 관련 의사결정기구인 거버넌스였는데, 의사결정구조로의 인식이 거의 없이 행정 업무 집행기관으로 인식하였다.

그럼에도 불구하고 기획예산처 예산 실장 출신의 혁신본부장을 비롯하여 분야별 심의관 등 공무원들은 예산 배분 업무를 직접 수행하라는 뜻으로 받아들인 것 같다. 그러나 실제 각 부처의 연구개발 예산을 실질적으로 배분할 수 있는 여지는 별로 없었다. 당초의 구상은 심의관이 해당 학문 분야의 최고 권위자로서 연구 업적, 위상 및 식견을 갖추고 해당 연구분야를 기획하는 리더로 설정하였고 많은 노력을 기울였다. 그러나 심의관 중에는 불미스러운 혐의로 해외도피한 사례까지 발생했다.

실제 혁신본부의 역할은 혁신성장을 뒷받침할 수 있는 범부처적 제도 개선을 비롯하여 국가 혁신의 비전과 방향성 제시, 진행 상황에 대한 모니터링 및 미세한 예산 조정이 주요 업무였다. 따라서 노무현 대통령이 미시경제정책의 수장인 과학기술부총리에게 부여한 가장 주요한 업무가 혁신성을 지향하는 제도 개선과 범정부적 조정이라고 판단했던 것은 지금도 매우 유효하다고 여겨진다. 제4차 산업혁명의 진행을 예감한 판단이었다.

문재인 정부에서 과학기술부총리제는 부활되지 않았지만 참여정부가 시도했던 정책을 부활시키면서 혁신본부를 설치하고 혁신성장을 이끌고 있다. 그러나 국가과학기술위원회와 과학기술자문회의가 통합되어 민간인 부의장이 주관하는 국가과학기술자문회의가 설치되어 있는데, 분야별 전문위원회의 평가 및 조정을 통해 실질적으로 기획 및 조정안이 도출되어 실행했는지에 대해서는 향후 냉철한 평가가 필요할 것이다. 산업과 기술의 시대적 흐름에 따라 복합적인 디지털 경제에 적합한 제도 개선과 연구개발 기획에 관련 분야 전문가들의 의견을 반영하는 과정이 더욱 확대될 필요가 있다.

실제 혁신본부는 정부 조직과 예산편성 구조로 볼 때 독자적으로 기능을 발휘할 수 있는 구조는 아니다. 과학기술혁신본부가 제 기능을 발휘하기 위해서는 부총리, 국과위, 청와대의 지원을 받아 범부처적 성격의 정책을 제안하고 추진하는 역할 속에서 기능이 확립되어야 하기 때문이다.

참여정부에서는 혁신본부가 위원장인 대통령의 주관하에 국과위의 사무국 기능을 하면서 과학기술 혁신 정책, 제도 개선 및 예산 종합조정을 지원하는 역할이었다. 또한 대통령의 자문기구인 국가과학기술자문회의에서 자문을 받아 만들어진 과학기술정책을 비롯해 자체적으로 정책을 생산하여 대통령의 결재를 받은 후 혁신본부로 이관하는 방식으로 정책을 생산하였다. 대통령 결재를 받아 이관한 정책은 청와대가 정책 이행 상태를 관리하고 그 현황을 대통령께 보고하기 때문에 정책 이행력이 높을 수밖에 없었다. 또한 부총리가 혁신본부를 지휘하였으므로 과학기술, 산업 및 인력 양성, 혁신생태계를 위한 제도 개선 등 범부처적 정책이 과학기술 관계장관회의를 거쳐 협의 및 조정을 거쳐 확정되었으므로 정책 이행력이 높았다.

더욱 중요한 점은 미시경제를 총괄한다는 업무를 부총리가 얼마나

국가과학기술자문회의를 주재하기 위해 회의실로 향하는 노무현 대통령.
(좌측부터)오명 과학기술부총리, 노무현 대통령, 김우식 비서실장, 박기영 정보과학기술보좌관, 2005.3.29.

출처: 노무현사료관

잘 인식하고 있느냐에 따라 부총리의 위상과 과학기술정책의 범위가 설정되었다. 미시경제정책을 총괄하는 위상을 확보할 때 과학기술정책의 범위가 과학기술, 연구개발, 혁신생태계, 인력 양성 등 미시경제정책 전반이 정책의 대상이 되고 실질적으로 국가 혁신을 위한 정책을 생산하고 추진할 수 있었다.

그러나 과학기술부총리의 정책 범위가 연구개발을 지휘하고 관리하는 역할로 축소해 인식할 때에는 과학기술정책의 범위가 연구개발 정책의 범위로 축소되었으며, 실제 부총리의 역할과 위상을 살리기도 어려웠다. 정책 범위가 축소되면 연구개발 사업의 관리나 평가 자체에 대한 혁신에 집중하게 되는 경우가 발생했다.

기술혁명 시대의 과학기술 혁신체제

문재인 정부에서는 과학기술자문회의와 과학기술심의회의가 통합된 하나의 과학기술자문회의가 탄생하였고 부의장이 총괄하고 있다. 또한 문재인 정부에서 혁신본부의 주된 기능이 연구개발 혁신에 집중되어 있고 기초연구 육성에 많은 역량을 집중하고 있다. 대통령이 회의를 주재하는 횟수 등에 따라 정책 수행의 위상이 결정된다. 정책 이행 수준이나 위상이 낮으면 실질적으로 혁신성장을 위한 미시경제 측면의 총괄정책을 수행하기 어렵다. 따라서 문재인 정부에서는 참여정부의 정책 범위를 확대하여 과학기술혁신을 추진하기 위해 과학기술 정책의 발전과 활용의 혁신이 꽃피워질 수 있도록 과학기술의 새로운 비전과 함께 육성 전략도 확장되어 추진되어야 할 것이다.

참여정부에서는 국과위, 자문회의, 혁신본부, 청와대, 타 부처 등으로 나뉘어진 여러 부처들이 최종적으로는 일원화된 정책 추진 체계를 갖고 있었다. 그러나 문재인 정부에서는 과학기술자문회의라는 통합된 구조를 갖고 있지만, 기획재정부가 혁신성장 주관부처로서 혁신성장 관계장관회의를 초기에 운영하였고, 과학기술부도 혁신성장특별위원회를 운영하고 있다. 또한 제4차 산업혁명위원회가 별도로 구성되어 있다.

문재인 정부에서는 8대 핵심 선도사업(기획재경부)과 13대 혁신성장동력(과학기술부)이 선정되어 있다. 또한 최근 2019년 4월 말에는 청와대가 선정한 3대 집중육성 분야(빅 3)인 차세대 반도체, 바이오, 미래자동차 목록이 있다. 과기부의 혁신성장동력에도 DNA(데이터D, 5세대 이동통신 네트워크N, 인공지능A)가 추가되었다. 혁신성장 사업 체계가 복잡해 국민이 성과를 체감하기 어렵고 관심도가 떨어진다는 청와대 평가도 있었다고 한다.[7] 정책 추진의 효율성을 높이고 효과적으로 수행하기 위해서 조정과 협력은 필요해 보인다.

특히 인공지능과 데이터 산업 육성을 위해 과학기술정보통신부는 제6차 국가정보화 기본계획을 2018년 12월 28일에 발표하였다. 이후 2019년 1월 16일에 기획재경부가 경제부총리가 의장인 2019년 제1차 혁신성장전략회의 겸 2019년 제3차 경제관계장관회의에서 데이터 및 AI 경제 활성화 계획을 발표했다.

7 최호, 〈미래성장동력 5개 추가…'혁신' 표현 배제〉, 전자신문, 2020.2.2.

성장동력 수립을 위해 필요한 전제는 미래 사회가 어떻게 바뀌어 가고 있는가에 대한 통찰이 필요하다. 또한 기술은 무에서 유가 만들어지지 않는다. 지속적인 지식의 축적이 필수적이며 축적된 결과가 임계를 극복하고 지식과 기술의 패러다임 전환이 일어나면 비약적 도약을 하게 된다. 그래야 선도 연구를 할 수 있다. 패스트팔로어Fast follower냐 혹은 퍼스트무버First Mover, 선도자냐의 논쟁에 앞서서 한국은 독자적인 성장동력을 꾸준하게 발전시키는 정책이 필요하다. 그런 과정을 거쳐 누적된 과학기술의 역량으로 선도주자가 될 수 있기 때문이다.

사실 김대중 정부에서 인터넷 보급 정책을 써서 1인 1컴퓨터, 모두가 인터넷에 접속할 수 있도록 전국에 세계 최고 속도의 인터넷망을 설치한 것은 이미 ICT 서비스 산업을 중심으로 정보화를 추진한 것이었다. 참여정부에서 IT839를 추진했지만 정보통신 서비스 산업 분야에서 더욱 활발하게 성장동력 영역을 확장했어야 했음이 조금은 아쉽다. 그 당시에도 정보통신 제조업과 서비스산업 및 소프트웨어의 비중을 보면 7 대 2 대 1의 비율이었다. 최근에는 반도체 등 정보통신 제조업의 비중이 80퍼센트까지 증가하였다. 정보통신 서비스 산업 육성에서 시대전환을 이루어내지 못한 점이 아쉽다.

포스트 코로나 시대의 과학기술정책

제4차 산업혁명은 디지털 혁명이다. 우리나라에서 초기에 스마트 공장 등 독일의 인더스트리4.0Industry4.0의 전략이 더 강조되고 있었으나 코로나19를 계기로 디지털뉴딜과 그린뉴딜을 강조하면서 전략이 확대되었다. 중요한 것은 최근의 기술혁명의 특성을 제대로 반영하는 것이다. 최근의 기술혁명은 5G등을 이용하는 디지털화를 통한 플랫폼 시대로 가고 있다. 플랫폼에 제조업 기기들이 연결되는 시대로 전환되고 있다. 따라서 제조업이 갖고 있던 산업 주도권을 플랫폼 서비스에서 갖게 될 것이므로 한국이 세계 최고 수준의 ICT 플랫폼 강국을 지향하는 전략을 택해서 성장동력을 육성해야 한다.

한국은 여전히 소수의 대기업 장치산업 중심의 성장동력 육성이 유지되고 있다. 2019년 세계 처음으로 5G 서비스를 개시했지만 5G 서비스 질에 대한 이용자 불만이 높다. 한국이 실질적으로 세계 최고 수준의 ICT 서비스를 제공할 정도로 발전 수준을 높여야 명실상부한 IT 국가가 될 수 있다. 한때 한국이 5G에 있어 미국보다 순위가 밀린다는 보고도 있었다.[8]

실제 5G용 스마트폰 정도가 5G 시대에 두각을 나타낼 정도였다. 5G 시대에서 경쟁력을 가질 수 있는 서비스산업와 콘텐츠산업에서 발전을 이룩해야 한다. 다행히 최근 콘텐츠 산업에서 성공의 조짐이 보이고 있다.

시스템 반도체를 강조한 정책은 참여정부에서부터 시작되었다. 시스템 반도체는 정보통신 서비스산업이 고도화되면서 필요한 콘텐츠에 따라 맞춤형 제품On-demand Production으로 개발되어 팹리스 업체와 파운드리 업체가 연계되어 발전할 수 있다. 정보통신 서비스산업이

---

8 Global race to 5G, Analysis Mason, CITA, 2019.4.

다양화되고 주도적으로 정보통신산업을 이끌어야 시스템 반도체 영역이 발전할 수 있다. 참여정부에서도 시스템 반도체 육성 정책을 채택하고 파운드리 공장 설립에 많은 투자를 지원하였지만 목표한 만큼의 성과는 얻지 못했다. 포스트 코로나의 디지털 혁명 시대에 반도체칩의 수요량 증가로 파운드리의 중요성은 더욱 커지고 있다. 정보통신 서비스 영역이 더욱 확대되는 시대적 상황을 반영해 정보통신산업에서 서비스산업 영역을 확대하여 제조업 영역의 경쟁력을 강화해야 한다. 최근 괄목할 만한 성장을 기록하고 있는 네이버와 카카오에 큰 기대를 걸어본다.

기술혁명 시대를 살아가면서 정부의 규제 정책은 매우 중요하다. 신산업의 시장 진입 과정에서 규제는 주요한 걸림돌이다. 많은 부분을 규제 샌드박스를 통해 건별로 규제 문제를 해결할 수 있지만 근본적인 해결책이라고 보기는 어렵다. 국가 차원에서 규제 제도에 대한 획기적인 전환이 요구된다. 우리나라는 사실 규제 제도를 획기적으로 개선하기에는 정부와 정치권에서 누적된 역량이 많이 부족한 상황이다. 최근 지열발전소 실증단지 설치사업 중에 포항 지진이 발생하였고, 이로써 이산화탄소를 지하에 저장하는 실증사업도 완전 중단되었다. 정부가 규제를 완화하기 위해서는 규제 완화에 대한 불확실성과 부작용을 효과적으로 제어하고 관리하는 과정을 사회와 함께 공유하면서 정부의 관리 능력에 신뢰를 주어야 한다.

한국은 빠른 속도로 진행된 산업 성장 과정에서 국민들에게 성장 지향적인 정책을 일방적으로 홍보한 면이 있다. 그 결과 산업 발전과 기술에 대한 사회적 신뢰와 수용성에 회의적인 시각이 만연해 있다.

또 이러한 산업화 과정을 거치면서 환경 분야를 비롯해 많은 부분에서 과학기술 회의주의를 비롯해 과학기술 아나키스트적 분위기도 존재한다.

또한 제4차 산업혁명 속에서 산업 자동화가 강조되면서 사회적으로 고용불안도 높은 편이다. 한국은 기존의 산업 영역을 새로운 영역으로 대체하면서 산업구조를 전환하는 데 매우 성공한 나라이지만, 기존의 영역에 고용되어 있던 노동자들은 업종 전환에서 고려되지 못한 채 방출되어 일부는 자영업자가 되어 살길을 찾았다. 그러나 이제 더 이상 자영업에서 고용을 흡수하기도 어렵다. 고용 현장에서의 한 번 퇴출은 영원한 퇴출이 되는 것을 학습한 상태이며 복지 혜택도 취약한 상황에서는 새로운 성장동력으로 갈아타면서 산업구조를 바꾸기는 상당히 어렵다.

따라서 성장동력 육성에서는 미래 변화, 기술 형태, 산업구조, 연구개발, 인력 양성, 고용 제도, 재교육 체제, 규제 제도, 지역혁신 및 성장 관리 등 여러 측면의 정책 등을 모두 고려하여 포용적 혁신성장 정책을 채택해야 한다. 이러한 정책이 가능하도록 한국의 현재 상황에 대한 면밀한 분석에 기초해 범부처적으로 성장정책을 수립하는 것이 필요하다.

최근 빠르게 진행되는 기술 변화와 함께 기술과 산업의 불확실성이 크게 증가하였고 이들의 수명은 더욱 짧아지고 있다. 한 제품에 들어가는 핵심기술과 부품은 더욱 다양해졌고, 오늘의 기술이 내일 사라질지도 모르는 불확실성이 높은 사회에 살고 있다. 최고 기업의 운명조차도 장담할 수 없고, 기업의 수익 구조도 시시때때로 변하고 있다. 또한 최근의 기술 변화는 효율성 향상과 공유 등의 개념으로 진화하고 있어 기존의 경제틀 내에서는 경제 성장이 계산되지도 않으며, 경제 침체는 장기화되어가고 있고 경제적 불평등은 더욱 벌어지고 있다.

이러한 상황에서 대부분의 선진국은 혁신성장을 위해 총력전을 펼치고 있다. 기술 경쟁에서 살아남기 위해서는 국가의 모든 자원을 총동원하는 총력전이 필요했기 때문이다. 선진국 중에서 과학기술부가 단독으로 존재하는 나라는 거의 없다. 그 이유는 총력전이 필요한 시기에 연구개발만으로는 혁신성장을 이룩할 수 없기 때문이다. 과학기술정책 결정자가 부처 장관이었던 시기에서 벗어나 부총리 혹은 총리나 대통령 등으로 상향 이동되었다. 미국도 바이든 대통령이 반도체 웨이퍼를 들고 회의를 할 정도로 산업정책이 강화될 조짐을 보이고 있다. 국가의 자원을 총동원하여 총력전을 펼치는 것이 가능하도록 총괄 기능이 요구되었기 때문이다. 예전부터 세계 많은 나라가 과학기술의 통합적 의사결정구조인 국가과학기술위원회를 활용하여 혁신성장 정책을 종합적으로 추진하던 구조를 더욱 강화해 나가는 추세이다.

우리나라는 혁신성장의 정책수립자를 미시경제부총리제로 설정하여 세계에서 가장 처음으로 상향 이동시켰고 혁신성장 추진 체계를 통합적으로 구축해야 한다는 국제적 메시지를 만들었다. 그런데 이제 다시 하향 이동하여 원위치로 돌아왔다. 특히 한국은 총력전이 필요한 시기인 최근에 더욱 나뉘어지고 복잡한 행정체계를 갖고 있다.

녹색혁명의 아버지로 불리면서 1970년 노벨 평화상을 수상한 노

먼 블로그Norman Borlaug는 자신이 녹색혁명을 주도한 연구를 진행할 수 있었던 이유는 바로 자신이 '학문적 나비Academic butterfly'로 살지 않았기 때문이라고 했다. 현재 우리나라의 과학계는 학문적 나비가 되어 연구하는 경우가 많다. 한국의 연구개발 사업도 연구자가 학문적 나비로 살지 않을 수 있는 연구개발 혁신이 필요하다.

현재는 없어진 제도이지만 과학기술부총리제의 취지가 제대로 이해되기를 바란다. 과학기술 육성의 통합관리가 어렵다면 과학기술의 독립부처보다는 차라리 기술과 산업의 융합 추세에 따라 복합적인 기능을 하는 거대부처가 더 효율적일 수 있기 때문이다.

노무현 대통령의 국가과학기술 혁신체계 평가

국가 과학기술체계 혁신 성공은 한국의 역량 한 단계 업그레이드시킬 것

우리 한국의 국가기술 혁신체계 또는 지방기술 혁신체계, 이 체계 자체에 대해 세계가 주목하고 있는 것은 틀림없습니다. 이미 최고의 속도를 가지고 있다는 평가를 받고 있습니다. 과학기술 논문은 물론이고 특허 출원 건수가 재작년에 6위까지 왔다가 작년에는 4위까지 올라갔습니다. 이런 점에서 문민정부 이래로 한국 과학기술은 잘 가고 있습니다. 감히 말씀드리면, 참여정부에서는 그 잘 가고 있는 수준을 한 단계 더 질적으로 업그레이드시키려는 노력을 기울였고, 저는 그 성과가 나타날 것이라는 믿음을 가지고 있습니다. 그러나 무엇보다도 역시 우리나라 과학기술인들이 최고입니다. 정말 열심히 잘해주고 있습니다.

(취임 4주년 노무현 대통령과의 대화에서, 2007.2.27.)

출처: 주제별 어록, 노무현사료관

과학기술행정체제 개편에 대한 외국의 시각

- "한국이 제도적 환경의 복잡성을 감소시키고 보다 포괄적인 접근으로 행정 시스템을 변화시키고 있음"(OECD Report, 2004)
- "아직 평가하기는 이르지만 새로운 NIS를 향한 과감한 시도" (OECD Report, 2005)
- "향후 한국이 세계 연구개발의 선두주자 중 하나로 부상할 것이며, 과학기술 행정체제 개편이 중요한 역할을 할 것"(핀란드 국가기술청, 2005)

출처: 노무현사료관

3장
국가과학기술지식정보서비스 구축

과학기술중심사회 구축을 위해서 일차적으로 필요한 인프라로써 과학기술정보 플랫폼을 기획했다. 특히 연구개발 예산의 효율성을 높이는 것이 국가적 과제인데, 예산 사용의 관리와 감시도 중요하지만 더욱 중요한 점은 연구된 내용을 사회에서 효과적으로 공유할 수 있는 방안을 찾는 것이었다. 예산을 사용하여 창출해낸 다양한 지식과 정보의 확산 및 활용이 국가적 차원에서 원활하게 진행되는 것이 바로 '연구개발 예산 활용의 효율화'라고 보았기 때문이다. 특히 국가의 연구개발 예산의 효율성이 있느냐라는 의문이 많았는데, 연구수행 성과가 국가 전체로 확산되는 시스템이 원활하게 작동하는 것이 급선무이며 지식 정보 확산이 국가 혁신의 원동력이 될 것이라고 판단했다. 또한 연구개발이 활발하게 진행되고 있는 분야와 분야별 경쟁력 등이 사실적 자료에 기반하여 확인된다면, 정부 연구개발 사업의 성과를 판단할 수 있을 뿐만 아니라 예산 배분에도 매우 중요하게 활용될 수 있을 것이라고 보았다.

또한 인력 양성에서도 분야별 미스매치가 많이 발생해 첨단 분야에서는 인력난을 겪고 있지만, 동시에 이공계의 취업난도 일어나고 있어 인력 공급과 수요의 분포를 정확하게 알 수 있다면 과학기술 인력의 육성 정책 수립에도 활용도가 높을 것으로 판단했다. 연구개발전 주기에 걸친 관련 정보의 네트워크화는 물론 기술, 시장, 산업, 인력 등의 정보가 연계된 종합정보서비스체제로서 국가 과학기술 정보에 관한 종합적인 상황판을 구축하여 활용하는 서비스를 제공하기로 했다.

그래서 국가과학기술종합정보시스템을 기획했으며 사업명은 국민 모두가 접속하여 정보를 얻는 서비스를 제공하겠다는 목적에 부합하도록 국가과학기술지식정보서비스National Science & Technology Information Service, NTIS라고 명명하였다. 특히 중소기업이 기술 변화를 예측하고 인력 정보도 얻고 연구 기자재도 공동으로 활용할 수 있는 과학기술 서비스의 공유 플랫폼을 만들었다.

노무현 대통령은 정책을 수립할 때 무엇보다도 정확한 사실fact에 근거해야 함을 강조하였다. 과학기술 정보 포털을 구축하는 계획을 보고했더니 이것은 바로 '과학기술 마스터키'라고 평가해주었다. 노무현 대통령의 적극적인 지지를 받았지만 사업 수행이 쉬웠던 것은 아니었다.

노무현 대통령이 직접 '과학기술 마스터키'라고 설정해준 개념에는 과학기술 포털을 넘어 콘텐츠 공유 플랫폼이 되어야 한다는 것을 담고 있다. 서비스를 통한 공유 플랫폼으로 발전할 것을 염두에 두었기 때문에 명칭에 시스템을 사용하지 않고 서비스라는 단어를 사용했다. 당초의 목적은 기술에 대한 정보가 부족하기 때문에 기술 지원이 필요한 중소기업이 국가 연구개발 성과물을 획득하고, 정부자금을 받아 기술을 개발한 연구자와 직접 소통함으로써 기술력을 증진시켜 기업을 성장시킬 수 있는 플랫폼을 구축하는 것이었다. 즉, 국가의 연구비로 개발한 과학기술 성과물을 공유하기 위한 플랫폼이었다. 또한 과학기술과 관련된 사회적인 혹은 학문적, 기술적 참여와 소통을 원하는 국민 모두가 연결될 수 있는 플랫폼이었다.

그런데 세계 최초의 과학기술 공유 플랫폼 개념이다 보니 이 플랫폼 서비스 개념을 설명하는 것부터 어려웠다. 노무현 후보 선거공약으로 '과학기술인 고용정보망 구축', '과학기술 인력 데이터베이스 구축' 등 고용과 인력 양성을 연계한 서비스를 제시한 바 있었다. 나는 과학기술 분야 대통령직 인수위원으로 활동하면서 이 개념을 설명하기 시작했다. 주로 한국과학기술정보연구원KISTI에 설명하면서 구축안을 협의하였다. 그러나 포털 시스템을 구축하는 기술적 개념으로 이해하여 아주 복잡한 구축 설계도를 제시해주었는데, 사용자 측면에서 서비스 플랫폼으로써 활용이 가능할 것인지에 대해서는 이해되지 않았다. 포털 사이트를 구축하는 기술 전문가들이 아주 적극적으로 열심히 여러 번 구축 설계도를 만들어주었지만 서비스 구축에는 자신이 없었다. 나는 사용자 측면에서 이야기하는데, 개발자들은 시스템 전문가 입장에서 시스템을 설명하고 있어 대화가 계속 평행선이었다.

내가 공유 플랫폼 개념의 아이디어를 떠올리게 된 이유는 이메일로 당일 공개되어 거래될 몇 종의 기술 거래 품목을 정부 기관에서 보내주는 것을 보면서 이러한 기술 거래 서비스가 이뤄지는 사이트가 있으면 좋겠다고 생각했기 때문이다. 또 영세한 기업을 비롯해 과학기술 지식이 필요한 일반인들이나 농업인들이 가끔 연구실로 전화를 걸어 전문 지식에 대하여 질문하는 경우를 경험했기 때문이다.

인수위원이던 시절에는 추진하지 못했던 과학기술 정보서비스 구축 작업을 과학기술보좌관으로 임명받은 즉시 다시 시작했다. 미국, 영국, 일본 등 선진국은 체계적이고 수요자 지향적인 과학기술 종합 정보시스템 구축에 국가 역량을 투입하고 있었다. 특히 이 당시 혁신의 견인차로서, 최신 정보통신기술을 이용하여 인터넷을 토대로 한 과학기술 활동을 가능하게 하는 'e-사이언스e-Science'를 구축하고 있었다.

한국과학기술기획평가원KISTEP 등 각각의 연구개발 관리기관에서 중복 연구를 방지하기 위해 연구개발 사업 정보를 축적하는 시스템을 갖고 있었다. 그러나 기관별 상호 연계성이 미흡하고 공급자의 시각에서 과제 관리의 목적으로 구축되어 있었으며, 특히 연구개발의 성과 관리나 활용 및 지식 확산에는 활용되지 못하고 있었다.

정보서비스의 기본 원칙은 하나의 창구에서 종합적인 과학기술 정보의 획득이 가능하도록 구축하되 국가연구개발 상황을 종합적으로 파악, 분석하여 투명하고 개방적인 연구지원이 이루어지도록 하는 것이다. 또한 혁신 관련 지식 및 정보의 체계적인 창출, 확산, 활용 및 공유를 통해 연구개발의 생산성 제고 및 새로운 혁신체제 구축을 촉

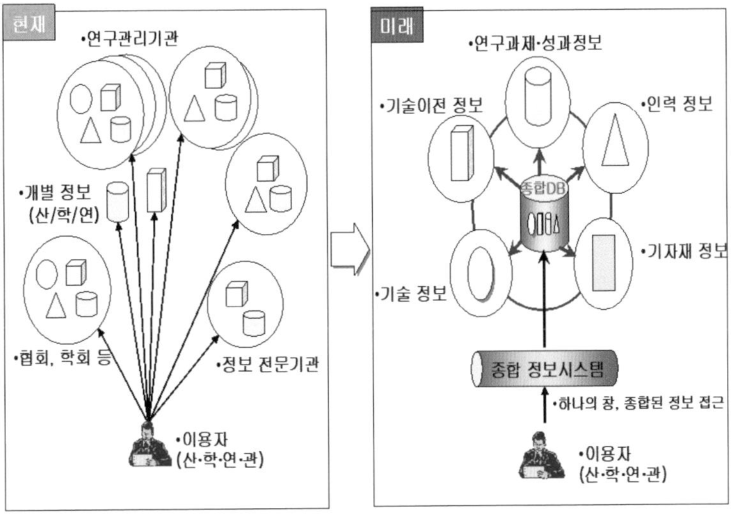

과학기술종합정보서비스 개념도.

진하는 것이다. 이 당시 각 기관들이 DB를 구축한 것이 있어서 DB를 통합적으로 연계하기 위해 기존 DB를 사용하되, 분산형이지만 통합적으로 네트워크화된 정보시스템을 구축하기로 했다. 과학기술자문회의에 파견나와있던 손병호 박사가 처음으로 개념도를 그렸다.

이를 위해 가장 필요한 첫 번째 작업은 정보를 유통할 수 있는 표준화였다. 분야별 주관 기관을 지정하여 DB 항목 및 시스템의 표준화 등을 통해 주요 정보를 제공하는 국가 차원의 통합 DB를 구축하였다. 특히 완전한 통합적 운용이 가능한 분야는 국가적으로 단일한 정보 생성과 유통이 일어나는 플랫폼을 개발하였다.

서비스를 구축하는 단계로는 수요자의 요구를 고려하여 공유하여 적용할 수 있는 프레임워크를 설계하였다. DB를 통합적으로 구성하기 위해 1단계(2005~2006년)로 국가연구개발 정보(연구과제·성과, 기술이전 등)와 인력, 장비 등의 인프라 정보를 구축하였다. 2단계(2005~2008년)로는 연구자의 연구활동 지원을 위한 다양한 기술정보를 연계하고 통합하여 e-사이언스의 기반을 구축하기로 했다.

특히 유념한 것은 이용자의 정보 수요를 파악하여 소비자 중심으로 구축하고자 했다. 수요자 지향의 종합정보 플랫폼을 운영해 과학기술 정보가 종합적으로 연계된 원스톱 서비스를 제공하려 한 것이다. 향후 필요한 정보의 양적 확대와 질적 향상은 물론 DB 간 협업이 가능한 네트워크를 위해 표준화에 역점을 두었다. 구축과 관리는 국가과학기술위원회 산하에 상설 TF팀(민간전문가 팀장)을 설치했고 과학기술혁신본부장이 총괄을 맡았다. 소요예산은 2008년에 서비스가 시작될 때까지 총 710억 원이었다.

나는 플랫폼을 구성하는 아이디어 등을 제공하면서 칠판에 그림을 그려가며 설명했지만, 기술적으로 받아들이지 못하는 상황도 있었고 진행도 지지부진하였다. 진행하는 데 불협화음도 있어서 감사도 받았고 관련 공무원들이 징계도 받았다. 이러한 우여곡절과 어려움에도 불구하고 대통령이 "왜 과학기술 마스터키를 갖고 오지 않느냐?"고 상징적인 질문을 과학기술부총리에게 여러 번 해준 덕분에 NTIS가 완성되었다. 노무현 대통령의 관심이 없었다면 추진하다가 중단되었을 것이다. 나는 보좌관 업무에서 내려온 다음에도 애프터서비스 차원에서 당초 제안했던 개념들을 설명하러 다니기도 했다.

OECD의 공공부문 혁신 사이트에서 한국의 NTIS를 세계 최초의 R&D 지식 포털이라고 소개하고 있다. OECD에서는 NTIS의 서비

OECD에서 소개한 NTIS.

스를 세 가지 기능으로 설명한다. G2G(Government to Government, 정부 대 정부)로는 연구개발 효율성 향상과 실시간 정보 공유, G2B(Government to Business, 정부 대 민간 기업)로는 중소기업에 대한 고가 장비 활용을 위한 사이버 멘토링 제공, G2C(Government to Citizen, 정부 대 시민)로는 연구개발 정보의 실시간 원스톱 서비스 제공이 진행되고 있다고 분석해주었다. OECD에서 소개한 내용은 NTIS를 최고로 잘 이해해준 분석이었다.

NTIS를 구축한 이후 더 발전시키고 싶은 내용은 국가의 중소기업 지원사업을 안내하는 DB와 연결시켜 중소기업이 스스로 기업 분석을 해보면서 최적의 정부지원 사업을 찾아나가는 솔루션까지 만들고 싶었다. 그러나 이 부분까지 진전되지 못해 아쉬웠다. 최근 NTIS를 관리하는 기관에 가서 처음부터 과정을 설명하면서 단순 DB 차원을 넘어 기업 등 시민들에게 솔루션까지 제공해주는 서비스가 이어지면

국과위 NTIS UN공공행정상 수상

"국가과학기술위원회와 한국과학기술정보연구원이 구축 운영중인 국가R&D지식포털 NTIS가 9일 UN에서 주최한 '2011년 UN공공행정상'에서 '정부 지식관리 향상' 분야 우수상을 수상했다."

"Advancing knowledge management in government by reason are for Asian pacific. The winner is national science and technology commission of the republic of Korea for the initiative on national science and technology information service. I invite delegation from the republic of Korea to proceed the stage. Let's give them worm loud of applause.

UN 공공행정상(정부 지식관리향상분야 우수상) 수상.

좋겠다는 이야기를 전했다. DB와 인공지능 기술을 접목한다면 가능할 것 같다.

한국의 NTIS와 유사한 서비스로는 유럽연합EU의 유럽위원회European Commission가 운영하고 있는 CORDIS(지역 연구개발 정보 서비스)가 있어서 EU가 출연한 연구 프로젝트의 정보를 축적하고 성과

2018년 2월 19일

WITSA(세계정보기술서비스연맹) 공공부문 Winner 수상

“

국가과학기술지식정보서비스(NTIS)가 2월 19일 인도 하이데라바드에서 열리는 세계정보기술회의(World Congress on IT, WCIT)에서 ‘2018 Global ICT Excellence Awards’ 공공부문 최우수상(WINNER)을 수상했다. NTIS는 일반 국민까지 확대된 열린 개방 구현으로 국민의 알 권리를 신장하고, NTIS 기술과 노하우를 개발도상국에 전수하여 세계 IT 산업 발전에 기여한 점을 탁월한 성과로 인정받아 공공부문 최우수상을 수상하는 영예를 안았다.

세계정보기술회의 공공부문 최우수상 수상(2018).

정보를 확산하기 위해 운영하고 있다.

NTIS는 세계 최초로 구축된 R&D 지식 포털서비스라는 평가와 함께 세계적으로 조명을 받으며 공공부문에서 많은 상을 받았고, 베트남과 코스타리카 등 해외에 시스템을 구축하는 서비스를 수출하고 있다. 2012년에는 국가연합UN에서 ‘정부 지식관리 향상 분야’에서 우수상인 공공 행정상을 수상하기도 했다.

정보 서비스의 출발점인 포털사이트를 넘어 플랫폼으로 구축한 것은 인력양성, 구직서비스, 기자재 공동활용 서비스를 비롯하여 국가연구개발 사업을 통해 확보하고 있는 연구과제 성과 중 이전을 희망하는 기술의 목록과 기본정보가 자동 생성되어 기술거래 DB로 통합되도록 개발하여 공공의 성과를 확산하는 기술 거래의 플랫폼으로 사용하려는 목적도 있었다. 정보를 획득하는 기회의 비대칭성을 완화하여 국가연구개발 사업의 공공성을 더욱 확립해보자는 취지였다. 그러나 현재 기술거래의 플랫폼으로까지는 발전한 것 같지 않다. 기술거래 측면까지 발전할 수 있다면 우리나라의 기술 평가와 기술 금융 등의 분야에서 많은 발전이 이루어졌을 것이며, 이는 혁신성장의 가장 중요한 플랫폼이 되었을 것이다. NTIS에 축적된 과학기술 데이터를 잘 분석하고 활용하면 미래 예측도 가능할 것이다. 데이터가 경쟁력의 핵심인 현대사회에서 NTIS는 기능적으로 더욱 발전할 수 있을 것이다.

4장

이공계 공직 진출 확대

2000년대 초부터 한국사회에서 심각하게 우려하고 있었던 문제가 이공계 기피현상이었다. 과학입국으로 성장한 한국에서 청년들이 과학을 전공하지 않는 이공계 기피현상을 심각하게 받아들였다. 특히 주요 일간지와 경제지에서는 향후 국가의 성장동력 약화를 우려하여 이공계 기피현상의 원인과 해법에 대해 심층보도를 하고 있었다.

근본적인 이유로는 이공계 인력의 직업 불안정성과 사회적인 홀대가 지적되었다. 특히 IMF 위기 상황에서 정부출연연구원과 기업연구소에서 이공계 인력이 가장 먼저 해고의 대상이 되었기 때문에 석박사급 이공계 고급 인력에 대한 신분 불안정성이 가장 핵심적인 요인으로 꼽혔다. 이공계 기피 현상을 해소할 여러 정책 제안들이 있었는데, 그중 이공계 인력은 정부의 의사결정 과정에 참여하지 못하고 소외되어 있다는 지적에 공감대가 형성되었다. 따라서 이공계 기피 현상을 해소할 핵심적인 정부 정책으로 이공계 인력이 공직에 진출하는 기회를 확대하는 것을 공약으로 제시하였다.

지식 기반 사회를 강조한 정부에서는 지식정보화가 진전될수록 정치, 경제, 사회, 문화 등 모든 영역에서 과학기술 관련 행정수요가 확대되고, 국가의 주요 정책 결정에도 과학적이고 기술적인 사고와 과학기술 전문지식을 갖춘 이공계 전공 공무원들의 역할이 중요하다고 본 것이었다. 그런데도 우리나라의 중앙행정기관 공무원 중 3급 이상 기술직 공무원은 21.6퍼센트에 불과했으며, 대부분이 연구전문직에 종사하고 있었다. 따라서 정부의 주요 정책을 결정하는 대부분의 부서에 기술직 공무원이 거의 없다고 해도 과언이 아닌 실정이었다.[9]

이러한 분석에 따라 2002년 대통령 선거에서 노무현 후보는 이공계 기피 현상을 해소하기 위한 공약을 적극적으로 제시했다. 한국이 과학적인 사회로 전환되어야 함을 제시하면서 과학기술인을 존경하는 사회를 건설할 것임을 천명하였다. 과학기술인이 국정 운영의 중심에 설 수 있도록 더욱 많은 과학기술인이 정책 결정에 참여하도록 유도하겠다는 공약을 내걸었다. 정부 주요 위원회에 과학기술인 위원 참여율은 2002년 당시 10퍼센트였지만, 향후 3년간 30퍼센트까지 확대하고 과학기술인 정무직을 10개 확대하며, 정부의 3급 이상 고위관리직에서 기술직 임용비율 목표제를 도입하여 기존 15퍼센트에서 30퍼센트까지 올리겠다고 구체적인 목표치까지 제시하였다. 기술고시 채용 규모도 확대할 것이며, 정부부처 공무원의 신규 임용 때에도 '이공계 출신자 우대정책' 및 '최소임용비율 할당제 도입'을 단계적으로 확

9 〈외교분야에도 기술직이 임명된다〉, Science Times, 2003.07.23.

대하여 과학기술인의 공직 임용율을 2002년 17퍼센트 수준에서 향후 선진국 수준인 50퍼센트를 달성할 것임을 공약으로 내세웠다.

특히 기존의 인턴 연구원 제도를 보완하여 과학기술 인력의 적정 임금 유지를 위해 연구인력 증원 촉진 프로그램을 실시하여 일정 규모 이하(종업원 100명 이하)에 신규로 채용되는 기업체 연구 인력에 인건비 30퍼센트를 보조하고 중소기업체 연구개발 인건비 세액 공제를 실시하겠다고 공약했다.

이후 2003년 5월에는 기본적인 구상을 국가과학기술위원회에 보고한 후 국가과학기술자문회의, 과학기술부, 행정자치부 및 중앙인사위원회 등이 공동으로 참여하여 세부계획을 마련하고, 2003년 8월 대통령 주재 국가과학기술위원회에서 '이공계 전공자 공직진출 확대 방안'을 최종 확정했다.

2002년 23.8퍼센트에 불과한 4급 이상 기술직 공무원의 비율을 2008년까지 30퍼센트로 확대하고, 5급 이상 공무원에 대한 행정기술직 직급을 통합하기로 했다. 그리고 5급 기술직의 신규채용 확대를 위해 기술고시와 행정고시를 행정고시로 통합해 운영하고, 2008년까지 5급 신규채용의 40퍼센트, 이후에는 2013년까지 50퍼센트를 과학기술 분야 전공자로 충원하겠다는 파격적인 이공계 임용 확대 방안을 확정하였다.

특히 행정직이 주로 임명되던 재정경제부, 행정자치부, 기획예산처 등의 부서에 인사, 예산, 조직 등의 업무에도 기술직의 임용이 확대되도록 하였다. 또한 기술직의 채용 방식도 개선하였다. 4급 이상 공무원은 행정직과 기술직 구분을 없애 직급을 통합하고, 기술직의 직군, 직렬 분류 체계를 과학기술의 유형과 성격에 따라 통합 재분류하였다. 또한 5급 이상 기술직 공무원은 기술고시 중심으로 채용하고 있는 것을 특채, 개방형, 계약직 등으로 채용 제도를 다양화했다.

이공계 공직진출 확대 방안은 대통령이 위원장인 국가과학기술위원회에 정기적으로 보고하도록 하여 실행력을 높이기로 했다. 노무현 대통령은 행정 분야의 의사결정 과정에서 과학기술의 전문지식이 잘 활용되는 것이 바람직하며, 이를 위해 이공계 인력이 과학기술 관련 행정업무를 수행하는 것이 효과적이라고 판단했다.

하지만 추진하는 과정에서 우여곡절도 많았다. 2003년의 기본 계획은 김태유 정보과학기술보좌관과 함께 행정자치부에서 과학기술자문회의에 파견 온 신문주 국장의 헌신적인 노력으로 수립되었다. 구체적인 실행은 2004년부터 시작되었다. 5급 기술직의 신규채용에서 기술고시와 행정고시를 행정고시로 통합하여 운영하는 방안은 시험 출제 등 현실적으로 어려운 측면이 많았음에도 불구하고 5급 공채와 통합해 기술직, 행정직으로 구분하고 운영하였다.[10]

특히 추진 과정에서 가장 어려움을 겪었던 분야는 정부 내 모든 직위를 대상으로 전수조사를 실시하여 기술 직위로 전환해야 하는 직위를 발굴하는 작업이었다. 노무현 대통령이 기술직 임용 확대에 대해 확실하게 소신을 밝혀준 계기가 있었다. 과학기술자문회의의 지원을 받아 기술직 가능 직위에 대해 전수조사를 진행하고 있었는데 내가 정보과학기술보좌관으로서 직무에 해당하지 않는 업무를 수행

10 박천오·최무현, 〈참여정부의 사회형평적 인재등용정책: 성공요인과 정책적 함의〉, 《한국인사행정학회보》 9권 2호, 2010, 31-57.

하고 있다는 정보가 노무현 대통령에게 보고되었다. 대통령이 정보 보고를 받은 후 나는 집무실로 호출되었다. 자초지종을 묻는 대통령께 전수조사 현황을 말씀드렸다. 대통령은 나의 답변을 다 들은 후 당시까지 진행된 전수조사 내용과 방향성에 대해 바로 다음 월요일에 열리는 수석보좌관 회의에 상정하라는 지시를 내렸다. 보고할 정도로 보고서가 작성되지 못한 상태라고 말씀을 드렸음에도 보고 내용이 회의에 상정될 수 있도록 초안을 내놓고 주말에 완성하라는 보완 방법까지 조언해주었다.

부적절한 일을 진행한다는 정보보고까지 된 후 상정하게 된 내용을 수석보좌관회의에서 설명하게 된 나는 매우 위축된 분위기 속에서 더듬거리면서 기술직 2,000명을 추가해야 한다는 내용을 보고하였다. 내가 미흡하게 보고한 내용을 대통령은 추가 설명으로 직접 보완해주었고 기술직 확대의 필요성을 강조하면서 참석자들의 의견을 물었다. 당연히 지적사항 없이 수석보좌관회의를 통해 대통령 지시사항의 형태로 기술직 2,000명을 추가로 확보하는 계획이 확정되었다. 특히 이 계획이 확정된 당일에 행정자치부 장관에게 직접 전달하라는 지시까지 내려주었다. 이를 바탕으로 나는 당일에 허성관 장관을 방문하여 직접 전달했다. 허성관 장관은 나중에 광주과학기술원 총장을 역임했을 정도로 이공계 우대 정책의 필요성을 공감하고 적극 추진한 분이었다.

이러한 과정을 거치면서 이공계 공직진출 확대 방안은 5년간의 계획(2004~2008년)으로 설계되었으므로 정권이 바뀐 2008년까지 기조를 유지하여 추진되었다. 이후 이명박 정부도 이공계 임용목표 대상을 4급 이상에서 3급 이상 고위공무원단으로 상향 조정하여 2013년까지 30퍼센트 달성을 목표로 연차별 목표를 정해 추진했다.

우여곡절을 거쳐 이루어낸 과학기술분야 전문직위 확보계획은 노무현 대통령의 특별지시에 힘을 얻어 2005년도부터 소요정원에 반영하였다. 교육부, 노동부, 환경부 등 19개 부처에서 2005년 321명, 2006년도에는 704명을 반영하는 등 2년간 총 1,052명을 증원하였다.

참여정부는 2003년 26.6퍼센트였던 4급 이상 기술직 이공계 전공자 비율을 2008년 말까지 34.2퍼센트가 되도록 계획을 수립하였다. 이를 위해 2005년 5월 행정직과 기술직으로 구분되어 있던 4급 이상 직급을 통합해 승진 및 보직을 관리함으로써 직렬간 장벽을 제거하였다. 4급 이상 기술직·이공계 임용은 2004년 28.9퍼센트에서 2007년 32.3퍼센트까지 확대하여 목표 달성에 근접하였으나, 이명박 정부 첫해인 2008년에는 30.9퍼센트로 다시 떨어졌다.

정부 전체의 5급 신규채용 중 기술직 비율 목표로 2008년 40퍼센트를 설정한 결과, 5급 신규 채용 중 기술직 채용인원은 2004년에는 50.1퍼센트, 2005년에는 50.2퍼센트로써 각각 233명, 278명을 채용

기술직 5급 신규채용 연차별 계획 및 실적

(단위: 명, %)

구 분	2004년	2005년	2006년	2007년	2008년
5급 신규채용인원 전체	465명	552명	533명	479명	387명
기술직 채용인원ⓐ (당해년도 채용비율)	233명 (50.1%)	278명 (50.4%)	185명 (34.7%)	140명 (29.2%)	104명 (26.9%)
채용비율(누적)	50.1%	50.2%	44.9%	41.2%	38.9%
행정직 중 이공계 전공자ⓑ	16명	18명	25명	32명	37명
이공계 소계 ⓐ+ⓑ (당해년도 채용비율)	249명 (53.5%)	296명 (53.6%)	210명 (39.4%)	172명 (35.9%)	141명 (36.4%)
이공계 채용비율(누적)	53.5%	53.6%	48.7%	45.7%	44.2%

출처: 박천오·최무현, 《한국인사행정학회보》 9권 2호, 2010, 31-57.

하였다. 신규 5급 행정직의 이공계 전공자를 포함한 이공계 신규채용 비율은 2004년도 53.5퍼센트, 2005년도 53.6퍼센트였으나, 이후에는 감소하여 2007년도에는 45.7퍼센트로 참여정부를 마감했다. 그러나 다음 해 2008년도에는 44.2퍼센트로 떨어졌다. 당초 목표였던 2008년도 40퍼센트는 초과 달성하였지만 2013년 목표인 50퍼센트는 달성하지 못한 채 이공계 공직진출 확대는 종료되었다.

또한 2004년 이후 우수 과학기술인력을 매년 50명씩 특별채용하도록 정례화하였다. 2004년 51명, 2005년 49명 등 2008년까지 박사급 5급으로 임용된 기술직 특별채용은 총 165명이었다. 선발 방법은 필기시험 없이 서류전형과 논문 등을 심사하고, 면접은 개별 면접과 집단토론식 면접 등을 병행하여 인성, 공직관 및 정책 역량 등을 종합평가하여 임용하였다.

5년간 국·과장급 개방형 직위 임용자(747명) 중 이공계 전공자가 326명으로 43.6퍼센트에 달했다. 4급 이상 기술직·행정직의 복수직위는 2003년 29.9퍼센트의 754직위에서 2008년 49.6퍼센트 1,485직위로 대폭 확대되었다. 기술직 체계를 개편하여 3급 이상은 단일 체계로 통합했으며, 4급은 서기관·기술서기관, 5급 이하는 8직군 38직렬에서 1직군 17직렬로 통합했다.[11] 연구직이 연구원과 연구사로 나뉘어진 체계를 조금 세분화해야 한다는 의견이 있었지만 이는 반영하지 못하였다.

이공계 박사·기술인력의 특별채용은 참여정부의 인사개혁 로드맵

11 국민안전처 참고자료, 최윤주 작성, 2009.2.4. 등록.

의 주요과제인 '공무원 충원 경로의 다원화'와 '과학기술인력의 공직진출 확대 방안'의 일환으로 추진한 것이었다.[12]

노무현 대통령은 과학기술인력의 채용 확대의 근본적인 취지를 정확하게 전달하고 정신을 반영해줄 것을 국무회의에서도 여러 번 강조하였다. 특히 참여정부가 역점을 두고 실행하고 있는 정책을 국민에게 잘 설명하고 공감대를 형성하면서 추진하라고 여러 번 주의도 주었다. 노무현 대통령의 국정 운영 방식을 잘 알 수 있는 대목이다. 노무현 대통령은 과학기술이 점차 강조되는 사회에서 전반적으로 행정인력의 다양성과 유연성이 강화되어야 한다고 강조는데 국민들에게도 공감을 얻어야 함을 강조한 것이다.

이공계 공직진출 확대 방안은 2003년에 기본 계획이 수립된 이후 2004년도와 2005년도에는 활발하게 진행되었고, 이후 추진 동력이 다소 약해진 감은 있으나 2008년까지는 지속적으로 추진되었다. 이명박 정부 출범 이후에도 공직진출 확대정책의 기본 골격은 유지하는 입장이었지만 기술직 수요가 점진적으로 감소하여 5급 기술직 채용목표는 40퍼센트를 유지하는 것이 바람직하다는 견해였다.[13]

그러나 이공계 공직진출 확대 방안은 2009년 이후에는 더 이상 주목받지 못하였다.

---

12 조창현 중앙인사위원장, 〈이공계 박사·기술인력 사무관 특채 정례화한다. 노 대통령 "행정부 다양성 확보 및 행정개혁 내용 채우기"〉, 오마이뉴스, 2004.8.11.
13 〈공직 내 이공계 인력 지원 종합계획〉, 행정안전부, 국가과학기술위원회 2009.8.1.

노무현 대통령의 과학의 날 말씀(2003년)

과학기술인들의 사회적 지위가 향상되어야

과학기술인들의 사회적 지위를 크게 향상시킬 수 있을 것으로 믿습니다. 시장의 경쟁 시스템을 잘 작동시키면 기술경쟁력과 창조적 역량이 시장에 꽃피게 되고 과학기술도 꽃이 핍니다. 투명한 시장경쟁을 합시다. 권력이 남용되던 시대에는 권력을 갖지 않는 사람들이 설 자리가 없었습니다. 과학기술 인력들은 권력에 직접 참여하지 못했습니다. 권력의 합리적 운용을 통해 권력에 소외된 사람들도 참여할 수 있도록 하겠습니다. 권력은 꼭 합리적으로 운영될 것입니다. 행정고시 중심의 공직사회를 제도적으로 일반 행정직에서도 밀리지 않고 대등하게 진출할 수 있도록 하겠습니다. 국가 의사결정에 적극 참여할 수 있도록 길을 열겠습니다. 가장 어려운 문제이지만 중요한 문제입니다. 최대한 참여의 폭을 넓히겠습니다. 이를 위한 개혁을 기술적으로 해 나갈 것입니다.

(제36회 과학의 날 기념식 및 연구소에서 2003.4.21)

출처: 주제별 어록, 노무현사료관

5장
차세대 과학교과서 편찬

유치원생이나 초등학교 학생들은 과학에 호기심이 높은 편이지만 학교에서 정규 과학 교육을 받으면 받을수록 학년이 올라가면서 과학에 호기심을 잃어가고, 이런 현상은 이공계 기피로도 이어지고 있었다. 청소년들이 과학에 호기심을 잃어가는 가장 주된 이유 중 하나로 당시의 검인정 과학 교과서가 학생들이 과학에 대한 흥미를 키우기에는 많이 미흡하다는 것이 공론이었다. 특히 최근 급속도로 발전하고 사회에서 새로운 과학 정보를 많이 접하게 되는데, 교과서가 흥미로운 과학 콘텐츠를 담아내지 못할 뿐 아니라 과학 교육이 과학지식 축적에 역점을 두면서 내용도 너무 많아지고 어려워지고 있었다. 특히 과학 교육이 탐구학습으로 전환되었지만, 학생의 호기심과 탐구력을 이끌어내고 창의력을 육성하기에는 역부족이라고 판단되었다. 학생들은 갈수록 영상화된 자료에 익숙해지는데 거의 활자 위주의 과학 교과서로는 새로운 세대의 취향을 충족할 수 없었다. 학생들은 과학을 어쩔 수 없이 암기해서 공부하는 딱딱한 과목 중의 하나로 받아들일 뿐이었다.

당시의 검인정 교과서 체제에서는 교과서 간의 차별성도 없어서 선택의 폭도 거의 없었다. 교과서의 수요자인 학생들 관점에서 교과서를 선택할 수 있도록 교과서를 다양하게 만들어 검인정 교과서 체제의 혁신을 이루기 위한 노력이 필요하다는 공감대가 있었다.

노무현 대통령은 청소년의 과학에 대한 호기심과 창의력을 육성하고, 학생 선택의 폭을 넓히기 위해 검인정 교과서 체제를 혁신하기 위한 목적으로 과학 교과서를 개편해보라고 지시하였다. 이렇게 하여 과학교육혁신을 선도하기 위한 국정과제[14]가 만들어졌다.

나는 1982년부터 서울 YMCA의 시민운동에 참여한 인연으로 교육과 과학기술 부문 운동 활동가들과 오랫동안 가까웠다. 후배들이 주축인 과학교육 활동가들인 교사들을 만났더니 오래전부터 과학 교과서의 문제점을 인식하고 새로운 과학 교과서 제작을 고민하고 있다고 했다. 가장 최적의 과학 교과서 연구팀을 구성할 수 있다고 판단되어 새로운 형태의 과학 교과서 집필이 가능할 것이라고 대통령에게 보고했더니 아주 많이 반가워하였다. 특히 검인정 체제를 혁신할 수 있는지에도 역점을 두고 노력해보라고 말씀하였다.

이후 과학기술부에서 예산을 확보하고 교과서 집필팀인 '차세대 과학 교과서 연구개발위원회'를 구성하였고 위원장은 과학교사 모임의 회장이었던 현종오 선생님이 맡았다. 기존의 교과서는 이미 다 설

14 국가기술혁신체계(NIS) 구축방안(2004.7, 과학기술중심사회추진기획단·과학기술부)의 [추진과제9] '초·중등 과학교육 혁신 : 쉽고 재미있는 과학교육 과정과 교재개발'.

정된 단원 순서 및 집필 가이드라인에 따라 주로 대학교수들이 집필하기 때문에 교과서의 내용이 어렵고 차별성이 없었다. 어쩌면 대학수학능력시험 등 전체 학생을 대상으로 시험을 치르는 상황을 고려한다면 교과서 간의 차이가 생길 수 없다는 현실적인 어려움도 있었다.

그렇지만 노무현 대통령의 시험정신의 뜻을 이어받아 아름다운 시도를 해 보기로 했다. 새로운 과학 교과서는 교수들이 집필하는 것이 아니라 학생들을 직접 가르치고 있는 교사들이 집필하도록 하였다. 따라서 교육부와 교육계의 여론은 상당히 부정적이었고 은근히 방해도 받았다. 대부분의 집필자들이 현직 고등학교 교사들이라 집필에 전념하기 위해서 집필 총괄 담당자 등 몇 명의 교사는 파견 형태로 작업할 수 있는 여건을 만들어야 했고, 근무 장소도 마련해야 했다. 교육계의 부정적인 협조 분위기 때문에 파견 절차 처리와 장소 마련 등에 많은 어려움을 겪으면서 거의 반년 동안 진척이 없었다.

대통령의 지시사항 이행 실적을 점검하는 과정에서 진척이 없다는 내용을 보고 했고 대통령의 각별한 지시로 간신히 위기들을 넘기고 집필을 시작할 수 있었다. 결국 과학기술부와 과학문화재단을 중심으로 교육인적자원부, 국가과학기술자문회의 등의 협조를 얻어 2004년 7월부터 교과서 개발이 시작되었는데 예산 5억 원을 들여 제7차 교육과정에 맞춰 개발하였다.

평소 연구모임을 하면서 교과서 집필을 위한 준비들이 잘되어 있었던 집필진은 1년여의 시간 동안 집중적으로 집필에 전념한 결과 새로운 모습의 교과서 초안이 2005년에 거의 완성되었다. 핵심적인 방향은 설명을 많이 추가해 혼자 읽으면서 이해할 수 있도록 스토리라인을 중요시 여긴 교과서, 이해 중심 교과서, 토털북 디자인 교과서를 지향하였으며, 사례 등은 주로 실생활에 관련된 내용을 담았다. 특히 학습 환경이나 학습자 조건에 따라 재구성하기 쉬운 섹션형 교과서로 구성하였다.

대부분의 과학서적에는 외국의 연구결과들이 소개되고 있고 인물도 주로 외국인으로 되어 있는 것을 한국의 연구자료로 제시했고 인물 그림도 한국인으로 바꾸었다. 교과서가 갖는 지식적 내용뿐만 아니라 인지적 측면도 세심하게 고려한 교과서를 만들었다. 또한 디자인도 현대적인 기법을 적용하여 마치 과학잡지같이 그래픽과 사진 자료를 실었다. 교과서 제작비용이 많이 소요되었다. 새로운 형태를 지향하였기 때문에 교과서에 색채도 많이 사용하였고 A4 용지 크기로 기존의 교과서와는 달랐다.

제목은 가칭으로 '차세대 과학 교과서'로 명명하였다. 집필 시작 때부터 정한 내용으로 교과서 대상 학년은 고등학교 1학년이었다. 주요 작업은 교학사 편집 및 디자인 팀이 맡아주었다. 2005년 10월 28일에는 중간발표 세미나를 개최하였고 12월에는 580여 쪽에 달하는 《차세대 과학 교과서》의 1차 결과물과 실험도구를 소개하고 교육계, 학생 및 출판계의 의견을 청취하였다.[15]

2006년도 1학기부터 수도권 5개 학교(서울 이화여고, 경기도 성호고, 수원여고, 인천 학익여고, 신송고)에서 시범으로 사용하여 현장 적응성을 확인했다.[16]

---

15 〈쉽고 재미있는 차세대 과학교과서 개발, 과학기술부 보도자료〉, 2005.12.8.
16 이정내, 〈'차세대 과학교과서' 2008년 채택 추진〉, 연합뉴스, 2006.11.10.

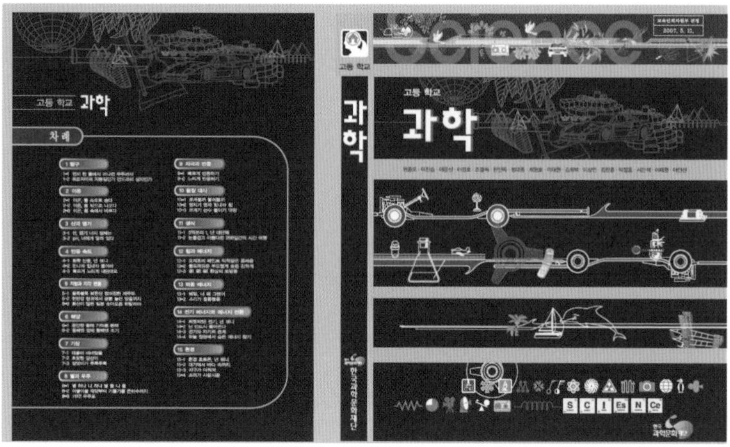

차세대 과학교과서 표지.

차세대 과학 교과서는 당초에는 검인정 교과서 체제를 개혁하기 위한 목적이 있었지만, 우선은 현실적으로 검인정 체제 내에서 새로운 교과서를 사용해보는 것도 중요하다고 판단하였다. 2007년 5월에는 교육부의 〈교과용 도서에 관한 검정〉을 통과하여 2008년부터 전국의 고등학교에서 사용하였다.

시범운영 과정에서 차세대 과학 교과서가 좋은 평을 받으면서 전국의 355개의 학교에서 고등학교 1학년 과학 교과서(공통과학)로 채택하면서 고교수 기준 채택율 16.2퍼센트로 전국적으로 고른 분포를 보였고 주문부수는 698,890부에 달했다.[17]

이 수치는 주문부수 기준으로 과학교과서 12개 중 4위를 차지한 것으로 처음 제작된 교과서로는 매우 큰 성공을 거두었다.

---

17 과기부, 차세대과학교과서, 전국 355개 고교에서 채택, 과학기술부, 글로벌과학기술정보정책서비스, 2007.11.5.

고1 과학 교과서의 성공적인 제작 경험을 바탕으로 교육부와 공동으로 초등 3, 4학년과 중학교 1학년 차세대 과학 교과서도 개발하였으며 만화로 배우는 과학 교과서도 만들었다.

그러나 이명박 정부로 이어지면서 차세대 과학 교과서 개발은 더 이상 활성화되지 못했고, 학교에서 보급되어 사용되었던 차세대 과학 교과서마저 역사의 뒤안길로 사라지고 말았다. 주된 이유 중의 하나가 교과서를 학문 분야 전공자인 교수들이 집필해야 한다는 주장이 강하게 제기된 것도 한 가지 원인이라고 한다. 전공자도 아닌 현장의 과학교사들이 교과서를 집필한다는 것은 어불성설이라는 주장도 있었다.

2010년부터는 새로운 교육과정에 맞춰 새로운 교과서 집필이 이루어졌어야 했으나 이런 부정적인 여건 속에서 교과서 혁명은 일시적으로는 성공했지만 결국 실패하고 말았다. 학문적 우월의식과 기득권에 밀려 현장의 교사들이 중심이 되어 학생들 눈높이에 맞추어 집필했던 과학 교과서는 역사가 되고 말았다. 기존의 교과서 체제와 학문의 기득권 세계에 밀려 교과서 혁명은 씁쓸하게 막을 내렸다.

6장

이공계 교육 혁신 및 공학교육 인증제 확대

대학생 수는 1970년 146,414명에서 2004년 1,836,649명으로 약 18배가 증가하여 증가율이 세계 1위였으며, OECD 국가 중에서 인구 천 명당 이공계 졸업생 수가 4.85명으로 가장 많았다. 프랑스 2.60명, 미국은 1.26명, 독일은 1.11명이었다. 이공계 대학의 국제경쟁력은 취약했는데 2003년의 논문발표 실적은 세계 14위였지만, 논문의 질적 수준은 미흡하여 논문 피인용도는 34위에 불과하였다. 특히 기술사업화 실적이 미약한데, 국내 전체 대학의 2001~2002년의 기술료 수입이 400억 원이라면, 미국 스탠포드대 1개 대학의 기술료 수입은 494억 원이었다. 우리나라 대학이 연구를 진행한 역사가 짧아 산업 성장을 견인할 정도의 성과를 내기에는 역부족인 상황으로 판단되었다.

산업 성장을 견인하는 원동력인 인력양성 측면도 분석하여 보았다. 주요기술 분야 인력 수급에서 양적인 측면과 질적인 측면에서 불균형이 심하였다. 예를 들면 2003년 기준으로 기계 분야의 석박사 졸업생 비중은 9.0퍼센트였지만 연구개발 투자액 비중은 22.7퍼센트였다. 또한 생명공학 분야의 석박사 졸업생 비중은 12.0퍼센트이지만 연구개발 투자액 비중은 3.0퍼센트에 불과했다. 특히 디지털 기술 중심의 제4차 산업혁명이 예고된 상황이었고, IT 국가로서 정보통신 분야에 기업 연구개발 투자의 55.3퍼센트가 집중되었음에도 불구하고 석박사 졸업생 비중은 26.6퍼센트로 절반 수준에 불과했다.

질적인 면에서도 디지털 전송기술 분야에서 산업계 요구에 비해 대학 교육은 50퍼센트 수준으로 평가되었고, 특히 정보통신 시대에 점차 중요성이 커져가는 암호화 기술 분야는 산업계 요구에 비해 대학 교육은 4분의 1 수준이었다. 이처럼 교육과 산업계 사이에서 양과 질의 불일치를 해소하는 것이 과학기술계 인력의 고용 확대와 산업 경쟁력 제고에 매우 중요한 사안이라고 판단했다. 이런 문제점은 아직도 해결되지 않아 대학 혁신의 단골 메뉴가 되고 있다.

이공계 교육이 양과 질적인 면에서 낮게 평가받는 이유로는 대학 교육에 대한 투자가 저조한 것도 그 원인이었다. 교수 1인당 학생 수가 미국 14명, 일본 11명인 것에 비해 한국은 39명이었으며, 대학생 1인당 교육비도 OECD 국가의 66퍼센트 수준에 불과하였다. 또한 대학의 연구기능이 취약한 원인은 기초연구를 주로 수행하고 있는 대학에 투자되는 연구비 비중이 낮기 때문이다. 대학의 기초연구가 강한 영국은 연구개발 투자 중 대학에 투자되는 비중이 21.4퍼센트였고, 미국과 일본은 각각 14.9퍼센트, 14.5퍼센트 수준이었지만 한국은 10.4퍼센트에 불과했다.

또한 주로 학생과 비정규직 연구인력에게 지급되는 대학의 인건비 비중도 일본 등 선진국들은 50퍼센트를 넘었지만 우리나라는 31.2퍼센트 수준이었다. 한국의 인건비 비중이 30퍼센트 수준을 벗어나지 못한 이유는 연구개발 관리규정을 통해 인건비 비중을 30퍼센트로 제한하고 있기 때문이었다. 인건비 지급이 낮아 비정규직 대학 연구인력에 대한 처우가 열악했고 연구 안정성과 몰입도도 낮았다.

이러한 진단에 근거해 국가의 성장을 견인하고 이공계 인력의 자아성취를 위해 이공계 교육혁신을 통해 이공계 인력이 적재적소에 투입될 수 있는 구조를 만드는 전략이 절대적으로 필요하다는 결론에 이르렀다. 이공계 교육 혁신을 위한 자문모임을 구성하여 해결방안을 연구하고, 이공계의 의견 수렴을 통해 창조적 인재양성 방안을 수립하여 2005년 3월 29일에 위원장인 대통령이 주재한 과학기술자문회의에서 이공계 교수들이 직접 대면보고를 하였다.

주요 내용에는 3개의 핵심 주제를 담고 있었다. 대학 교육 자체를 혁신하는 대학운영 혁신, 연구중심 대학 육성과 대학원생 연구 능력을 강화하는 대학 연구역량 제고와 산학연계를 촉진하는 방안이었다. 특히 대학의 연구 역량을 강화하기 위해 연구비에서 간접비 비중을 높여 연구 인프라를 확충하도록 하였으며, 이공계 대학원생이 학비와 생활비 부담 없이 연구에 전념하도록 장학사업 확대와 연구수당 지원, 펠로우십Fellowship 제도 도입 등 다양한 정책을 마련하였다.

노무현 대통령은 이공계 학부학생과 대학원생에게 지원을 확대하여 연구에 전념하도록 방안을 제안한 부분을 높이 평가해주었다. 회의 말미에 대통령은 "오늘 보고된 내용은 한 글자도 빠뜨리지 말고 정책에 반영하라"는 지시를 내렸다. 그 결과 2005년 8월에는 교육부, 과

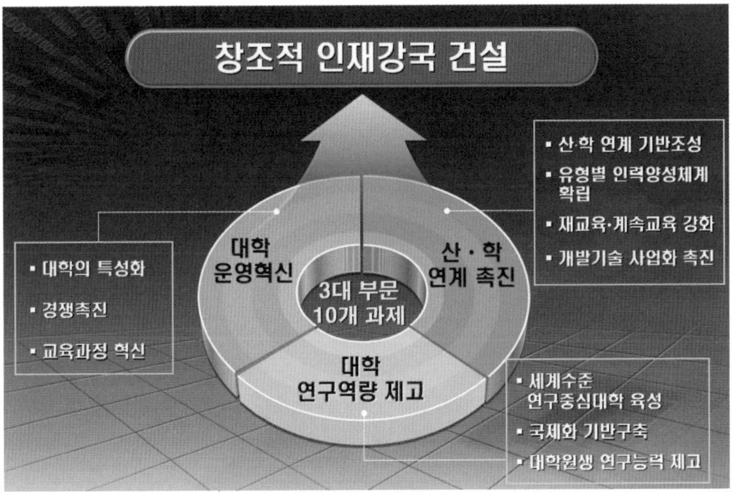

창조적 인재강국 건설 방안(대통령보고, 2005.3.29.).

학기술부, 산업자원부, 재정경제부, 중앙인사위원회, 지방자체단체 등 총 13개 부처와 지역이 참여해 도출한 〈창조적 인재강국 실현을 위한 이공계 인력 육성 지원 기본계획(2006~2010년)〉을 발표하여 실행 계획을 수립하였다. 14대 추진과제를 도출하고 주관부처도 설정하였다.[18]

이공계 학생과 비정규직 연구인력의 처우를 개선하기 위해 연구비 중 인건비 30퍼센트 제한 규정을 삭제하였다. 또한 '산학협력 특별세액 공제제도'도 마련하여 대학에 지원하는 기업 연구개발 투자를 유인하였다. 이 제도의 시행으로 기업의 연구개발비 투자가 크게 증가하여 총연구개발 투자의 GDP 비중이 4.5퍼센트 수준까지 상승하여

18 〈창조적 인재강국 실현을 위한 「이공계인력 육성·지원 기본계획」(안) (2006~2010)〉, 과학기술부 외 12개 부처청 및 기관, 2005.8.29.

세계 1, 2위에 도달하게 되었다.

이공계 대학 혁신 중에서 가장 중요한 내용으로 이공계 인력의 진출 분야를 다양화하기 위해 대학에서 이공계 전공이지만 사회과학과 인문과학의 영역도 부전공을 하거나 수강함으로써 자신의 직업 진로에 필요한 소양을 확충할 수 있도록 교육과정 개선이 필요함을 강조하였다. 이것은 이공계 전공자의 입장에서 진로를 다양화할 수 있을 뿐만 아니라 국가 차원에서도 갈수록 과학기술적 지식과 소양이 필요한 분야가 많이 늘어나고 있어 이공계 인력이 적재적소에서 활동하게 되는 것이 필요했다.

노무현 대통령이 2005년 어느 날 오후 시간을 비워놓고 정보통신부 장관인 진대제 장관과 나를 관저로 불렀다. 이런 일정에 대해 전혀 아는 바가 없었던 나는 상당히 긴장한 상태로 관저에 들어갔다. 대통령은 국가의 과학기술 역량을 제고할 방안에 대한 폭넓은 대화를 위해 잡은 일정이었다. 상당히 다양한 주제로 허심탄회하게 여러 대화를 나누었다. 이날 대통령과의 대화 속에서 정리된 내용 중 하나가 '공학교육 인증제'였다. 이 당시 공학교육 인증에 소요되는 비용과 인증의 주체 등 여러 문제가 해결되지 않아 인증제가 사라질 위기였다. 대통령은 "두 사람이 반드시 책임지고 공학교육 인증제가 확대되도록 하라"고 지시하였다.

이 지시로 교육부, 과학기술부 등과 협의하여 소요예산 6억 원을 만들었고, 인증 주체도 지정하고 계속 유지될 수 있는 방안도 수립하였다. 공학교육 인증을 지속적으로 추진하게 된 배경은 공학교육이 산업 현장의 수요를 더욱 충족할 수 있도록 교과 과정과 교육 내용을

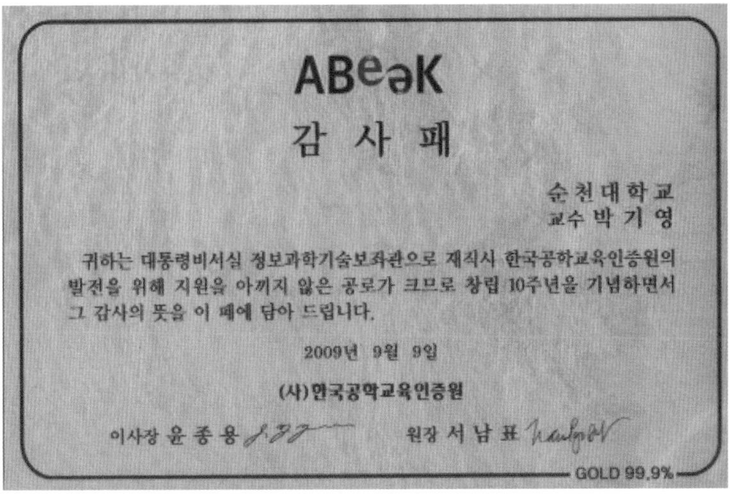
ABeeK

감 사 패

순천대학교
교수 박 기 영

귀하는 대통령비서실 정보과학기술보좌관으로 재직시 한국공학교육인증원의 발전을 위해 지원을 아끼지 않은 공로가 크므로 창립 10주년을 기념하면서 그 감사의 뜻을 이 패에 담아 드립니다.

2009년 9월 9일

(사)한국공학교육인증원

이사장 윤 종 용 원장 서 남 표

GOLD 99.9%

창조적 인재강국 건설 방안(대통령보고, 2005.3.29.).

개선하려는 것이 목적이었다. 공학교육 인증제 실시 10주년이 되는 해에 한국공학교육인증원으로부터 감사패를 받기도 했다.

그러나 이러한 정책들은 지금도 제대로 실현되지 못하고 있다. 인건비 제한 규정을 삭제한 것은 이후 정부에서 다시 30퍼센트로 환원되어 지금도 적용되고 있다. 또한 정부연구비에서 지급되는 간접비 비율을 상향 조정하여 연구인프라를 확대하도록 개선했지만, 실제 대학에서 간접비의 용도가 인프라 확장에 제대로 투입되지 않고 있다. 국가 과학기술 인력지도도 작성하여 이공계 인력의 수요와 공급의 불균형을 해소해보려고도 노력했다. 그러나 당초의 계획만큼 잘되지는 않았다. 미완의 개혁였지만 점진적으로 이공계 교육 과정에서 추진되어야 할 과제를 제시했다는 측면에서 의미가 컸다고 평가하고 싶다.

7장

과학문화 확산 및 생활과학교실 운영

노무현 대통령이 후보 시절부터 강조했던 과학기술 분야 공약이 바로 '과학기술중심사회'다. 정부의 행정 집행을 비롯하여 사회의 의사결정 등 전 분야에 걸쳐 논리적인 사고가 중요하다고 판단했기 때문이다. 이공계 전공자 공직진출 확대를 위해 노력한 것도 바로 정부 행정에서 과학적 지식과 사고가 중요하다고 생각했기 때문이었다. 그런 차원에서 과학적인 사고와 논리적인 문화가 사회에 확산되기를 바라면서 전개했던 정책이 바로 '과학문화 확산'이었다.

과학을 주제로 국민들과 쉽게 소통하기 위해 슬로건을 '사이언스 코리아'로 정했다. 과학기술이 사회적 수요에 부응하는 역할이 증대되도록 다양한 정책을 추진하였다.[19]

과학기술의 내용을 체험할 수 있도록 시민의 참여를 촉진하고, 이

19 〈과학기술기본계획〉, 국가과학기술위원회, 노무현사료관, 2003.5.

러한 활동을 활성화시키는 시민조직으로서 소규모의 과학기술단체 육성을 지원하였다. 특히 과학기술 커뮤니케이션 인프라를 강화하기 위해 전문매체, 콘텐츠, 전문인력을 비롯하여 공중파 방송의 과학 관련 프로그램 편성 비율을 제고하도록 인적, 물적 토대를 확충하였다.

사실 노무현 대통령은 임기 첫해인 2003년 과학기술부의 업무보고를 받고 지시사항으로 "과학 다큐 제작에 지원을 확대할 것"을 강조하였다. 그 결과 과학기술문화재단을 통해 자연다큐 등 방송의 과학기술 콘텐츠 제작에 대한 지원 예산을 확대하면서 자연다큐가 붐을 이루었다. 그리고 연구개발 예산의 5퍼센트를 과학기술 홍보비로 쓸 수 있도록 연구개발 관리규정을 개정하였다. 기관 차원에서는 연구사업 연구비의 5퍼센트를 풀링하여 홍보비로 사용할 수 있어 과학기술 문화콘텐츠 제작을 지원하였다. 그러나 이러한 제도들은 대부분 노무현 정부 이후 폐기되었다.

'사이언스 코리아'는 2004년 4월 21일 과학의 날에 선포식을 개최하면서 범사회적 과학문화운동이 본격적으로 시작되었다. 노무현 대통령은 탄핵 기간이어서 참석할 수 없었지만, 기념식에 참석한 고건 대통령 권한대행은 "과학기술혁신운동인 사이언스 코리아가 제2 과학기술입국과 과학기술중심사회로의 구현을 위한 출발점이 되길 기대한다"고 말했다.[20]

이날 기념식에서 사이언스 코리아 운동 추진을 선언하면서 주요 사업을 제시했다. ▲과학 이벤트 ▲과학 홍미유발 프로그램 ▲국민

---

20 〈사이언스 코리아 출범〉, 사이언스 타임즈, 2004.4.21.

참여 프로그램 ▲지역 주민 체험 프로그램 ▲네트워크 구축 프로그램 등 5대 분야의 과학기술문화 사업을 선언하였다.[21]

특히 사이언스 코리아 운동은 1991년부터 추진된 기존의 과학문화 사업을 획기적으로 전환시킨 계기가 되었다. 특히 사회적으로는 과학기술과 일반 국민 사이에서 과학기술 내용을 중심으로 소통하는 시스템을 만들기 위한 사업이 주를 이루었다.[22]

주요 사업으로는 지역의 생활권에 설치된 생활과학교실, 학교에서 운영하는 청소년 과학탐구반, 과학사랑 커뮤니티의 구축 등으로 생활과학교실이 핵심사업이었다. 생활과학교실은 지역 주민의 생활권인 읍면동에 있는 주민자치센터를 활용하여 과학교실을 운영하는 사업인데, 청소년들이 재미있게 과학을 체험하고 탐구하여 과학에 대한 흥미를 느낄 수 있게 만들고 궁극적으로 우수인력이 이공계로 많이 진출하도록 촉진시키는 목적도 담고 있었다.[23]

이명박 정부에서도 '학교로 가는 생활과학교실' 사업과 연계하여 교육과학기술부에서 계속 추진하였으며 지금까지도 전국의 지방자치단체 차원에서 유지되고 있다.

이것은 단순한 과학교실의 의미를 넘어서 지역의 과학기술계(대학, 기업, 연구기관 등)가 지역의 주민과 청소년들을 만나는 상설적인 소통통로로써 과학기술을 주제로 지역 주민들과 대화하며 이해를 넓히는 사업이었다. 지금도 지역에서 청소년들에게 과학을 체험하게

---

21 국민과학운동, 〈사이언스 코리아〉, 사이언스 타임즈, 2004.4.20.
22 신이섭, 〈사이언스 코리아 프로젝트의 현황과 과제〉, 과학기술정책, Vol.- No.152, 2005.
※ 본 글의 일부분은 위의 자료에서 발췌하여 요약하였다.
23 문일영, 〈한국과학창의재단 주요사업 소개〉, 화학교육정보나눔터, 115-117, 2009.

해 주는 중요한 프로그램으로 자리 잡고 있다.

2003년 9월 처음으로 서울특별시 영등포구 영등포3동에서 생활과학교실이 시작되었다. 2003년 12월에는 과학기술기본법 제7조 및 제9조를 통해 〈과학기술문화창달 5개년 계획〉이 중점과제로 채택되었고 이후 2004년 4월 21일 과학의 날에 사이언스 코리아 운동의 핵심사업으로 선포되었다.[24]

재원으로는 과학기술진흥기금을 편성하여 추진하였다. 이 사업은 진정으로 기금의 명칭 그대로 과학기술을 진흥하는 사업이었다.

2004년 말에 과학문화 도시로 선정된 전국 18개 지역이 있었으며, 생활과학교실은 222개소가 운영되었고 시범사업까지 포함하면 총 270개소에 설치되었다. 전국적인 과학운동으로 자리매김하였다. 지역에서도 적극적이었으므로 공모를 통해 선정하였는데, 2005년도 말에는 전국에 총 438개소가 설치되었고 소요 경비의 41.6퍼센트를 지자체에서 투자하였는데 이처럼 지자체의 대응투자도 적극적이었다. 참여정부의 최종년도인 2007년에는 전국에 530개가 운영되었으며 소요 경비의 56.9퍼센트를 지자체에서 대응투자로 충족하였다. '찾아가는 생활과학교실'을 만들어 사회복지시설이나 저소득층과 도서지역 아동들을 위한 프로그램도 운영하여 2007년 총 1,040회의 강의를 진행해 과학문화 복지 확대 및 지역 간, 계층 간의 과학문화 격차 해소에도 기여하였다.

---

24 〈『2009년도 읍면동 생활과학교실 운영 사업』 기본계획〉, 한국과학창의재단, 탐구확산사업실, 2009.6.

※ 본 글의 일부분은 위의 자료에서 발췌하여 요약하였다.

이명박 정부 출범 후 2008년에는 교육과학기술부가 '학교로 가는 생활과학교실'을 시작해 979개교를 선정하고 특별교부금을 지원해 주기도 했다. 사이언스 코리아 운동 중 가장 성공적인 사업이 바로 생활과학교실 사업이었다. 생활과학교실의 강사 수도 800여 명에 달해 적은 수입의 일자리이지만 경력단절 여성이나 미취업 과학기술인에게 사회 참여의 기회도 제공하였다.

읍면동 생활과학교실이 만들어진 에피소드가 있다. 과학기술 전공자 중 박사학위도 취득했지만 대학이나 연구소에 자리를 잡지 못한 여성들이 자신의 아이들과 함께 초등학생이나 중학생들을 집에 모아 놓고 과외 학습으로 과학실험 지도를 하는 것을 보았다. 상당히 효과적인 과학 체험학습이 될 수 있을 것 같았다. 또한 자신이 사는 곳에서 가장 가까운 지역 생활권에서 과학을 체험하는 것도 좋은 방법이라고 생각되었다. 그러나 지역에는 그러한 공간이 주어져 있지 않았다. 그래서 생각해 낸 것이 읍면동 단위로 전국에 설치되어 있는 주민자치센터를 활용하는 아이디어를 냈다. 이 아이디어는 2003년 1월에 인수위원으로서 내가 과학기술부와 논의하는 과정에서 생활권을 설명하다가 예를 들어 주민자치센터를 이야기했는데, 졸지에 생활과학교실 앞에 읍면동 단어가 붙어 '읍면동 생활과학교실'이 되어 버렸다. 공무원적 적응력이 작용한 것이라고 여겨진다. 나중에 읍면동 단어를 빼자고 했지만 한번 만들어진 정책이라 뺄 수 없다고 해서 상당 기간 읍면동이란 단어를 포함한 채 사용되었다. 목표는 전국의 모든 시민들이 자신의 거주지에서 과학을 쉽게 접근할 수 있는 구조를 만드는 것이었다. 진보 성격의 과학기술 운동단체들이 시민과학센터를 운영하고 싶어하는데 생활과학교실과 취지는 유사할 것 같아 보인다.

과학문화 채널인 YTN 사이언스 방송도 참여정부 때 탄생했다. 특히 역점을 둔 사업으로 매스미디어를 통한 과학문화사업 차원에서 과학기술 전용채널을 설립하였다. 또한 과학기술 미디어센터 설립, 청소년 이공계 진출 촉진 사업, 재미있고 유익한 대중 과학이벤트, 대학생 대상의 과학기술과 사회 프로그램, 사회지도층 대상의 사이언스 포 리더스 프로그램, 과학기술과 국회의 만남 프로그램 등 다양한 분야에서 일반인들과 과학기술을 주제로 만나는 프로그램을 많이 개발했다. 대전 엑스포 과학 공원 활성화를 비롯하여 전국에 과학관과 과학센터를 건립하고 네트워크 시키는 방안도 추진해 보았다. 과학기술로 전국에서 소통하고 친밀하게 시민과 접해서 가랑비에 옷 젖듯이 과학이 스며드는 풍토를 만들어 나가려고 했다.

혁신의 기반 구축을 꿈꾸다

2부

8장

이공계 청년연구원 고용확대방안 모색

과학기술계의 기반을 흔들면서 국가의 성장동력까지 약화시킬 수 있는 심각한 문제로 대두된 청년들의 이공계 기피현상의 원인으로 청년 과학자의 진로 불확실성, 열악한 처우 및 직업 불안정성이 지적되었다. 특히 외환위기 과정에서 연구를 담당하고 있던 이공계 고학력 인력들이 먼저 해고되었을 뿐만 아니라 정부출연연구원의 역할에 대한 회의적 시각으로 과학기술계 신규인력 채용이 어려워지면서 연구활동에서 발생한 추가 인력 수요를 비정규직 고용으로 충원하고 있었다. 이러한 배경 속에서 연구현장의 젊은 과학기술인의 애로사항을 해소하여 공공부문 연구원의 사기를 높이기 위한 노력을 시작했다.

객관적 근거와 지표를 확인하기 위해 이공계 연구원의 비정규직 실태를 조사하였다. 과학기술자문회의 및 전국과학기술노동조합의 지원을 받아 17개 이공계 정부출연연구원을 대상으로 고용현황을 전수조사하고 소수의 이공계 대학도 포함하여 실태를 조사하였다.[25]

조사된 자료를 바탕으로 한 분석결과로는 외환위기 이후의 공공부문 구조조정과 신자유주의의 광풍으로 공공부문에서의 감원과 노동유연성 확산에 따라 정부출연연구원과 국공립대학의 이공계 연구실에 비정규직이 크게 늘었다. 특히 정부출연연구원의 과제기반 운영체제PBS의 도입은 비정규직 양산을 부추겼으며, 연구원 인건비의 영속성을 보장할 수 없어 신규인력 채용보다는 외부 연구과제에서 인건비를 충당하는 계약직을 쓸 수밖에 없는 구조로 변화되었음을 확인하였다.

특히 과학기술계에서 정부출연연을 '인력저수조'로 간주하면서 월 150만 원 이하의 급여를 받는 인턴 연구원, 연수 연구원, 박사후 연구원(포스트닥) 등의 다양한 형태의 비정규직을 채용하여 정규직 연구원이 해야 할 업무를 수행하게 함으로써 이공계 일자리의 수요를 왜곡시켰다.

조사 결과에 의하면, 이공계 정부출연연구원 17개소의 전체 연구활동 인력(행정원 제외) 중 정규직은 52.4퍼센트에 불과했으며 비정규직 연구원이 29.2퍼센트, 학연과정생이 18.4퍼센트로 나타났다. 특히 그 당시 3년간 신규 채용된 연구인력의 경우 14퍼센트만이 정규직으로 채용되었다. 일단 비정규직으로 연구활동을 시작한 후 정규직으로 전환된 비율은 2.3퍼센트에 불과했으며 당시 3년간 비정규직으로 채용된 인원 중 61.5퍼센트가 이미 직장을 떠나 매우 높은 이직률을 보였다. 이공계 인력이 국가적으로 소모되고 있음을 확인할 수 있었으며 그동안 체감하던 이공계 청년 인력의 충격적인 실상이 수

25 연구용역을 수행한 박상욱의 글에서 상당 부분을 인용하여 작성하였음. 박상욱, 〈공공연구기관 연구원 사기진작 방안-비정규직 연구원을 중심으로〉, 한국과학기술인연합.

치로 적나라하게 확인되었다. 결국 정부의 연구개발 정책에서 연구과제 지원제도의 문제로 젊은 연구인력이 헐값에 채용되고 있으며 전체 과학기술계 인력구조를 왜곡하고 임금 상승을 억제하고 있는 것이 확실시되었다.

근본적인 해결방안으로는 정부의 연구개발제도 및 정책을 개편하여 정부출연연의 PBS 제도를 완화하여 안정적으로 연구비와 인건비가 보장되도록 개선해야 했다. 연구비가 증가하면서 발생하는 연구활동 수요 증가분을 신규인력으로 채용할 수 있도록 연구인력 편성의 자율권을 과학계가 갖게 하는 것이 가장 주요한 방안이라고 생각되었다. 연구경쟁 체제를 만들기 위해 PBS를 유지하더라도 고용안정을 위해 출연기관 인건비의 70퍼센트는 정부가 출연해주는 제도 개선이 필요했다.

과학계는 동일노동 동일임금이 어느 정도 정착되어 있어 정규직 고용을 확대하더라도 추가로 소요되는 비용이 비교적 적고 비정규직과 정규직 모두의 인건비는 결국 정부의 연구개발 예산에서 지출되고 있었다. 따라서 고용구조와 인건비를 지급하는 방식에서의 구분이 핵심이었다. 문제의 원인과 해결방안은 도출되었지만 국가의 공공부문 인력정책과 연구개발정책의 개선이 이루어져야 해결할 수 있는 구조이기 때문에 연구원의 사기진작 방안은 쉽게 실현되지 못했다.

현실적인 여건에서 실현할 수 있는 방법으로 정부의 연구개발 예산에서 인건비 비율이 30퍼센트로 제한되어 있는 것을 상향 조정할 수 있도록 개편하였다. 전체 R&D 정부 예산 중 인건비 비율을 2퍼센트만 높여도 연간 1,000억 원의 인건비를 추가로 지급할 수 있었다.

다음으로는 연구개발 규정을 개정하여 참여 연구원의 처우를 개선했다. 공공부문 연구개발 성과를 이전시키고 발생한 각종 기술료에서 연구자가 받을 수 있는 기술료를 50퍼센트로 상향 조정했다. 또한 과학기술진흥기금에서 과학기술인의 사기진작 비용을 사용하도록 하였다.

그러나 근본적인 대책인 비정규직 신분의 이공계 인력을 정규직으로 신규채용하고 비정규직 채용은 최소화하는 정부 차원의 연구인력 정책의 대전환은 이루어내지 못했다. 특히 구조조정 대상인 공공부문의 연구기관 정원을 자체적으로 설정하는 진전은 이루지 못한 상태에서 정규직 인력의 신규채용을 확대하기는 거의 불가능했다. 조사 당시 3년간 출연연에서 학생 신분으로 연구 활동을 담당하고 있는 학생연구원생이 신규 일자리의 30퍼센트 이상을 차지했다. 학위 과정에서 학문을 공부해야 할 학생이 실험 활동에 더 많은 시간을 투입하고 있었고 직업인으로서 실험 활동에 전념하는 학연생 제도는 교육 목적과 연구기관의 본분에 어긋나는 것으로 판단했다. 그래서 본래의 목적으로 되돌리려는 노력을 진행했지만 이 또한 제대로 성취하지 못했다.

정부출연연의 비정규직 확대에 대한 문제점이 공론화되면서 국정감사에서 단골로 지적되다 보니 오히려 출연연의 비정규직 수를 제한하게 되었고 비정규직 신분이라도 연구 활동을 하고 싶었던 학생들에게는 오히려 연구 역량을 축적하는 기회조차 축소되는 역효과까지 초래되었다.

이공계 비정규직과 청년 과학기술인의 직업 안정성 문제는 여전히 해결되지 못하고 있다. 문재인 정부에서 비정규직의 정규직화를 비롯하여 국책연구과제를 수행하는 연구학생의 근로계약체결 등이 진행되었다. 그러나 정부출연연구소에서의 비정규직 정규직화가 일시적으로 과학기술계의 인력 유동성을 경직되게 만들지 않을까 하는 우려가 있는 것도 사실이다. 현재 고학력 청년과학기술인의 고용 기회는 하늘에서 별 따기만큼 어렵다. 청년 과학기술인이 가장 역동적으로 연구 활동에 몰입해야 함에도 불구하고 불안한 미래 속에서 고민하는 상황이 지속되고 있는 것은 많이 안타까운 부분이다. 정부가 정책적으로 이를 해소해 주기를 기대해 본다.

9장 과학기술공제회 출범

우리나라의 정부출연연구원은 경제개발5개년 계획을 시작하면서 과학입국과 기술자립을 내세운 박정희 정부에서 연구기관을 설립하기 시작하면서 설립되었다. 1966년 민간 법인 형태로 설립된 한국과학기술연구소KIST를 비롯하여 〈특정연구기관 육성법〉이 제정된 이후 1970년대는 분야별로 전문연구소가 설립되었으며 산업화 과정에서 과학기술 발전을 주도하는 역할을 하였다.

이후 민간 기업의 연구개발 역량이 확대되었고, 대학의 연구 능력이 점차 확대되면서 전문연구소의 역할도 강화되었다. 1980년대 후반 역할 재정립이 추진되었으며, 1990년대 전문연구소들이 개별 법인으로 전환되면서 정부출연연구원으로 개편되었다.

법인으로 전환된 이후 연구원 개인 퇴직금에 반영되던 가산금 제도가 변하게 되었다. 특히 IMF 위기를 거치면서 퇴직금에 가산금이 추가되지 않았고 연구원들은 퇴직금을 정산, 수령한 후 국민연금에 가입되었다. 교육기관인 카이스트KAIST는 사학연금으로, 국방과학연구소는 군인공제회에 편입되었지만 그 외의 정부출연연구기관은 다른 공적 연금에는 추가적으로 편입되지 못했다.

이러한 상황에서 정부출연연구기관 연구원의 숙원사업은 과학기술인 연금을 만드는 것이었다. 기존에 형성되어 있는 공적 연금 체제에는 편입되어 들어갈 수 없었으므로 독자적인 과학기술 연금 공제회를 추진하였고 2002년 12월에 〈과학기술인공제회법〉을 공포했다. 당초 목표로는 사학연금의 90퍼센트 수준으로 수혜를 받는 연금이 만들어지기를 원했다.

2002년 대통령 선거에서 노무현 후보는 과학기술인 연금에 대한 상황을 접하게 되었고 과학기술공제회를 지원하겠다는 공약을 제시했다. 대통령에 취임한 이후인 2003년에는 과학기술인공제회에 초대 이사장이 선출되고 법인 설립도 허가를 받았지만, 정부 지원을 받지 못한다면 공제회 자체가 존립하지 못할 위험에 처하게 되었다. 예산 부처에서는 특정 분야의 민간인을 위해 연금을 만들어줄 수 없으며 공제회에 정부 예산을 지원한다는 것도 불가능하다는 입장을 강조했다. 결국 정부 예산 지원이 불가능하게 보이자 공제회는 거의 폐지될 위기였다.

공제회의 초기 자본으로 종잣돈이 있어야 회원가입이 진행되겠지만 출연금을 확보하기에는 어려움이 컸다. 교원공제회나 군인공제회에 정부 지원금이 투입된 사례가 없어 정부 지원이 더욱 어려웠다. 만약 정부출연이 없다면 과학기술인공제회는 상조회 유형이 될 것 같았다. 돌파구가 있다면 기술료 등으로 만들어진 과학기술진흥기금을 활용하는 방안이었다. 참여정부에서는 기금도 국가 예산 형태로 운용하고 있었으므로 예산 부처와 국회의 승인이 필요한 사안이었다. 과학기술진흥기금을 출연하여 공제회를 살리느냐 혹은 공제회를 폐기하느냐의 갈림길에서 대통령 대면보고를 신청했다. 2004년 하반기에는 대부분의 업무보고가 서면으로 이뤄졌기 때문에 특별 사안이 아니면 대면보고를 하지 않던 시기였는데 대면보고를 허락해주었다. 대면보고 자리에서 노무현 대통령은 2005년 예산으로 과학기술진흥기금에서 200억 원 출연을 편성할 수 있도록 결재해주었다. 당초 과학계에서 요구하던 금액은 100억 원이었는데 요구액의 두 배인 200억 원을 지원 금액으로 결정하고, 이후 1,000억 원까지 확대할 것도 확인을 해주었다. 과학기술인의 처우 개선에 큰 힘을 발휘해준 것이다. 만약 2004년에 노무현 대통령의 결단이 없었다면 과학기술인공제회는 폐지되고 말았을 것이다.

이후 과학기술진흥기금에서 1,000억 원까지 투입되어 초기자본금이 확보된 이후에는 회원가입이 대폭 증가하여 공제회가 순조롭게 정착할 수 있었다. 2005년 11월에 〈과학기술인공제회법〉을 개정하여 〈과학기술인공제회 퇴직연금 급여사업 운영규칙〉도 제정하게 되었다. 과학기술진흥기금에서 해마다 200억 원씩 10년간 2,000억 원을 투입할 계획이었지만 김우식 과학기술부총리의 제안으로 당초 계획보다 앞당겨져서 참여정부 기간 내에 1,000억 원, 이명박 정부에서 1,000억 원이 반영되어 결국 2,000억 원 모두가 공제회의 재원으로 투입되었다.

공제회의 조기 정착을 위해서 공제회 회원가입이 중요하였으므로 초기에는 퇴직연금과 적립형 공제 가입액에 6퍼센트의 수익률을 제공했고, 그 결과 공제회 가입이 폭발적으로 확대되었으며 6퍼센트의 수익률은 2013년까지 이어졌다. 이후 수익률은 지속적으로 낮아져 2019년 기준 퇴직연금은 4.1퍼센트, 적립형 공제 수익율은 3.97퍼센트에 이른다. 목돈 수익률도 3.4퍼센트이므로 시중 금리보다 월등하게 높아 활용도가 높은 편이다. 국고채 수익률이 최근 2.0퍼센트 수준인 것을 보면 과학기술인공제회는 매력적인 연금으로 정착된 것으로 판단된다.

공제회 홈페이지에 공개된 자료를 보면 2020년 6월 기준으로 회원부담금이 6조 원에 달할 정도로 성장했다. 회원기관 수도 정부출연 연구원, 엔지니어링 사업자와 기업부설연구소 등을 포함하여 759개에 달하여 회원 수는 79,887명이다. 적립형 공제회 가입 금액에 따라 개인적인 차이가 있겠지만 초기에 가입한 회원으로 납입액을 크게 설정한 회원은 크게 혜택을 보고 있다고 한다. 실제로 퇴직 연구원들은 국민연금과 공제회 연금을 포함하면 당초 목표였던 사학연금과 유사한 수준의 연금 혜택을 누리고 있다.[26]

사회적 복지제도로써 가장 중요한 것 중 하나가 퇴직 후의 노후 보장이다. 과학기술공제회가 정착되지 않았다면 수많은 과학기술인들이 노후 사각지대에 놓였을 것이다. 노무현 대통령이 2004년 과학기술인공제회에 초기자본금 투입의 결단을 내려지 않았다면 아마도 공제회는 창립 초기인 2005년에 청산되었을 것이고 과학기술인들은 지

26 과학기술인공제회 홈페이지.

금과 같은 퇴직연금 혜택을 누릴 수 없었을 것이다.

과학기술인공제회는 초기부터 정부출연 자본금으로 출발한 결과 매우 안정적인 공제 제도로 정착되었고, 과학기술인의 생활 안정과 복지 증진에 크게 기여하고 있다. 과학기술인공제회가 과학기술인 우대정책 중 가장 실효성이 큰 정책일 것이라고 생각한다. 이공계 우대정책으로 제안되던 내용들은 주로 명예의 전당이나 고급 주거지 건설 등으로 소수의 엘리트 과학자에게 제공되던 것이지만 퇴직연금은 과학기술인의 보편적 복지 혜택이다. 노무현 대통령은 과학기술인에 대해 진정한 우대정책의 초석을 놓아준 것이다. 이러한 결단에서 과학기술인에 대한 노무현 대통령의 진정 어린 신뢰를 엿볼 수 있다.

10장
정부출연연구기관의 연구 전문화 추진

일제강점기를 겪으면서 한국의 과학기술 기반은 매우 취약한 상태였다. 그마저도 해방 후 남북이 분단되었고 1세대 과학자들의 상당수가 월북함으로써 남한의 과학 기반은 거의 전무한 상태가 되었다. 대표적인 월북 과학자로 일본 교토제국대 공업화학과를 졸업한 이승기 박사가 있는데, 서울대학교 공대학장을 역임하기도 했다. 그러나 한국전쟁 때 월북하여 무연탄과 석회석을 주재료로 이용하여 세계 두 번째 화학섬유 비날론Vinylon을 발명했고 이후 북한에서는 핵 개발을 주도했다.[27]

해방 직후 한국은 과학기술 기반이 매우 취약한 상태로 과학기술 진흥을 담당하는 독립적인 중앙행정기관도 존재하지 않았다. 해방 이후에는 미군정청에 있는 문교부의 과학교육국, 이후 이승만 정부에서는 문교부의 기술교육국에서 과학기술 진흥 업무를 담당했고,

---

27 Ju-min Park, 〈James Pearson, Special Report: The fabulous story of North Korea's fabric made of stone〉, Reuters, 2018.1.18.

박정희 정부가 들어선 이후 1960년대 초부터는 경제기획원의 기술관리국에서 담당하였다. 과학기술 관련 연구기관은 1960년대 중반까지 국공립기관의 형태였으며 '기술관리국'이라는 부서명에서 보듯이 기술 중심적 시각을 갖고 있었고 연구환경이 매우 열악해 독자적인 연구 활동은 거의 엄두도 낼 수 없을 정도로 취약하였다.

이후 경제개발 5개년 계획이 시작되면서 과학입국을 내세운 박정희 정부에서 본격적으로 연구기관을 설립하기 시작하였다. 기존의 국공립기관으로는 연구 활동에 제약이 많을 것이라는 판단에서 1966년 설립된 한국과학기술연구소KIST는 민간재단법인 형태를 갖추게 되었다. 〈특정연구기관 육성법〉이 제정된 이후 1970년대에는 분야별로 전문연구소를 설립했는데 각 부처별로 경쟁적으로 연구소 설립을 추진하여 모두 19개에 이르렀다. 이들 정부출연연구소들은 산업화 과정에서 과학기술을 주도하는 역할을 하였다.

특히 과학기술 기반을 확충하기 위해 많은 노력을 기울이던 산업 성장 시기에 해외에서 박사 학위를 받고 어느 정도 실력을 갖춘 과학자들은 해외유치 과학자로서 국내로 영입되었다. 국내에서 보기 드문 미국식 고급 주택을 제공받고 좋은 대우를 받으면서 과학기술 전문연구소의 모습을 갖추는 데 큰 역할을 하였다. 유치 과학자들은 자신이 해외에서 보고 배웠던 경험을 살려 정부 연구기관을 세우고 핵심적인 연구원으로 활동하면서 우리나라의 초기 과학기술 연구 기반을 성공적으로 구축하였다.

전두환 정부가 수립된 후 1980년 11월에 진행된 과학기술 정부출연 연구기관 통합조정안에 따라 과학기술처 산하에 9개 연구기관으로 편성되었다. 이후 민간기업의 연구개발 역량이 확대되었고, 대학의 연구 능력이 점차 확대되면서 정부출연연구소의 기능에 대한 논란이 다시 일기 시작했고, 역할 정립에 대한 압박도 커졌다. 정부 예산이 투입되는 정부출연연구소가 독자적인 역할을 정립하도록 요구받았다. 과학기술부가 특정연구 개발사업을 비롯한 국가 연구개발사업을 새롭게 시작하면서 정부출연연구소가 중심적 역할을 맡았지만, 여전히 정부출연연구소의 임무에 대한 논란이 사라지지 않았다. 1980년대 후반에 역할 재정립이 다시 추진되었으며, 1990년대에는 각각의 정부출연연구소를 개별 법인으로 개편하였고 명칭도 2001년부터 연구소에서 연구원으로 바꾸었다. 주무부처도 1999년 2월부터 과학기술부에서 국무총리실로 바뀌었다. 이런 개편 노력에도 불구하고 정부출연연구소의 기능 정립은 제대로 이루어지지 못한 채 제자리걸음을 하고 있다는 평가를 받았다.

1995년 정부출연연구소는 정부 연구개발 투자비의 41.3퍼센트를 사용하고 있었으나 성과가 낮고 비효율적으로 운영되고 있다는 비판이 높았다. 비효율적인 가장 큰 이유는 운영비용을 전적으로 정부 출연금에 의존하기 때문이라고 지적되었다. 정부 출연금은 정부가 인정한 인력 규모에 따라 인건비와 운영비 등 출연금 규모가 결정되었으며, 연구 성과에는 영향을 받지 않았기 때문이라고 본 것이다.

따라서 출연연 운영 활성화를 위해서 사업 활동에 따라 예산을 확보할 수 있도록 연동시키는 연구과제 중심제도PBS, Project Based System가 도입되었다.28

현재 정부출연연구소의 예산은 정부 출연금과 과제수탁금 및 기술료 등의 기타 수입으로 구성된다. 개별 출연연의 역할에 따라 정부 출연금의 비중이 다른데, 기반 연구를 하는 기관의 출연금 비중은 높지만 응용이나 개발 연구를 수행하는 기관은 출연금의 비중이 낮다. 출연금이 낮은 기관은 정부의 국책 과제 등을 수주하여 인건비와 연구비 등을 충당하게 된다. 출연연이 이렇게 외부에서 과제를 수주해 연구비와 운영비를 충당하도록 제도화한 것이 PBS이다.

이렇게 도입된 PBS 제도는 정부출연연구소를 경쟁 체제로 운영하겠다는 방침의 표현이었다. 연구책임자가 정부와 기업 등으로부터 연구과제를 수주하여 인건비 등 경상 운영비를 마련해야 하는 구조로써 연구원들을 과제 수주 경쟁에 뛰어들게 만들었다. 2020년 국가과학기술연구회의 자료에 의하면, 한국천문연구원은 출연금 비율이 90.3퍼센트지만 전자통신연구원ETRI는 14.7퍼센트에 불과하다.[29] 한국항공우주연구원의 출연금 비율은 19.0퍼센트이지만 나머지는 연구과제를 수주하여 충당하게 되는데 그중 97퍼센트 정도를 정부 과제에서 확보하고 있다.

정부 출연금으로 운영비를 확보하는 비율은 낮지만 결국 정부의 연구개발비용으로 운영되는 것이 현실이다. 물론 정부 연구개발 사업을 수주하는 과정에서 치열한 경쟁은 펼치겠지만 여러 다른 요인들도 작용할 수 있는 틈이 생길 수 있다. 이런 요인들은 정부 대형 연구사업의 결정에 신뢰도를 떨어뜨릴 우려도 있으며 연구사업 비효율성의 원인으로도 작용할 수 있다.

---

28 문만용, 〈연구과제 중심 운영제도(Project-based System)〉, 국가기록원, 2007.12.
29 김인한, 〈연구현장 '안정 예산' 확대 방안 논의, HelloDD〉, 2020.12.7.

따라서 이왕 인건비 등 운영비 대부분이 정부 예산에서 지급되는 형태이므로 연구과제 중심 비율을 낮추어 연구 안정성을 도모하되 철저하게 연구성과를 객관적으로 판단해야 한다는 의견이 많았다. 어차피 정부 예산에서 지원되는 것인데 연구과제를 쪼개어 경쟁을 통해 연구비용을 지원하기보다는 출연금 비중을 높여 안정적으로 지원하되, 연구 목표 설정을 명확하게 하면서 연구의 몰입도를 높여 전문성을 강화하고 출연연의 당초 목적인 원천기술 개발의 완결성을 성취하도록 하는 것이 연구비 사용의 효율성 향상에 더 바람직하다는 판단이었다.

이러한 현장 의견을 반영하여 참여정부에서는 정부출연연구소의 출연금 지원 방안과 PBS 개선 등을 위해 연구활성화 방안을 연구하게 되었다. 기본적인 배경은 국가과학기술혁신체계 구축을 위해 지난 30~40년간 축적된 출연연의 지식자산 및 혁신 역량을 국가 차원에서 효율적으로 활용할 필요가 있다고 보았기 때문이다. 2003년 기준으로 출연연은 정부연구개발 사업비 중 43.4퍼센트를 사용하고 있는데, 국가 총 연구개발비(민간+정부)의 10.3퍼센트(19,628억 원)를 사용하였고 박사급 연구인력의 12.0퍼센트(6,310명)를 보유하고 있었다. 그럼으로써 출연연은 시대적 요구인 성장동력의 질적 고도화, 국가균형발전, 동반성장 역량 확충 등에 기여하기 위해 국정과제 추진에 필요한 기술의 공급기지로서의 역할 강화가 시급했기 때문이었다. 당시의 출연연 체계 내에서 연구 생산성과 연구환경의 안정성을 제고할 수 있도록 조직 개편보다는 운영체제를 혁신하는 것이 바람직하다는 결론에 도달하였다.

실제 PBS에 사용된 과제연구비는 당초에 각 부처에서 출연연에 지원하던 출연금을 과제연구비로 전환한 것이기 때문에 정부는 각 부처의 연구사업 지원 방식을 개선해야만 출연연의 운영체제를 개선할 수 있었다. 예산 체계를 개편해야 하는 근본적인 이유 때문에 PBS의 체제는 지금까지도 개선이 제대로 이루어지지 못하고 있다.

참여정부는 대통령 선거 과정에서 출연연의 조직개편을 진행하지 않고 연구 안정화를 추진하겠다고 공약한 바 있었다. 대통령 선거 직전에 대덕연구단지에서 진행된 후보초청 토론회에서 노무현 후보는 출연연 조직개편은 하지 않겠으며 출연연 연구원의 61세 정년도 무정년제로 만들어 출연연의 연구 활동을 적극 지원하겠다고 선언하였다.

운영상 불가피하게 도입된 PBS 제도이므로 근본적인 해결 방법이 출연금을 지원하는 운영상의 문제라고 보았다. 또한 과학 선진국에서 정부 연구소의 역할이 많이 약화되었다고 하더라도 중요한 역할을 하고 있는 점을 고려했다. 우리나라의 연구 기반은 대학의 연구 역량이 부족할 때 출연연을 통해 기반이 구축되었기 때문에 출연연을 잘 활용하는 것이 성장동력 육성에 유리할 것이라고 판단했다.

이러한 판단에 따라 참여정부 출범 초기부터 출연연 연구 활성화 및 안정성 확보 방안을 논의하기 시작했으며, 국가과학기술혁신체계 구축을 위해서 2004년 7월에 출연연을 '전문연구 단위화' 할 수 있도록 운영하는 방안을 제안하였다. 조직개편은 하지 않되 연구를 잘할 수 있는 단위로 연구 인력을 모아주고 출연금 비중을 높여 운영의 유연성을 높이겠다는 취지였다. 이후 과학기술자문회의는 현황 분석과 활성화 방안을 연구하였고, 과학기술혁신본부는 포괄적인 지원 방안을 연구하였다. 연구 과정에서 현장의 의견 수렴을 거쳐 활성화 방안을 보완하여 최종 개선안을 제시하였다.[30]

핵심적인 내용은 개별 연구기관 내에서 혹은 기관의 벽을 넘어서 연구 목표 달성을 위해 단위과제 중심의 전문연구조직을 운영하여 활성화를 추진하고, 정부 연구개발 사업의 기획 및 연구비 배분 방식을 개선하여 국가발전 및 R&D 목표와 출연연 목표 간의 연계를 강화한다는 내용이었다. 즉 잘하는 전문화된 연구를 성공에 이를 수 있도록 연구원 운영의 책임성과 유연성을 높이도록 정부연구 개발사업을 기획하고 출연연을 참여시키겠다는 방안이었다.

실제 한국전자통신연구원ETRI에서 사업화에 성공한 TDX, CDMA 등은 모두 전문연구 단위로 연구를 수행하여 이룬 성과들이었다. 연구비 지원도 과제당 연구비 규모를 확대하고 인건비를 최소 80퍼센트 이상 보장하여 연구원들이 단위과제에 집중하여 전문화할 수 있는 연구환경을 조성함으로써 PBS 문제도 개선하겠다는 것이다. 각 연구 단위들이 정부 부처와의 연구 협약을 통해 연구 목표와 연구 단위를 설정할 수 있도록 제안하였다. 연구조직을 기능 중심에서 목표 중심으로 전환해 단위과제 목표, 규모, 발전 단계 및 출연연의 특성에 따라 자율적으로 전문연구조직을 구성하고 운영하되 기존의 조직을 활용하거나 새로운 조직을 구성할 수 있도록 유연하게 운영하는 방안도 담았다. 또 연구 단위의 크기도 연구 목표에 따라 실험실 단위 혹은 연구단, 더 큰 조직은 연구센터 등으로 다양하게 구성할 수 있도

---

30 본문의 내용은 국가기록원 자료 〈정부출연(연) 연구 활성화 방안(안)〉을 발췌 요약하였음.

국가발전목표와 출연(연) 단위과제의 연계체계(예시)

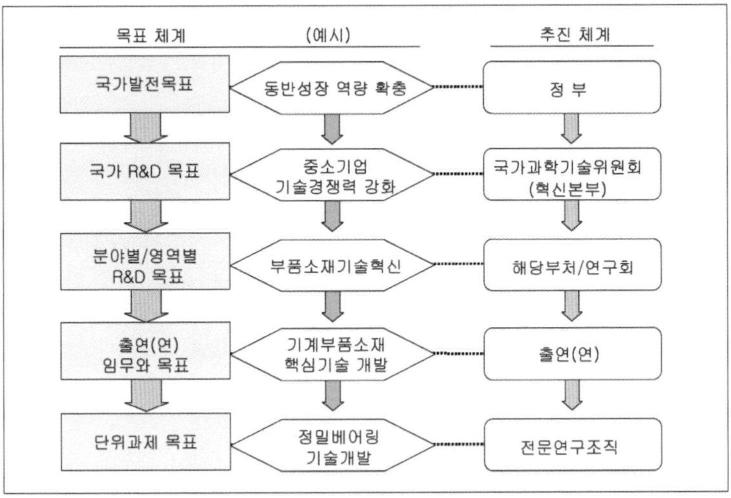

출처: 국가기록원

연구 단위의 형태

연구 단위	조직 형태
연구랩	태동기 기술이나 산업지원 연구를 수행하는 비교적 소규모 조직
연구단	경제·산업적 활용도가 높은 연구를 수행하는 중·대규모 조직
연구센터	공공적 성격이 강한 국가 기반형 연구조직

출처: 국가기록원

록 제안했다.

연구책임자에게 인사, 급여, 운영 등에 대한 재량권을 최대한 부여하고 개별 법인인 연구기관의 기관장 책임하에 진행하도록 하였다. 협약 과정에서 합의한 단위과제의 성과 목표와 지표에 따른 평가를 실시하여 그 결과를 인센티브 제공, 연구비 중단 및 축소 등에 활용하도록 하였다.

개별 연구기관의 범위를 넘어선 연구 단위도 구성할 수 있도록 기관 간 이동과 관련된 원칙도 수립했다. 기관을 이동할 때에는 원소속 기관 이상의 처우를 해주고 과제 종료 시에는 복귀를 보장하도록 하였다. 우수연구원에 대한 인센티브 및 제도적 지원도 확대하였고 우수연구원의 영년직tenure를 활용해서 퇴직 후에도 연구 수행이 가능하도록 하였다. 이렇게 개별 연구원의 벽을 넘어서 이동이 가능하도록 제안했던 내용은 문재인 정부인 지금도 불가능하다.

거의 3년에 걸쳐 수립되고 연구 현장의 의견수렴을 통해 만든 연구 활성화 방안은 2005년 여름에 수석보좌관 회의를 통과하고 대통령의 결재를 받아 과학기술부에 이관했다. 과학기술혁신본부가 세부적인 실행 계획을 수립하고 범부처적으로 사업을 추진할 수 있도록 지원하기로 했다. 현장 및 정부의 수용도를 고려해 국가 연구개발사업에 적용하되 부처별 사업 기획 및 연구비 배분 방식 개선을 단계적으로 추진하기로 합의도 했다. 전문연구단 등을 지원할 수 있도록 연구회 산하에 공통 지원인력까지 확보해놓고 개선안 추진을 준비했다.

대통령 결재까지 받은 후 해당 부처로 이관된 출연연 개선 방안이었지만 실제로는 잘 진행되지 않았다. 여기에는 여러 가지 이유가 있었다. 거의 1년 동안 현장 설명회를 여러 차례 거치면서 오해를 많이 풀기는 했지만, 전문연구단을 만드는 것이 연구원을 쪼개는 것으로 받아들인 면이 가장 큰 걸림돌이었다. 어쨌든 연구 현장에서는 조직 개편에 대한 두려움이 컸다.

첫 번째, 2004년에 한국과학기술정책연구원STEPI에서 발표한 보고서에 출연연을 50~60개 내외의 '강소형 연구조직'으로 재편하는 구조 개편안이 있었다. 대부분 전문연구단을 그런 내용으로 오해했다. 노무현 대통령이 출연연의 구조조정이나 조직개편이 없다는 것을 강조했음에도 연구 현장에서는 믿지 않았다. 기존 보고서는 한 연구자의 연구결과에 불과했고 출연연의 구조 개편에 관한 내용이었으므로 참여정부의 방향과 일치하지 않았음에도 불구하고 현장에서 전문연구단 방안을 소형 연구기관으로 분리하기 위한 수순으로 받아들였다. 이 오해를 불식시키는 데 거의 1년이 넘게 걸렸다. 구조 개편은 어떤 방식으로도 현장에서 동력을 얻어내기란 쉽지 않다는 교훈을 얻었다.

두 번째는 연구활성화 방안은 근본적으로 정부의 연구개발비 배분 방식의 변화를 추진하는 것이었다. 기존에 각 부처가 연구자들을 경쟁시켜 선정하는 방식에서 벗어나 연구 목표를 설정하고 협약하는 방식으로의 전환이었는데 산업부 등 연구개발사업 부처들이 동참하지 않았기 때문이다. 특히 이 당시 정부출연연구소는 모두 과학기술혁신본부 산하로 이관되었기 때문에 산업부 등이 타 부처의 산하기관 연구비를 지원하는 운영체제에 동참할 이유가 약했다. 개별 부처의 이해관계 속에서 쉽게 추진하기 어려웠다. 해당 부처가 직접 협약하면서 연구목표를 설정하는 방안도 있는데 상당히 소극적이었다.

셋째로는 과학기술혁신본부조차 개선안 추진에 자신감이 없었다. 혁신본부의 실무진을 비롯해 고위직 모두가 개선안 추진을 꺼렸으며 상당 기간 방치했다. 대통령 결재까지 받아 부처에 이관된 정책이 상당 기간 과학기술부총리에게조차 보고되지 않았다.

추진 과정에서 에피소드가 하나 있다. 2005년 가을 어느 날, 나는 오명 과학기술부총리를 만났다. 만남 장소가 10층이 넘은 곳이었는데 대통령 결재까지 받아서 과기부로 이관한 사업을 부총리께서 추진해주지 않으면 이곳에서 내가 뛰어내리겠다고 말씀드렸다. 보고를 받지 못해 금시초문이었던 오명 부총리는 너무 놀란 반응이었다. 출연연 전문연구화 방안은 오명 부총리도 생각하고 있던 방안이라며 적극 추진해보겠다고 하였다. 오명 부총리는 한국전자통신연구원에서 CDMA 개발 사업을 할 때 전문연구단을 만들어 추진해본 경험이 있어 이 방안의 장점을 잘 알고 있었다.

네 번째는 3개의 연구회 중 기초기술연구회의 박상대 이사장은 비교적 적극적이었지만, 산업기술연구회 이사장인 최영락 이사장은 상당히 소극적이었다. 처음에는 시범사업을 해보려고 했는데 최영락 이사장은 자신이 정책연구기관 출신의 정책전문가임을 강조하면서 개선안의 실행에 동참하지 않았다.

결국은 기초기술연구회 산하의 몇 개 연구원에서 전문연구단 형태로 시범적인 연구사업을 진행하였고, 한국생명공학연구원 등에서는 성공적인 결과를 얻었다는 평가가 있다. 그러나 당초의 목적 중 하나인 PBS를 근본적으로 개선하지 못한 채 나와 오명 부총리가 자리에서 물러났다. 시범사업으로 만들어진 몇 개 사업단 외에 실제로는 별로 추진되지 못하였다. 이후 김우식 부총리는 이 시범사업을 '톱브랜드 프로젝트Top Brand Project'로 명칭을 바꾸어 이어갔다. 연구 전문화의 취지라기보다는 연구기관마다 대표적인 연구를 만들라는 취지로 진행되었다.

이후 이명박 정부에서도 2009년도부터 출연연의 연구선진화를 위한 방안을 연구했다. 외국 컨설팅 회사에 용역비 26억 원을 들여 거의 3년간 진단과 활성화 방안을 수립했는데 뜻하지 않게 참여정부에서 추진한 전문연구화 방안과 유사한 결론이 도출되었다. 용역 담당자들이 연락을 해서 만나게 되었다. 자신들의 용역 결과가 참여정부의 용역 결과와 거의 유사한데 어떻게 하면 좋겠느냐는 질문이었다. 용역 결과를 차별화해야 하는데 아이디어가 있느냐고 물어보면서 조직개편 내용을 제안할 수밖에 없다고 했다. 조직개편은 연구현장을 더 혼란스럽게 만들기 때문에 조직개편은 최소한으로 하고 연구를 전문화할 수 있는 좋은 방안을 내라고 나는 조언했다. 결국 당시 3개로 나뉘어진 연구회를 통합하는 선에서 개선 방안이 진행되었다. 특히 2011년에는 강소형 연구소로 재편하면서 국가연구개발원으로 모두 통합하여 하나의 연구원을 만든다는 선진화 방안이 제시되기도 했지만 실제 추진되지는 않았다.

이처럼 참여정부에서 〈정부출연연 연구활성화 방안〉, 이명박 정부에서 〈출연연 선진화 추진 방안〉, 박근혜 정부에서 〈출연연 고유임무 재정립〉, 〈정부 R&D 혁신 방안〉, 문재인 정부에서 〈역할과 책임 R&R〉 등의 출연연 개혁 방안이 추진되었지만, 아직도 PBS 문제점은 크게 개선되지 못했고 현장의 피로감은 더욱 쌓여가고 있다. 출연연의 연구 효율성과 국가적 기여에 대한 평가는 인색하기만 하다.

정부출연연구소의 기관장들과 경력이 많은 연구자들 중 출연연의 미래를 고민하고 있는 분들이 많다. 그만큼 국가적으로 중요한 과제이다. 많은 사람이 참여정부에서 추진했던 전문연구화 방안이 결실을 얻지 못했던 것을 아쉬워한다. 나도 개인적으로 전문연구화 방안을 추진하지 못했던 것이 가장 아쉽다. 노무현 대통령은 취임 후 3년이나 현장에서 수용성이 높은 활성화 방안이 나오기를 기다려주었고, 또한 PBS 개선을 위해 전문연구화 방안을 적극 찬성하면서 결재해준 이유는 과학기술계를 믿고 희망과 역할을 주고자 한 것 같다. 강소형 연구소 혹은 전문연구단 활성화 등의 출연연 개편 방안은 조직개편이 포함되는 것과 PBS 개선에서 차이가 있지만, 모두 연구의 전문성을 강화하여 연구 능력을 제고시키겠다는 점에서는 유사하였다.

문재인 정부에서는 R&R이라는 출연연 개선방안을 추진하고 있다. R&R 제도는 출연연이 자신의 역할과 책임을 재정립하고, 업무의 포트폴리오를 수립하여 실행한 후 국가의 R&D에 기여한 정도를 평가하여 예산 인센티브를 주겠다는 것이 핵심이다. 그러나 모듈처럼 기술 영역들이 헤쳐 모이는 양상이 더욱 활발해지고 있는 현대의 융복합형 과학기술 추세에서 개별 연구원의 역할과 책임 및 기관장 성과 평가를 강조하는 것이 개별 연구원간 협력이 더욱 필요한 융복합기술혁명시대에 적합한지에 대한 고찰이 필요해 보인다.

11장
특허 심사 기간 단축 및 심사 인력 채용 확대

노무현 대통령은 과학기술 혁신을 위한 기반 조성에 매우 관심이 높았다. 노무현 대통령을 발명가로 소개한 글도 있다. 특허정보 검색 사이트인 한국특허정보원의 특허넷 키프리스http://www.kipris.or.kr에서는 노무현 대통령의 특허실용신안 2건, 디자인 1건이 검색된다. 노무현 대통령은 사법고시를 준비할 당시에 공부하면서 불편함을 해소하기 위해 고안한 독서대 특허를 1974년에 낸 경험이 있어 특허 행정에 관심이 높았다.

1974년 개량독서대로 디자인특허와 실용특허를 받은 기록이 남아 있어 대통령에 당선된 후 특허청에서 도면을 보고 독서대를 재현해보았으며, 청와대에서 기념품으로 제작한 적도 있다. 당시를 알고 있는 분의 전언에 의하면, 노무현 대통령은 이 독서대로 실용신안특허와 디자인을 등록한 후 사업을 시도하기도 했으나 사업에는 성공하지 못했

노무현 대통령의 개량독서대 특허

소멸 [147] 개량독서대

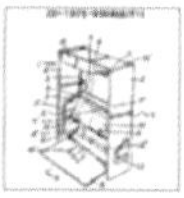

IPC : A47B 23/04
출원번호 : 2019740005344
등록번호 : 2000124110000
공개번호 :
대리인 :
출원인 : 노무현
출원일자 : 1974. 10. 12
등록일자 : 1975.09.02
공개일자 :
발명자 : 노무현

[148] 통합 업무 관리 시스템 및 이의 운영 방법(AN INTEGRATED BUSINESS MANAGEMENT SYSTEM AND ANOPERATING METHOD THEREOF)

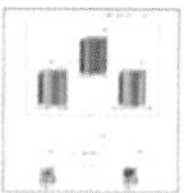

IPC : G06Q 10/06 G06Q 10/10 ....
출원번호 : 1020050074999
등록번호 : 1005534520000
공개번호 :
대리인 : 유미특허법인
출원인 : 대한민국(관리부서대통령비서실장)
출원일자 : 2005.08. 16
등록일자 : 2006.02. 13
공개일자 :
발명자 : 노무현 강태영 민기영 조미나 박경용

Total 1 Articles (1 / 1 Pages)

소멸 [1] 독서대

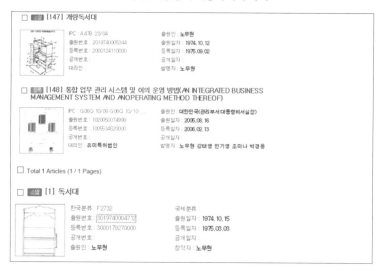

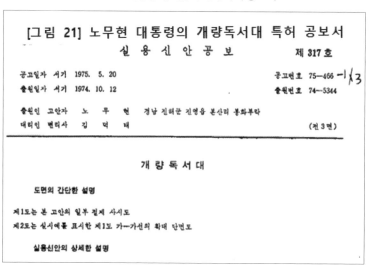

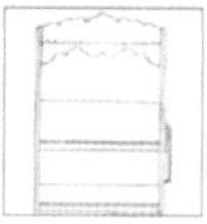

한국분류 : F2732
출원번호 : 3019740004712
등록번호 : 3000179270000
공개번호 :
출원인 : 노무현
국제분류 :
출원일자 : 1974. 10. 15
등록일자 : 1975.03.03
공개일자 :
창작자 : 노무현

출처: 특허넷 키프리스(http://www.kipris.or.kr)

노무현 대통령의 개량독서대 특허 공보서

[그림 21] 노무현 대통령의 개량독서대 특허 공보서

실 용 신 안 공 보 제 317 호

공고일자 서기 1975. 5. 20 공고번호 75—466 -1/3
출원일자 서기 1974. 10. 12 출원번호 74—5344

출원인 고안자 노 무 현 경남 김해군 진영읍 본산리 봉화부락
대리인 변리사 김 덕 재 (전 3 면)

개 량 독 서 대

도면의 간단한 설명

제1도는 본 고안의 일부 절제 사시도
제2도는 실시예를 표시한 제1도 가—가선의 확대 단면도

실용신안의 상세한 설명

본 고안은 허리를 굽히거나 또는 굽히지 아니하여도 바른 자세로서 독서할 수 있도록 책이나 노우트등을 받쳐주는 받침대의 높이와 각도를 조절할 수 있게 고안한 개량 독서대에 관한 것이다.

종래의 독서대는 대개 책상이나 의자등에 겸용으로 부착되거나, 단독의 독서대가 있으나, 이들은 모두 받침대의 이면을 지지봉으로서 지지케 하고 경사각도는 지지봉의 위치변동에 의해 조절케 하는 것이 보통이므로 지지봉이 사용도중 해리되기 쉽고 받쳐진 지지봉이 활절되어 독서대가 도복되는 폐단이 있었다.

다고 한다.[31]

두 번째 특허는 청와대 통합업무관리지원시스템인 'e지원e-知園'으로써 통합업무관리 지원 및 이의 운영시스템이다. e지원은 후에 정부의 모든 부서가 사용하는 업무시스템인 온나라On-nara 정부업무관리 시스템으로 발전하였다. 노 대통령이 국회의원을 지내던 시절에 업무관

31 하승주, 〈노무현 전대통령은 발명왕〉, 데일리서프, 2008.3.19.

리에 필요했던 시스템으로써 1998년에 완성한 명함 관리, 회계, 메신저 기능을 갖춘 '노하우 2000' 프로그램에서 출발했던 것 같다.[32] e지원은 청와대에서 진행되는 모든 업무를 기록하고, 결재를 받고, 업무의 진행사항까지 기록해 관련자들이 모두 관람할 수 있는 그룹웨어이다. 결정·집행 과정, 즉 맥락정보까지 남기는 최초의 국정업무 시스템으로 평가받고 있다. e지원 덕분에 노무현 정부 5년간 남긴 자료는 825만 건이었으며 유엔 전자정부 순위가 참여정부 기간에 15위에서 2위로 올랐다.[33]

e지원은 업무를 관리하는 문서의 생성부터 결재 및 사후관리까지 전주기적으로 업무를 기록할 수 있는 시스템으로, 대면보고를 하지 않아도 최종 결재권자인 대통령의 지시와 의견을 직접 전달받을 수 있기에 의사소통 시스템으로서의 의미가 더 크다. 특히 결재 과정에서 기안자와 상급자와의 견해가 달라서 결재를 받지 못한다고 하더라도 상급자 결재 없이 대통령에게까지 결재를 올릴 수 있었다. 물론 이런 파격적인 절차로 결재받는 경우는 거의 없겠지만 매우 민주적인 의사결정 시스템이었다. 특히 결재 과정에서 이견도 충분히 담을 수 있었다.

대통령께 올린 전자결재 중에서 "참 잘했습니다"라는 결재 댓글을 받았을 때는 초등학교 때 담임 선생님으로부터 칭찬을 받을 때처럼 기뻤다. 그러나 질책하는 댓글과 함께 주의를 주거나 반려를 할 때에도 매우 친절하고 꼼꼼한 댓글을 달아 주었다. 어떤 보고에는 지적사항만 한 페이지가 넘었다. 전자결재 시스템이므로 대통령이 결재한 시간도 알 수

32 [이규연의 시시각각] 〈노무현 아바타 'e지원'〉, 《중앙일보》, 2013.10.11.
33 [이규연의 시시각각] 〈노무현 아바타 'e지원'〉, 《중앙일보》, 2013.10.11.

e지원의 문서 작성 및 관리 흐름

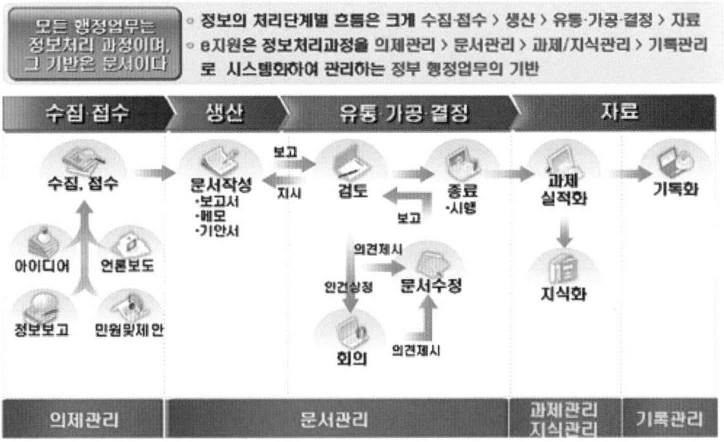

출처: 도안구, 청와대 'e지원e-知園' 오픈소스화 어떨까. BLOTER, 2006.9.29.

있는데 한밤중인 시간에도 결재한 보고서가 많았다.

특허권 등의 지식재산 관리에 특별한 경험이 있는 노무현 대통령은 선거 과정에서 특허심사기간을 1년으로 단축하겠다고 공약했다. 당시 특허심사 처리기간이 21개월이었으므로 특허심사 처리기간을 단축해 달라는 요구가 많았다.[34]

특허심사 처리기간을 단축하여 얻는 경제효과는 2002년 당시 주장으로 약 1조 5,000억 원에 이른다고 했다. 특허 심사기간 단축을 공약으로 제시했음에도 불구하고 참여정부 출범 후에도 특허 심사기간 단축은 쉽게 진행되지 못했고, 여러 언론에서 이런 문제점을 지적하고 있었다. 어느 날 노무현 대통령께서 신문기사를 본 후 특허행정제도

34 〈국내 지식재산권 제도의 애로에 관한 실태조사 보고서〉, 전국경제인연합회, 2002.9.

전반에 대한 개선방안을 수립하라는 지시를 주었다.

과학기술인의 성과에 대하여 사회적 권리로 정당하게 보장하는 방법 중 하나가 특허제도라고 생각한다. 나는 개인적으로 특허심판제도의 개선 활동에 오랫동안 참여했다. 특히 특허소송에서 전문가의 의견이 반영되도록 법원의 심판제도를 개선해야 한다고 주장하면서 '과학기술 판사제도 도입' 논의에도 참여했다. 이 과정에서 내가 활동한 경제정의실천시민연합의 과학기술위원회에서 절충안으로 '특허법원 설립'을 주장했는데, 결국 〈법원조직법〉에 반영되어 특허법원이 설립되는 계기가 되었다. 그 후 나는 특허청에서 위촉한 변리사 시험관리위원으로 활동한 경험이 있었기에 대통령 지시에 대한 답을 비교적 빠르게 마련할 수 있었다.

대통령의 지시를 받은 후 전문가의 자문을 받아 1개월 정도 연구하여 수립한 〈특허행정 개선 방안〉을 대통령에게 보고했다. 개선 방안을 보고를 받은 대통령은 상당히 기뻐하면서 특허청에 전달하여 "보고내용 그대로" 실행하라고 결재해주었다. 당시의 특허청장은 산업자원부 출신으로 한국전력 사장을 역임했던 김종갑 청장이었다. 대통령 결재를 받은 날 개선 방안을 직접 전달했다. 특허청장도 개선 방안에 대해 고민을 많이 하고 있었는데 방안 수립은 물론 대통령 결재까지 받아서 전달해주니까 너무 반가워했다.

주요 내용으로는 특허청을 중앙행정기관 최초로 책임운영기관으로 전환하는 것이었다. 당시 특허심사료 수입으로 매년 약 2,000억 원 정도를 벌어서 국고로 편입하고 있었다. 수익이 있음에도 불구하고 중앙행정기관으로서 인력을 대폭 확대할 수 없도록 정원이 통제되고 있어 심사기간 단축을 못하고 심사가 밀려 있기 때문에 심사인력을 대폭 확대하여 심사기간을 단축하는 방안을 수립했다. 그 결과 2004년 558명이던 특허심사관을 2006년 727명으로 증원했으며 지속적으로 특허심사 인력을 대폭 확충하였다. 특허청 심사관은 고학력의 청년 과학기술인에게 새로운 취업기회가 되었다. 일거양득의 효과를 갖는 개선 방안을 만든 셈이었다. 이때 취업기회를 잡은 분들이 지금도 나에게 감사 인사를 전하는 분들이 있다.

또한 선행기술 조사의 외주용역을 확대해 심사 부담을 경감시켰다. 특허전산시스템 성능을 개선한 KIPO-NET II를 개통하고, 지능형 검색시스템을 구축하는 등 특허행정의 정보화 시스템을 고도화하여 심사업무를 효율화하였다. 그렇게 하여 참여정부 출범 전인 2002년 22.6개월에 달하던 특허심사 처리기간은 2006년 말 9.8개월로 4년 만에 무려 12.8개월이나 단축되었다.[35]

공약을 완벽하게 실현한 셈이다. 2006년 스위스 국제경영개발원 IMD의 발표에 의하면 우리나라의 내국인 특허획득생산성(기업체 연구인력 1,000명 당 내국인 특허등록건수)은 세계 2위로 평가되었다. 2006년 세계에서 가장 빠른 특허심사처리를 달성한 특허행정을 통해 한국의 특허심사는 이제 세계적으로 인정받게 되었다.

---

35 국정브리핑, 2007.1.9.

12장
국가통합품질인증 KC 도입

청와대의 정보과학기술 보좌관실은 각 부처의 업무와 관련된 실무와 현안은 취급하지 않은 채 주로 대통령을 보좌하기 위해서 연구 작업을 통해 도출된 제도개선 업무와 혁신 업무를 주로 담당하고 있었다. 과학기술정책이 연구계와 관련된 업무 비중이 높다고 하더라도 과학기술혁신체계, 특히 산업체의 기술경쟁력과 기업 역량을 향상시키고 소비자들이 안전하고 품질이 좋은 과학기술제품을 사용할 수 있도록 인증 기반을 구축하는 것은 매우 중요한 업무였다. 국가 연구개발투자의 효율성 향상은 기업의 기술력 향상과 직결되기 때문이다.

소비자가 사용하는 제품의 대부분이 과학기술의 산물이기 때문에 나는 오랫동안 시민단체 활동을 하면서 과학기술 소비자 운동을 활성화시키고 싶었다. 특히 제품의 품질인증과 관리 업무는 국가의 매우 중요한 업무이다. 내가 참여했던 과학기술 소비자 운동으로는 출고 후 자동차에 부착하는 Anti-lock Braking System^ABS^의 성능 실험과 산분해 간장에 존재하는 유해물질의 문제점을 지적하고 간장 생산의 공정 개선을 요구하면서 간장 제조방법이 양조간장으로 전환되는 사례가 있었다. 간장 제조공정 문제는 식품의약안전처 설치로 이어졌다. 또한 기술표준원 등에서 유전자변형 식품 표시제와 유전자변형 작물의 혼입을 검사하는 PCR 방법을 개발하는 작업에도 참여한 경험이 있다. 정부는 소비자가 내용물이나 품질을 쉽게 확인할 수 있도록 정보를 제공해야 하며 소비자의 선택권을 확대해줄 수 있어야 한다고 생각했다. 이런 경험을 통해 소비자가 안전한 제조물을 사용하도록 관리하는 것은 국가의 중요한 기본 업무라고 생각하게 되었다. 최근 가습기 살균제로 수많은 사람들이 목숨을 잃은 것을 보면 국가의 제조물 안전관리 기능이 더욱 중요함을 새삼 확인하게 된다.

산업자원부에서 파견 나온 행정관이 주축이 되어 품질 제도를 분석하고 국가의 품질관리 기능을 강화하는 방안을 연구했다. 그때는 품질인증제도가 너무 다양하여 소비자가 품질인증의 종류를 알기가 어려울 뿐만 아니라 형식적으로 진행되는 경우도 있어 품질인증을 신뢰하기 어려웠다. 특히 법정인증 및 민간인증 제도의 숫자가 대폭 증가하면서 소비자들이 혼란을 겪고 있었고 인증에 대한 신뢰도에 우려가 많았으며 여러 인증을 받아야 하는 기업은 인증 관련 비용과 절차를 규제로 인식하였다.[36] 게다가 제품마다 여러 개의 인증마크가 붙어 있어 소비자가 제품을 선택할 때 더욱 혼란스러웠다.

국회의원들의 문제 제기도 많았는데 오영식 의원과 김태년 의원

---

36 유수현 외 3인, 〈KS 인증제도 운영 및 발전 방향에 대한 제언〉, 표준과 표준화 연구, 8(1):, 2018, 49-64.

등은 인증제도가 난립되고 있어 통합이 필요하다고 주장하였다. 따라서 기업의 경제적 부담을 줄이고, 소비자는 하나의 인증마크만을 확인하여 좋은 제품을 고를 수 있도록 인증마크제도를 수립했다.

당시 국내 인증제도는 의무 인증제도와 임의 인증제도로 나뉘어져 있었다. 의무 인증제도는 국가에 의하여 강제적으로 시행되는 법정강제 인증제도로 KC 인증이 대표적이다. 임의 인증제도는 법률에 의해 시행되는 법정임의 인증제도와 법적 근거가 없는 민간인증으로 나눌 수 있다. 법정임의 인증제도는 KS 인증을 포함하여 신기술인증NET, 신제품인증NEP 등 특정정책 목적 달성을 목적으로 시행되는 인증제도가 있었다.[37]

1년 간의 연구작업을 거쳐 2005년 4월에 〈국가품질인증제도의 현황과 발전 방향〉을 노무현 대통령께 보고하였다. 검토할 당시 우리나라에는 총 70여 개의 법정의무인증을 비롯하여 140여 개의 인증제도가 운용되고 있었으며 인증 시장은 약 2.2조 원 규모였고, 730여 개 인증·시험기관에 약 1만 2천여 명의 심사인력이 종사하고 있었다. 또한 국내 시험인증기관의 역량이 부족하고 인증기관 간 과당경쟁에 따른 부작용으로 부실인증, 허위인증 등이 발생하고 있어 해외에 시험검사를 의뢰하면서 국내기업이 부담하는 비용이 연간 2,000억 원에 달했다. 따라서 인증업무는 중요하고 비중이 큰 국가의 산업 인프라였다. 보고를 받은 노무현 대통령을 꼭 필요한 업무라고 매우 반가워하면서 결재를 해주었고 국가품질인증 개선작업을 시작하게 되었다.

---

37 남지영·이재학, 〈국내 인증제도 발전방향을 위한 연구〉, 표준과 표준화 연구, 8(3):, 2018, 1-10.

대통령에게 결재를 받은 후 2005년 5월부터 1년간 산업자원부에 '인증제도혁신 TF팀'를 구성하여 개선 내용을 도출했으며[38] 2006년 5월에는 국무총리가 위원장이고 관계부처 장관이 위원인 국가표준심의회를 개최하여 확정했다. 제기된 문제들을 해소하기 위해선 법정강제 인증제도를 적용받고 있는 9개 부처 34개 강제인증 대상을 한 개의 인증으로 통합하였다. EU에서 진행하고 있는 CE마크, 중국의 CCC마크, 일본의 PS마크 등과 유사한 통합 심사체제를 도입한 것이다.

향후 5년간 매년 102~309억 원 규모로 총1,122억 원의 예산이 소요될 것으로 전망되었는데 2006년은 우선 산업자원부 R&D 및 산업기반자금 등을 활용, 국가인증제도 혁신 사업으로 출범하였다. 또한 실무 작업을 위해 국무조정실에 '국가표준·인증제도 혁신실무위원회'를 2006년 7월에 구성했고, 기술표준원에 실무 작업반을 설치하였다.

국가품질인증제도를 단계별로 2010년까지 3단계로 구분하여 제도 개선을 완료하기로 했다. 1단계로 2006년에서 2008년도 6월까지는 제도를 설계하고, 2단계로는 2010년까지 제도를 정비하여 3단계로 2011년에 총괄관리체제를 구축하기로 하였다. 특히 1단계에서 혁신실무위원회 의결로 2007년 7월 1일부터 국가통합인증마크는 지식경제부(전 산업자원부)가 우선적으로 도입하여 운영한 후, 전 부처로 확대 적용하기로 하였다. 일정표에 따라 2008년 8월에 국가표준심의회 의결로 국가 표준인증제도 개선 세부 이행 계획을 확정하였다.[39]

---

38 〈국가표준·인증제도 혁신 추진 계획〉, 기술표준원, 2006.8.18.
39 〈국가통합인증마크 탄생〉, 지식경제부 보도자료, 2008.8.25.

국가통합인증마크는 KC Korea Certification ‘ ’마크로 결정했으며 모든 강제인증에 KC마크를 사용하되 국제협약에 의해 운영되는 강제인증 등은 적용에서 제외하기로 하였다.[40]

국가통합인증마크 사용을 위해 국가표준기본법 및 시행령을 개정한 후 2009년 7월 1일부터 지식경제부의 9개 인증에 국가통합인증마크를 도입했으며, 2011년 1월부터는 5개 부처 13개 인증마크가 KC마크로 통합되어 모든 강제인증에 국가통합인증마크를 도입해 실시하고 있다.[41]

이후에도 각 부처들이 법정의무인증제도를 신설하고 또한 변경시 KC마크를 도입하여 2017년 9월부터 8개 부처에서 23개의 법정의무인증제도로 KC마크를 사용하고 있다.

국가표준인증 종합관리의 핵심 내용은 20개 유형의 법정강제인증의 인증 심사 절차를 국제기준ISO/IEC Guide 67에 부합하도록 국내 실정에 맞춰 9개 유형으로 간소화했고, 여러 부처의 법정강제 인증마크는 KC마크로 통합했으며 통합된 KC마크가 현재에 이르고 있다.

당시 2008년에 분석된 자료에 의하면 KC마크를 도입함으로써 인증심사절차가 간소해졌고 중복 인증도 해소되어 기업의 인증비용이 감소하였고 소요기간도 단축되었다. 중소기업당 평균 3.3개의 인증을 취득하고 있었는데 인증에 대한 부담을 덜어준 것이다.[42]

KS Korean Standards마크는 국내 인증마크의 시초인데 주로 공산품 치

---

40 〈국가표준기본법 개정, 국가인증마크 통합제도 도입〉, 지식경제부 보도자료, 2009.3.27.
41 유수현 외 3인, 〈KS 인증제도 운영 및 발전 방향에 대한 제언〉, 표준과 표준화 연구: 8, 2018, 49-64.
42 국가표준기본법 개정, 〈국가인증마크 통합제도 도입〉, 지식경제부 보도자료, 2009.3.27.

수와 품질을 보증하는 임의 품질인증마크이다. 이것은 사업자가 원하면 받을 수 있는 마크로, 제품에 반드시 표시해야 하는 KC강제 인증마크와는 다르다.[43]

이처럼 소비자와 기업 모두에게 효과적인 정책으로서 국가통합인증마크제도를 도입한 것은 소비자들이 제품에 붙어 있는 다양한 인증마크로 인한 혼란을 없애고, 양질의 제품을 선택할 수 있는 근거를 제공하는 효과가 있는 제도로 발전할 수 있었다. 국민의 보건, 안전, 환경 등의 보호를 위해 반드시 지켜야 하는 규정은 강제 인증으로 통합하는 것이 세계적인 추세인데 이에 따라 우리나라도 신속하게 제도 정비를 할 수 있었다.

39개의 강제인증제도를 통합하고 인증 관리체계도 일원화하는 업무는 매우 방대한 업무였다. 결국 청와대에서 연구 작업을 시작한 2004년 5월부터 품질인증마크 완전 통합을 이룬 2011년 1월까지 노무현 정부와 이명박 정부에 거쳐 거의 7년간 진행된 혁신 사업이었다. 정권은 바뀌었지만 당초에 계획했던 내용과 일정표에 따라 체계적으로 사업을 진행시켜 준 산업자원부, 그리고 이름이 바뀌어 지식경제부, 그리고 기술표준원으로 이어진 관련자들에게 고마움을 전한다.

범부처적인 통합인증제도로써 과학기술부와 산업자원부 등 5개 부처 장관들이 합의한 〈신기술인증제도 개선 방안〉도 다년간의 준비를 거쳐 결실을 맺었다.[44] 통합적으로 운영함으로써 동일 명칭 및 마

43 유수현 외 3인, 〈KS 인증제도 운영 및 발전 방향에 대한 제언〉, 표준과 표준화 연구, 8(1):, 2018, 49-64.
44 〈정부, 신기술·신제품 인증제도 통합〉, 과학기술부, 2005.12.12.

신기술 및 신제품 인증 통합체계

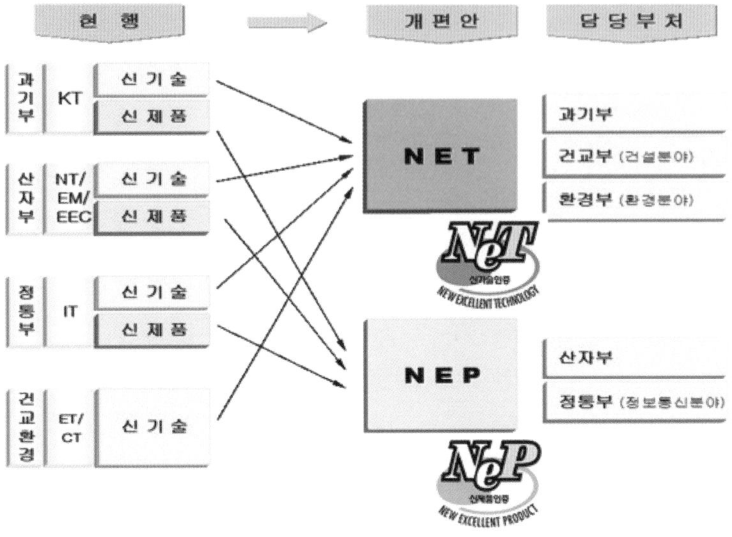

출처: 국가기술표준원

크를 사용하여 기술통합을 도모하기도 하였다.45

2005년 당시 5개 부처에서 7개 신기술 인증제도(과기부: KT, 산자부: NT, EM, EEC, 정통부: IT, 환경부: ET, 건교부: CT)를 운영하고 있었는데, 기술, 제품, 공정, 공법에 대한 기술인증을 구분하지 않고 '신기술'로 총칭하여 인증함으로써 신기술의 개념이 혼란스럽고 인증제도 간 중복 문제가 발생하고 있었다. 따라서 7개 인증제도를 신기술NET과 신제품NEP의 2개 제도로 통합하여 〈산업기술혁신 촉진법〉에 근거하여 2006년 1월부로 시행한 것이며 이 역시 현재까지 이어지고 있다.

45 김창수, 〈신기술·신제품인증제도통합운영〉, 한국토목섬유학회학회지: 7, 6-11.

통합인증제도에서 신기술 인증은 기존 제품의 성능을 크게 개선시킬 수 있는 개발완료기술로서 상용화로 경제적 파급효과가 큰 기술이 인증 대상이다. 과기부는 건설 분야와 환경 분야의 공법기술을 제외한 전 분야에 대하여 신기술 인증을 담당하고, 신제품 인증은 신기술을 이용하여 실용화에 성공한 제품으로 산업자원부와 정보통신부가 신제품인증을 담당하였다.

NET마크와 NEP마크는 태극문양을 바탕으로 'New Excellent'의 'NE'에 기술의 'T'와 제품의 'P'를 형상화하여 한국의 우수한 신기술과 신제품을 상징하도록 하였으며, 마크의 디자인은 KAIST 산업디자인학과 임창영 교수가 담당하였다.

범부처적인 통합인증제도는 2004년 말 개최된 제1차 과학기술 관계장관회의(의장: 부총리 겸 과학기술부장관 오명)에서 과학기술부, 산업자원부 등 5개 부처 장관들이 〈신기술인증제도 개선방안〉을 합의한 후 1년 간의 준비를 거쳐 결실을 맺게 되었다.

통합 인증제도에 따라 산자부의 공공기관 우선구매, 신기술 구매촉진제도 등 정부의 관련 제도에 공통으로 적용했으며, 특히 제품화가 가능한 NET에 대하여 신기술 사업화 자금을 지원하는 방안 등을 관계부처 공동으로 인센티브도 마련해 기술개발을 촉진한다는 목표를 세웠다.

13장
기술자격제도 혁신 및 인정기술사 폐지

지식 기반 사회가 본격화되면서 인적자원의 개발과 활용이 국가경쟁력 확보에 중요한 요소로 작용하게 되었다. 능력 개발에 대한 사회적 인증인 자격제도는 개인의 능력 개발을 촉진하고 노동시장의 신호로 작용하고 있는 국가 인적자원 개발의 핵심 인프라이다. 산업의 수요에 부응하도록 혁신되어야 한다.[46] 현재 국가기술자격 시험을 주관하고 자격증을 발급하는 업무는 한국산업인력공단과 대한상공회의소에서 대부분 진행한다.

1999년 규제개혁위원회는 자격제도의 법제 및 운영상의 문제점을 개선하기 위해 '자격제도 규제개혁'을 핵심과제로 선정했다. 국가 주도로 자격제도가 운영되어 민간자격의 활성화가 부진하고, 정부 등 공급자 위주로 운영되고 있어 현장 수요와의 괴리가 발생하고 있고

46 〈국가기술자격제도 혁신방안〉, 노동부, 2005.9.

자격 관련 법령 간에도 중복 현상이 있어 개혁 방안이 필요하다고 했다. 이러한 지적에 따라 〈국가기술자격법〉과 〈자격기본법〉을 통합하는 작업이 추진되었지만 관계 부처 및 이해관계자들의 반대로 개선 작업이 무산되었다.

2004년 2월에는 국가기술자격제도의 관리와 운영을 효율화하는 〈국가기술자격법〉을 전문 개정하였으며 중장기적인 비전과 계획에 따라 체계적으로 운영하기 위해 3개년마다 기본계획을 수립, 시행하도록 제도화하였다. 이후 부처 협의를 진행하여 〈제1차 국가기술자격제도발전 기본계획〉을 수립하도록 하였다. 그럼에도 불구하고 노동 현장과 괴리된 자격 종목을 비롯해 실제 현장에서 필요한 능력을 테스트하지 못하는 검정제도 등 여러 문제점은 여전히 지적되었다.

이에 따라 정보과학기술보좌관실에서 〈기술자격제도의 문제점과 개선 방향〉을 대통령에게 보고(2004년 5월 22일)하고 대통령의 지시를 받아 본격적인 제도개선 작업을 시작하였다.47

노무현 대통령은 국무조정실에 기획단을 운영하고 개선안을 만들어 국무회의에서 결정하도록 하라는 절차까지 구체적으로 지시하였다.(2004년 7월 12일) 이로써 국무총리실의 'HRD, R&D 개선기획단' 내에 '자격제도개선분과위'를 구성하여(2004년 10월) 기술자격제도 개선을 추진하였다. 또한 노동부와 산업인력관리공단에서 산업현장 수요를 반영하기 위한 국가기술자격체계 정비와 검정 시스템 및 조직 개편 등 국가기술자격제도 혁신 방안을 마련하였다.

47 〈기술자격제도의 문제점과 개선방향〉, 정보과학기술보좌관, 2004.5.22.

특히 자격제도가 근로자 중심의 자격보다 교육훈련 과정에서 습득된 능력을 평가하는 입직형 자격으로 운영되어 근로자의 경력 개발을 선도하는 역할이 미흡하다는 평가를 받았다. 또한 자격검정 내용도 주로 양성훈련을 통해 습득된 내용을 중심으로 평가함으로써 산업현장과 괴리가 크게 발생하고 산업 변화를 견인해내는 기능이 약한 점이 지적되었다.

개선 작업을 진행하던 2006년 9월 현황으로 보면 국가기술자격 취득자가 총 2,631만 명으로 경제활동 인구의 절반 이상이 한 개 이상의 자격을 가지고 있을 정도로 정책 수요자가 많은 분야였다.[48]

국가기술자격의 총괄 운영은 〈국가기술자격법〉에 의해 노동부가 관장하는데, 기술, 기능계 분야는 5등급 체계로 '기능사 → 산업기사 → 기사 →기능장→ 기술사'의 체계이다.[49] 기타 국가자격으로는 정부 13개 소관 부처별로 운영하는 변호사, 공인회계사, 의사, 약사 등의 면허직종이 있었다. 민간자격은 교육부가 운영하였는데 〈자격기본법〉에 의해 국가에서 공인된 공인 민간자격(예: 인터넷정보검색사, TEPS)과 순수 민간자격(예: 결혼상담사, 증권분석사) 등으로 구분되었다.

외국의 사례를 보면, 숙련인력 양성 및 근로자의 생산성 향상을 위해 직업교육훈련 및 자격제도에 정부가 적극적으로 개입해서 국가 차원에서 자격제도의 틀을 구축하고 기준 설정 및 관리, 감독 등의 역할을 수행하고 있다. 특히 산업계 주도로 개발된 국가직업(무)능력표준을 기초로 자격 및 훈련 과정을 개발하였는데, 직업표준을 토대로 '일-직업교육, 훈련-자격' 간의 연계성을 강화했다. 또한 FTA 체결을

48 〈제1차 국가기술자격제도발전기본계획(2007~2009)〉, 노동부, 2006.12.
49 기술사 검정체계 개선 방안 연구, 2016.

대비하여 자격의 국가 간 상호인정을 위해서 제도를 글로벌 수준으로 제고해야 할 필요성이 더해졌다.

제1차 기본계획은 국가기술자격제도가 도입된 후 처음으로 종합적인 중장기 기본계획으로서 자격제도 발전의 기본 틀을 마련했다는 데 큰 의의가 있다는 평가였다. 주요과제로서 자격제도 운영의 기본체계를 개선하기 위해 국가기술자격에 적용할 산업 분야를 개편하였으며, 자격 종목(582종목)에 대한 산업수요를 조사, 분석하여 종목을 정비하고 향후 주기적으로 종목 정비를 제도화하였다. 또한 자격검정에서 현장성을 강화하였다.[50]

또한 기본계획 수립을 위해 노동부 및 관계 부처, 한국산업인력공단, 대한상공회의소, 한국직업능력개발원 등 다양한 주체들이 참여해 국가기술자격제도의 현황과 문제점을 분석하고 현실성 있는 비전과 목표를 설정하고 이를 위한 다양한 세부과제를 도출한 것도 의의가 컸다.[51]

특히 자격제도 운영 주체의 다양화, 자격검정의 적정성 보장 등을 위한 과제 수행을 통해 국가기술자격제도가 사회경제적 여건 및 산업 수요변화에 능동적으로 대처하도록 하고 정부 주도의 자격제도 운영으로 신뢰도를 높였고 사회적 파트너들의 참여 확대의 틀을 마련했다는 데 의의가 있었다.[52]

---

50 〈제1차 국가기술자격제도발전기본계획(2007~2009)〉, 노동부, 2006.12.
51 주인중 외 3인, 〈제2차 국가기술자격제도 발전기본계획(2010~2012)〉수립을 위한 기획연구〉, 한국직업능력개발원, 2008.12.
52 주인중 외 3인, 〈제2차 국가기술자격제도 발전기본계획(2010~2012)〉수립을 위한 기획연구〉, 한국직업능력개발원, 2008.12.

2016년 1월 1일 기준으로 시행되고 있는 국가기술자격은 총 527종목으로 기술 및 기능 분야에 기술사 84종, 기능장 27종, 기사 109종, 산업기사 114종, 기능사 161종목이며, 서비스 분야는 전문사무(1급) 10종, 기초사무(2급) 10종, 일반서비스(3급, 단일등급 포함) 9종목이 시행되고 있다.[53]

국가기술자격제도에서 최상위에 위치하고 있는 기술사는 84개 종목이 운영되고 있는데, 해당 기술 분야의 전문지식, 실무 경험과 기술 응용 능력을 보유한 사람으로서 〈국가기술자격법〉 제10조에 따라 자격을 취득하게 된다. 과학기술 관련 전문적인 응용 능력을 필요로 하는 계획, 연구, 설계, 분석, 조사, 시험, 시공, 감리, 평가, 진단, 시험운전, 사업관리, 기술판단(기술감정 포함), 기술중재 또는 이에 관한 기술자문과 기술지도를 수행하는 자격이다.[54]

기술사 제도는 오래전부터 개선이 필요하다는 문제 제기가 있었으며, 대통령 선거 과정에서도 과학기술정책 토론회마다 기술사 제도 개선에 대한 요구가 있었다. 특히 엔지니어링의 산업 경쟁력 확보를 위해서는 기술사 자격제도를 선진화해야 한다는 주장이 많았다.

그 당시 우리나라에서는 기술사 시험에 합격하지 않고 학력 혹은 경력만으로 '기술사'와 대등하게 인정받는 통칭 '인정기술사'가 부여되고 있었다. 인정기술사는 약 30만 명에 이르는 것으로 파악되고 있었는데 기술사 자격을 무력화시키는 제도라는 비판이 높았다. 인정기술사가 탄생하게 된 계기는 1990년대 〈엔지니어링산업진흥법〉(1992),

---

53 기술사 검정체계 개선 방안 연구, 2016.
54 기술사 검정체계 개선 방안 연구, 2016.

〈건설기술진흥법〉(1995), 〈전력기술관리법〉(1996), 〈정보통신공사업법〉(1998) 등의 각 개별 법령에서 일정 정도의 경력자를 특급기술자로 인정하는 제도의 근거 규정이 만들어지면서 특급기술자 제도가 도입되었기 때문이다. 따라서 소위 인정기술사 제도를 없애달라는 요구가 많았다.

2004년 당시 실제 시험에 의한 기술사는 99개 종목에 총 28,576명인 것에 비해 학·경력기술사는 약 20만 5천 명에 달하였으며, 특히 건설 분야의 경우 사회적으로 요구되는 기술사보다 그 수가 두 배가 넘어 수급 불균형이 초래되었고 건설업체 난립의 원인으로 작용하고 있다는 분석도 있었다. 그 결과 1990년도 후반부터 특급기술자 제도의 폐지가 지속적으로 요구되었다.

기술사 측에서는 특급기술자 제도 때문에 기술사 자격의 실효성이 저하되었으며 각종 시설의 안전 관리에 대한 기술적 책임도 약화되었다고 주장했다. 공학계 인력의 가장 상위의 자격인 기술사는 우수 인력의 이공계 진입을 위한 한 축을 담당하고 있었으나 그 기능이 많이 약화되었다는 평가였다. 또한 FTA를 통한 기술 개방 추세 속에서 기술 자격의 국가 간 상호인증이 필요한데, 인정기술사는 국제적인 통용성 측면에서도 불리할 것으로 예상되었다. 기술사의 전문성과 실효성을 확보할 수 있는 법과 제도적 개선이 시급하다고 판단했다.

이런 판단 속에서 정보과학기술보좌실에서 노동부 및 과학기술부와 개별적으로 협의를 진행했으며 자격개선 분과위원회의 위임을 받아 과학기술중심사회 추진기획단 중재로 주관 부서의 일원화를 위한 부처조정회의를 거쳤고, 기술사회의 의견 수렴을 통해 2005년 4월에 합의된 개선안이 도출되었다. 2005년 11월 국무조정실 기획단에서

〈기술사제도 개선방안〉을 확정하여 특급기술자 제도를 폐지하도록 결정한 후 〈국가기술자격법시행령〉 제12조를 개정하였다. 이후 후속 조치로 개별 사업 법령별 특급기술자 관련 조항을 모두 개정하였다.

향후 특급기술자제도를 폐지하여 추가 배출되지 않도록 했지만, 기존 학력, 경력기술자의 법적 지위를 인정하면서 기술사의 면허등록 기준은 강화하였다. 이로써 공학교육을 국제적으로 공인하는 워싱턴협정WA에 조기 가입을 추진하였고 공과대학-기사-기술사로 이어지는 전문기술인 육성 체계도 확립하였다. 산업현장의 기술 수준을 질적으로 향상시키고 과학기술인의 사기 진작에도 의미가 있었으며, 상호협정 체결 등 기술 개방에 효과적으로 대응하고 국내업체의 해외진출 촉진 등 인력과 기술의 교류를 확대하고 포괄적 협력의 증진을 이룩하는 데 기여했다.

그러나 특급기술자 제도를 개편하는 과정에서 과학기술중심사회 추진단이 중심이 되어 국가자격제도 혁신 차원에서 진행하였으나 실제 기술사제도에서 보면 배출은 국가기술자격법, 관리는 기술사법, 활용은 개별 사업법에 따라 운영되어 여전히 비효율적 측면을 갖고 있었다.

특급기술자 제도를 개선하는 과정에서 가장 어려웠던 분야가 건축 분야였다. 그러나 2014년 5월에 〈건설기술진흥법 시행령〉이 개정되어 특급기술자가 부활되어 기술사로서의 진입이 다시 허용되어 현재에 이르고 있다.[55]

외국에서는 객관적인 시험절차 없이 학력 혹은 경력만으로 기술사

---

55 〈기술사법 전부개정 법률안〉, 한국기술사회 정책법제위원회, 2018.1.

한국기술사회 감사패.

자격을 취득하거나 역할을 부여받는 경우는 거의 없으며, 산업의 고도화와 난이도의 증가로 오히려 기술사의 자격 취득요건을 더욱 강화시키고 있는 추세다.56

기술사 직무 중 국가안보, 재난의 예방 및 공공의 안전을 위해 설계, 시공, 감리, 사업관리를 강화하여 시설의 안전관리 수준을 높여야 함에도 불구하고 오히려 역행하고 있다는 지적도 있다. 앞으로 더욱 검토가 필요한 부분이다.

기술사 제도 개선에 노무현 대통령이 각별하게 관심을 갖고 지시를 해준 덕분에 나는 2006년 제5회 기술사회의 날에 감사패를 받았다.

---

56 〈기술사법 전부개정 법률안〉, 한국기술사회 정책법제위원회. 2018.1.

14장

기술가치 평가 및 기술금융 제도 개선

기술 확산과 신기술 산업화 촉진을 위해서 기술가치평가에 근거한 투·융자 금융 확대, 기술이전·거래 활성화 등은 매우 중요하다는 인식하에 국가 차원의 기술가치평가 체제 확립을 통해 기술 혁신을 활성화시킬 수 있도록 정책역량을 집중할 필요가 제기되었다.

이에 따라 노무현 대통령은 2004년 9월 7일 중소기업 기술혁신대전 개막식에서 인사말로 제대로 된 기술평가 시스템을 구축해서 기술력 있는 기업이 곧 신용 있는 기업이라는 인식을 정착시키겠다고 포부를 밝혔다. 즉, 공신력 있는 기술가치평가 제도를 구축하여 금융기관에서 활용을 확대할 수 있도록 유도하고 기술가치 평가의 수요기반을 확충하기 위한 제도 개선도 병행하여 추진하겠다는 의지를 밝힌 것이다.

이러한 필요성에도 불구하고 기술가치평가의 실제 상황은 매우 열악했다.[57] 공신력 있는 기술가치평가를 위한 전문기관, 전문인력, 객관적인 평가기법과 모델 등 관련 인프라가 상당히 취약했고 기술 공급자나 수요자 모두로부터 공신력을 인정받는 전문기관이 없었으며, 평가 전문인력도 부족하고 외부 전문가 활용도도 낮은 것이 현실이었다. 2004년 기술신용보증기금의 평가인력 185명 중 기술전문 인력은 54명(29%)에 불과하며, 전문인력 1인당 연간 평가 건수가 310건으로 평가의 질 측면에서도 한계가 분명해 보였다. 또한 기술가치평가에 대한 인식 부족으로 기술가치평가에 대한 시장수요가 크지 않았으며, 투·융자 등 기술금융과의 연계도 부족해 보유기술의 가치평가를 토대로 한 투자 및 융자는 거의 실현되지 않고 있었다.

기술가치평가의 기술전문성을 높이기 위해 과학기술계가 우선 노력해야 할 것으로 판단했다. 기술가치평가의 신뢰를 제고하기 위해 기술성 평가 전문가 네트워크 체제를 구축하고 출연연의 연구원들을 기술성 평가 전문가로 활용하는 아웃소싱 체제를 구축해서 금융계 등 평가 수요자에게 기술성 평가자료를 제공하는 협력 체제를 구상하였다.

출연연 19개 기관의 기술 이전 전담조직을 네트워크화하여 기술성 평가의 전문성을 제고하고 지원하기로 과학기술계 3개 연구회가 합의하였다. 또한 평가의 신뢰성 제고를 위한 지원 정보(기술거래·평가 사례 등) DB를 확충해 과학기술혁신본부가 추진 중인 국가과학기술 종합정보서비스 구축과도 연계할 것을 제안하였다.

기술가치평가의 수요 기반을 확충하기 위해 상업화 목표를 갖는 정부 R&D 과제는 최종 평가를 위해 기술가치평가를 받도록 하는 등 공공 R&D 부문에서 우선적으로 기술가치평가의 수요를 발굴했다.

---

57 〈기술가치평가 활성화 방안〉, 청와대 정보과학기술보좌관실에서 작성한 문건에서 주요 내용 인용, 2004.12.

정부 연구개발 과제의 종료 시점에서 기술가치평가를 진행함으로써 실용화를 목적으로 진행된 공공부문 연구개발 사업의 효율성도 제고할 뿐만 아니라 연구성과가 산업화로 이어지는 계기도 될 수 있다고 판단하였다. 대형 국가연구개발 실용화 대상 사업 선정 과정에서 기술가치평가를 실시하도록 권고하기도 했다.

또한 기술력 있는 중소·벤처기업의 기술 기반 사업화를 지원하는 정부출연 투자펀드를 운영할 때에도 기술가치평가와 연계해 기술가치평가를 제도화할 수 있도록 추진했다. 또 기술가치평가위원회 구성도 제안하였다.

과학기술혁신본부를 중심으로 정부출연연구원 네트워크를 구축하고 기술자문단을 구성하였지만 실제 잘 활용되지는 못했다. 그러나 기술가치평가가 제도화되고 기술금융과 이어져야 기술벤처 등의 기술 혁신이 이루어질 수 있다는 공감대를 형성하고 관심을 유도하는 분위기 조성에는 기여했다고 판단된다. 기술가치평가와 기술금융 활성화 방안을 만들어서 관련 모임에서 발제 기회를 주면 나는 열심히 설명하러 다녔다. 이런 노력에 대해 그때를 기억하는 분들은 우리나라의 기술가치 평가와 기술금융이 확대되는 출발점이었다고 평가해주었다.

15장
남극 세종과학기지의 쇄빙선 아라온호 건조

우리나라는 극지 연구를 위해 남극에 세종과학기지를 운영하고 있다. 사우스셰틀랜드 제도의 킹조지 섬 남서쪽 해안 바톤 반도(남위 62° 13′ 서경 58° 47′)에 한국해양과학기술원 부설 극지연구소가 운영하고 있는 과학기지가 있다. 1988년 2월 17일 건립되었으며 현재 15개의 건물과 부두, 저유탱크 시설을 갖추고 있다.

세종과학기지가 있는 킹조지 섬은 비교적 날씨가 온화하여 여름 번식철에는 많은 동물들이 산란을 위해 몰려들어 생물학자들에게는 관심이 높은 지역이다. 겨울에도 자료수집과 시설 유지를 위해 월동연구진이 상주한다.

2003년 12월 6일 오후 1시 10분경 남극 세종과학기지에 파견된 연구원 8명이 보트를 타고 세종기지로 돌아가던 중 기상악화로 실종되었다가 7명은 구조되었지만 1명(27세, 서울대학교 대학원생 전재규)이 사망하는 사고가 발생했다. 연구 임무를 마치고 귀국하는 연구원

24명(제16차 월동대 16명, 하계대 8명)을 세종1호와 세종2호 조디악(고무보트)에 나눠 태우고 비행장이 있는 칠레기지로 데려다준 후 기지로 돌아가던 중에 사고가 발생했다.[58]

오후 4시 25분경 세종2호가 먼저 기지로 출발한데 이어 20분 뒤 세종1호가 출발하여 기지에 도착했으나 먼저 떠난 세종2호가 기상악화로 연락이 두절되자, 다음 날 오후에 대원 5명이 세종1호를 타고 수색에 나섰다가 전복되었다. 인근 인조 구조물에 대피해 있던 5명은 14시간의 사투를 벌이다 다음 날 오전에 러시아 구조대에 의해 구조되었지만 1명은 바닷물에 빠지면서 발생한 저체온증으로 사망한 채 바다에서 인양되었다.

먼저 실종된 세종1호기의 실종자 3명은 52시간을 추위와 배고픔 속에서 눈을 먹으면서 갈증을 해소하고 초콜릿과 초코파이 등으로 허기를 채우면서 버티다가 칠레 공군헬기에 의해 넬슨섬 해변에서 무사히 구조되었다.

8명의 남극대원들이 서로를 구조하기 위해 악천후 속에서 죽음을 무릅쓰고 고무보트를 타고 나섰던 점과 남극의 눈보라 폭풍과 높은 파도, 그리고 강추위 속에서 고립된 채 바다와 벌였던 사투는 과학 연구 과정에서 자연과 벌이는 인간의 한계와 그 험난함을 그대로 보여준 사건이었다.

이때 사고 소식을 접한 정부는 큰 관심을 갖고 국무총리실에 '세종과학기지 조난사고 정부대책반'을 구성하고 행정자치부, 외무부 등

---

58 남극 세종기지 연구원 조난 사이트(https://www.yna.co.kr/view/IIS20060330005000999?cattr=&page=1), 연합뉴스.

관련 부처들과 협조 체제를 구축하고, 구조 업무를 진행했다. 사망자 발생에 대해 노무현 대통령이 직접 세종기지에 위로 전화를 하고 한국해양연구원과 세종기지에 분향소를 설치하였으며 시신을 국내로 운송하여 한국해양연구원장으로 장례를 치뤘다. 연구원 전재규 씨는 서울대학교 지구환경과학부에서 지진 연구를 하던 학생으로 남극에서 1년간 연구 활동을 하고 있던 중에 사고를 당했다.

세종과학기지에서의 조난 이유로 남극의 악천후에 대응할 수 있는 쇄빙선 등 필요한 장비를 갖추지 못했다는 점이 지적되었다. 쇄빙선이 필요했지만 정부는 예산액이 크다는 이유로 수용해주지 않았다. 빙하와 강풍, 험한 파도 등 악천후가 지속되는 남극에서 고무보트를 타고 이동하는 것 자체가 항상 '죽음'과 함께 활동하는 것이었다고 한다. 러시아 쇄빙선을 임대해 사용할 수 있지만 10일 이용에 10억원 정도의 임대료가 들어가기 때문에 쇄빙선 대신 GPS도 장착되지 않은 고무보트를 이용했다고 한다.

이런 사고를 겪은 후 정부에서 극지연구용 쇄빙선를 갖추는 문제를 검토하게 되었다. 남극에 기지를 보유한 18개 국가 가운데 쇄빙선이 없는 나라는 우리나라와 폴란드뿐이며 보급 및 안전 장비가 극히 열악한 것으로 전해졌다.

쇄빙선 건조가 필요하다는 여론에 따라 2004년 4월에 정부는 극지연구의 필수장비인 쇄빙선을 1만톤급으로 건조하여 보급선, 연구선, 이동숙소 등 다목적으로 사용하는 〈극지연구 활성화 방안〉을 수립했다. 대통령은 보고 즉시 결재해 주었는데 총 비용 1,080억 원을 투입하여 2004년부터 건조 사업이 시작되어 2010년에 완성되었다.

쇄빙선인 아라온호는 7,487톤급 규모로, 길이는 110m, 폭 19m, 깊이 9.9m, 경제항해 속력 12노트의 성능을 갖추고 있는데 1미터 두께의 얼음을 시속 3노트 속도로 연속적으로 쇄빙할 수 있으며, 총 85명이 승선할 수 있고 70일 동안 연속 항해가 가능하다.[59] 결빙 지역을 자력으로 항해할 수 있을 뿐 아니라 일반 선박이 항해할 수 없는 결빙 지역에서 항로를 개척함으로써 화물 수송이 가능하도록 돕거나 운항하던 선박이 얼음에 갇힐 경우 이를 구조하는 역할을 수행할 수도 있다. 이로써 남극, 북극의 결빙해역에서의 독자적인 극지연구를 수행하고 물자 보급이 원활해지고 이어 남극의 장보고과학기지 건설도 지원하게 되었다.

2005년 3월에 노무현 대통령은 윤호일 대장 등 남극 세종기지 월동연구대원들을 청와대로 초청하여 오찬을 함께하면서 남극기지에서의 생활 및 연구현황 등을 주제로 환담했다. 노 대통령은 2003년 전재규 대원 사고 때 국민들이 마음 아프게 생각했다고 말한 뒤 그런 환경 속에서 일하는 것은 정말로 어려운 노고이고 소중하고 장한 일이라고 격려했다.

노무현 대통령은 미개척 분야에서 과학 연구에 도전하다가 목숨을 잃은 분들에게는 각별하게 안타까운 심정으로 애도를 표현하였다. 2004년 한국항공대학교 교수 두 분이 한국항공우주연구원에서 개발한 4인승 소형 비행기인 보라호를 타고 성능 시험을 하다가 비행기가 추락하여 사망한 사고가 발생했다. 이때에도 사망한 교수 두 분에

59 극지연구소 쇄빙연구선 소개.

세종과학기지 월동대원 초청 오찬에서 인사말씀하는 노무현 대통령(2005.3.02.).

출처: 국가기록원

게 대통령이 조화를 보내는 등 각별하게 위로를 전하곤 하였다. 보라호(전장 8.8m, 전폭 10.8m, 무게 816kg)는 한국항공우주연구원이 48억 원을 들여 지난 1999년 12월 공군사관학교와 항공대 등 산학연 협력으로 개발을 시작한 소형 비행기였다.[60] 이후 개발된 반디호는 세계 최대의 소형항공기 시장인 미국에 진출하기도 하였다.

또한 한국 과학기술인의 산증인인 송곡(松谷) 최형섭 전 과학기술부 장관은 과학기술인으로서 국가유공자임을 인정하여 2004년 6월 국립묘지에 안장하기도 하였다.

---

60 김은영, 〈항공대 교수 2명 비행 도중 추락사〉, 《한국대학신문》, 2004.8.27.

16장
생명윤리법 및 과학기술인 헌장 제정

영국의 로슬린 연구소의 윌머트 박사 연구진은 세계 최초로 체세포 복제 방식으로 포유동물인 복제양 돌리를 탄생시켰다고 1997년 2월 22일 발표하였다. 이후 1998년 일본 쓰노다 유키오 박사팀이 복제소를 탄생시켰으며, 미국 야나기마치 류조 박사팀은 쥐를 복제하는 데 성공하였다. 2000년에는 영국 세러퓨틱스사가 돼지를 복제했다. 그동안 복제할 수 없다고 믿었던 포유동물에서 이처럼 복제가 성공하게 되자 인간 복제도 가능할 것이라는 우려가 전 세계적으로 증대되었고, 복제동물 실험을 규제해야 할 필요성이 제기되었다.

우리나라에서도 1998년 9월에 생명안전윤리법이 만들어져야 함이 강조되면서 〈생명공학육성법〉의 상위법으로 〈생명안전윤리법(가칭)〉 제정을 요구하였고 참여연대의 시민과학센터를 중심으로 '생명안전윤리연대모임'이 만들어졌다.[61] 과학기술계에서는 생명공학 육성에 더욱 관심을 기울이면서 느슨한 규제를 요구했고 새로운 규제법안을 만들기보다는 〈생명공학육성법〉을 개정해 반영하자고 주장하였다. 그러나 생명윤리를 강조하는 시민단체에서는 배아복제 등을 엄격하게 금지하는 생명윤리법을 제정해야 한다고 목소리를 높였다.[62]

이렇게 첨예한 입장 차이 속에서 국회를 중심으로 법안 논의가 진행되었지만 관련 법은 오랫동안 제정되지 못하고 있었다.

2000년대 이후에는 과학기술부와 보건복지부에서 각각 독자적으로 생명윤리법의 내용을 만들고 있었다. 특히 과학기술부 자문위원회에서 마련한 〈생명윤리기본법〉의 기본 골격이 2001년 발표되자 규제가 강한 편이라는 인식에서 과학기술계의 반대가 줄을 이었다. 이후 과학기술부에서는 더 이상 법 제정에 주도적인 입장을 나타내지 못했다.

보건복지부에서는 보건사회연구원 주관으로 배아복제 금지를 담은 〈생명윤리 및 안전에 관한 법률〉 제정안을 마련하여 2002년 7월에 제시하였다. 이런 움직임 속에서 과학기술부도 역시 〈인간복제 금지 및 줄기세포 연구 등에 관한 법률안〉을 만들어 국무조정실에 제출하였는데, 핵심 쟁점인 배아복제 및 종간교잡 연구의 허용 범위를 신설되는 '생명과학윤리·안전위원회'에서 논의해 결정하자는 내용을 담고 있었다.

두 개의 법안이 동시에 국무조정실에 제출되면서 두 부처가 주도권 다툼을 벌이게 되자 국무조정실에서 조정에 나서게 되었다. 조정된 주요 내용으로는 보건복지부 주관으로 보건복지부가 마련한 법률안을 토대로 한 개의 법률안을 마련하되, 생명윤리와 관련된 연구의 허용 및 금지 범위 등에 관한 사항은 '생명윤리자문위원회'에서 결정

---

61 김환석, 〈우리나라 생명윤리법 제정의 경과와 쟁점〉, 시민과학, 2002.10.5.
62 김환석, 〈우리나라 생명윤리법 제정의 경과와 쟁점〉, 시민과학, 2002.10.5.

하도록 조정되었다.

2002년에 생명윤리 관련 법률의 제정 절차가 진행되면서 노무현 후보 측에도 법안에 대한 입장에 대해 질의를 받았다. 당시에 과학기술 분야의 질의서에 대한 응답지를 후보 캠프에서 내가 직접 작성했는데, 배아복제는 강도 높은 규제 및 감독 관리를 받으면서 제한적인 범위 내에서만 허용되어야 한다는 입장으로 답변하였다.

노무현 대통령이 대통령 선거에서 당선된 이후 주요 이슈를 점검하는 과정에서 생명윤리법의 내용이 보고되었는데, 국무조정실의 기존 진행 상황과 후보 캠프에서의 답변 내용까지 보고되었다. 당시 국무조정실장이었던 김진표 실장인 인수위원회 부위원장에게 생명윤리법 제정을 조속하게 진행하라는 노무현 당선인의 지시가 주어졌다. 이미 국무조정실에서 정한 입장을 존중하여 거의 그대로 법안 제정을 진행했다.

특히 노무현 대통령이 생명윤리법 제정에 관심이 높았던 이유는 과학자의 연구의 자유와 과학기술의 발전은 존중하되 적절한 절차를 준수하는 규제를 통해 생명과학이 생명의 존엄성은 존중하면서 더욱 안전하게 발전할 수 있도록 정부와 정치의 역할이 중요하다고 판단했기 때문이다. 교육부의 나이스NEIS 추진 과정에서 정보의 디지털화는 피할 수 없지만 우려되는 문제는 기술적으로 보완돼야 한다는 입장 등 민주화 시대에서 과학기술 혁신 시대로의 전환은 불가피하며 정치와 사회가 과학기술의 오남용을 막기 위해 적절한 규제 등을 통해 제대로 역할을 해야 한다는 일관된 입장에 근거한 대통령 지시인 것 같았다.

이러한 과정을 거쳐 〈생명윤리 및 안전에 관한 법률〉은 2004년 1월

29일 제정되었고 2005년 1월 1일부터 시행되었다. 대통령 소속으로 '국가생명윤리심의위원회'를 설치하고, 기존의 기관생명윤리위원회IRB 심의를 받던 경우 외에도 배아연구기관, 유전자은행, 유전자치료기관 등에 '기관생명윤리심의위원회IRB'를 두도록 하였다.

가장 쟁점이었던 배아복제 부분에서 체세포복제 배아를 자궁에 착상, 유지 또는 출산하는 행위를 금지하고 희귀·난치병 등의 질병치료를 위한 연구목적 외에는 체세포핵 이식행위를 금지하며, 체세포핵 이식행위를 이용할 수 있는 연구의 종류, 대상 및 범위는 국가생명윤리심의위원회의 심의를 거쳐 대통령령으로 정하도록 하였다. 특히 임신 외의 목적으로는 배아 생성을 금지했으며 보존기간이 지난 잔여배아만 연구에 사용할 수 있도록 하였다. 이는 생명윤리 및 안전을 확보하여 인간의 존엄과 가치를 보장하고, 국민의 건강과 삶의 질 향상을 위하여 질병 치료 및 예방 등에 필요한 생명과학기술 연구에 이용할 수 있는 제도적 장치를 마련하려는 것이었다.[63]

참여정부에서는 생명과학의 육성과 생명윤리를 존중하는 두 가지 측면을 모두 고려하여 연구용 배아생성은 금지하도록 법률안을 제정하는 등 생명윤리에 각별하게 주의를 기울였다. 또한 2005년 1월에 발효된 법안에 의해 '국가생명윤리심의위원회'를 설치할 때에도 배아 연구와 체세포핵 이식 연구를 전면적으로 금지해야 한다는 생명윤리 보장에 강력한 입장을 취하였던 황상익 교수, 김환석 교수, 이동익 교수 등을 모두 위원으로 위촉하여 위원회 내에서 강경한 입장의

63 박형욱, 〈의학연구와 생명윤리 및 안전에 관한 법률〉, J Korean Med Assoc, 2013, 56: 665-675.

국가생명윤리심의위원회 위원들과의 간담회에서 김근태 장관의 인사말을 경청하는 노무현 대통령(2005.4.7.).

출처: 노무현사료관

의견도 청취하였다.

노무현 대통령은 서울대학교의 생명과학 연구 현장을 여러 번 방문하였다. 황우석 교수로 인해 생명과학 분야에서 언론 등 사회적으로 무척 높은 관심을 받은 곳은 역시 서울대학교였다. 첫 번째 방문은 취임 후 첫해인 2003년 12월 10일 서울대학교병원 임상의학연구소에서 이루어졌는데 황우석 교수의 연구 상황에 대해 직접 보고를 받았다. 서울대학교 교수 출신의 당시 김태유 정보과학기술보좌관과 몇 명의 참모들과 함께 연구 현장을 방문했다. 그런데 황우석 교수는 서울대학교 수의과대학 교수인데, 그의 연구를 돌아보는 행사였지만 서울대학교병원의 임상의학연구소에서 행사를 진행한 것이 좀 뜻밖이었다. 당시 줄기세포 연구는 기초연구로서도 매우 초기 단계에 불과했고 아직 논문으로 출판도 되지 않은 여러 주제의 연구를 대통령에게 보여주었고 개의 줄기세포를 적용한 실험 내용도 보고되었다고 한다.

대단히 기획적인 행사였으며 황우석 교수의 연구가 임상에 이를 수 있다는 것을 암시하기 위한 상징적인 이벤트를 열었던 것 같다. 대통령의 참석까지 이끌어냈기에 서울대학교와 황우석 교수의 위상을 각인시켜 줄 수 있는 기획으로는 매우 성공한 행사였다고 생각된다. 서울대학교 폐지론이 거론되던 시기에 연구성과를 통해 서울대학교의 절대적인 위상을 사회에 확인시켜준 계기도 되었다. 물론 인간 줄기세포 연구 공개는 언론에 노출되지 않은 채 대통령에게만 보고 되었다.

과학에 흥미가 많았던 대통령은 서울대학교 의과대학에서 보고받은 내용에 대해 "이것은 과학이 아니라 매직이다"라고 말했을 정도였다. 행사가 있었던 날 저녁식사에 배석한 분의 말씀을 전해 들었는데 노무현 대통령은 낮에 연구실에서 본 내용에 대한 흥분이 저녁까지도 가라앉지 않은 정도로 감동을 받았다고 한다. 특히 개의 줄기세포를 이용하여 척수 손상을 치료할 수 있다는 연구내용 보고는 더욱 놀라운 매직으로 생각한 것 같다.

철저하게 기획된 의료와 임상치료로 상징화된 행사 이벤트에서 결국 의혹과 불행이 싹트기 시작했다. 줄기세포 연구를 진행하는 구성원들 사이에서 서로 치열하게 경쟁하는 이전투구의 장이 되어 버렸다. 서울대학교 내에서 황우석 교수와 의과대학 교수들 사이의 갈등도 이 행사에서부터 시작되었다. 수행 중이던 배석자들을 배제한 채 별도로 마련된 작은 연구실에서 대통령 부부에게만 배양 중인 배아줄기세포를 보여주기도 했다고 한다. 이후 《사이언스》에 첫 번째 논문을 내면서 전 세계의 주목을 받게 되었고 이후 두 번째 논문을 쓰면서 연구팀 내에서의 속고 속이는 서바이벌 게임은 결국 파국으로 치닫게 만들었다.

나는 대통령 방문 내용을 뉴스에서 보면서 이렇게까지 진전이 있었는지 좀 의아한 생각을 하기는 했지만 언론 보도에는 줄기세포 내용이 없어 별 다른 의문은 갖지 않았다. 황우석 교수 사건 당시 일부가 제기했던 음모론은 사실이 아니라고 나는 생각한다. 또한 제보가 되어 좀 일찍 밝혀지기는 했지만 과학계의 연구 과정에서 황우석 교수의 배아 줄기세포 제조 방법이 재현성이 없다면 줄기세포 조작은 결국 과학계에서 밝혀냈을 것이다. 연구 조작은 언젠가는 밝혀지기 때문이다. 나는 황우석 교수를 노무현 대통령에게 소개하지 않았고, 서울대학교 방문도 기획하지 않았다. 다만 보좌관으로 임명받은 후에 황우석 교수의 연구를 지원하는 업무를 인수인계 받았다. 직감적으로는 우려되거나 의심되는 부분도 있었지만 나에게 주어진 지원 업무 수행에 최선을 다했다.

노무현 대통령은 그 이후에도 서울대학교 옆에 있는 국제백신연구소 개소식에 참석했고, 또 서울대학교에서 개최된 줄기세포은행 개소식에도 참석하였다. 개소식에서는 생명윤리를 강조하는 연설을 준비했다. 행사 전에 청와대에서 개최된 과학자들과의 간담회에 줄기세포 연구에 가장 앞서 있는 미국과 영국 등 해외의 저명한 과학자들이 여럿 참석했다. 우리나라의 줄기세포 육성 의지에 대해 모두 엄청난 찬사를 보냈기에 노무현 대통령이 무척 겸연쩍어했다. 간담회 이후에 개최된 개소식의 환호하는 현장 분위기 때문에 노무현 대통령은 준비해 간 연설문을 읽지 못하고 어쩔 수 없이 즉흥연설을 하게 되었다. 후에 생명윤리학자들은 이 연설을 많이 비판하였다.

청와대로 돌아온 다음 대통령은 즉석 연설을 하게 된 이유를 설명했다. 행사장에서 참석자들이 환호하는 분위기를 가라앉힐 수가 없어 준비해 간 연설문을 도저히 읽을 수 없었다고 한다. 행사장에서 연설을 할 때에는 참석자들과 소통하면서 분위기에 맞추어 말씀을 하는 평소의 소신을 잘 알 수 있는 대목이었다.

이렇게 생명윤리에 노심초사 주의를 기울였음에도 불구하고 2005년 황우석 교수의 줄기세포 논문에서 데이터 조작을 비롯하여 사용된 배아의 관리에 많은 허점을 드러내게 되었다. 사실 생명윤리 존중이 필요하다는 강력한 입장을 취했던 '생명안전윤리연대모임'에서는 생명윤리법이 제정되기 전에는 줄기세포 연구를 진행하면 안 된다는 입장이었다. 그러나 정부에서는 2001년부터 줄기세포 사업단 등을 통해 줄기세포 연구에 박차를 가했다. 생명과학 분야에서 난치병 치료 등 활용도가 높다고 판단하고, 조만간 세계적으로 연구 경쟁이 치열해질 줄기세포 연구에서 주도권을 선점하기 위한 노력을 기울였다.

이러한 갈등 속에서 언론의 집중 조명과 찬사를 받으면서 진행된 줄기세포 연구에서 생명윤리 위반과 급기야 줄기세포 조작까지 이루어졌으니 생명윤리를 강조했던 측으로부터 엄청난 비난이 쏟아졌다.

기존의 연구관리 절차를 비롯하여 생명윤리법에 여러가지 맹점이 존재했다. 생명윤리와 관련되는 연구를 시작할 때 연구자는 자신이 속한 대학이나 연구기관의 기관윤리위원회IRB에서 심의를 받는데, 기관윤리위원들이 내부 이해관계에 얽매이지 않으면서 전문적인 심사를 할 역량을 갖추고 있는지에 대한 의문이 제기되었다.[64]

---

64 오철우, 〈과학과 윤리 사이…새해 생명윤리법 개정 공론화〉, 《한겨레 신문》, 2018.1.1.

특히 내부 이해관계자들끼리 형식적인 심의나 혹은 봐주기식 심의가 진행될 수 있기 때문이었다. 외형적인 제도는 갖추었으나 실질적 운영에 많은 문제가 있었던 것이다.

황우석 교수의 사건에서도 기관윤리위원회 심의를 모두 거쳤지만 논문 조작이 밝혀지고 서울대학교 조사위원회와 검찰 수사가 진행되기 전까지는 기관심의위원회에서 문제점이 드러나지 않았다. 특히 생명윤리를 지키기 위해 강경한 입장을 취했던 국가생명윤리심의 위원들조차 그런 조작을 알지 못했는지 구체적인 언급이 없었다. 정부에서도 기관윤리심의위원회가 대학 내에서 짬짬이 식으로 운영되고 있었다는 것을 미리 인지하지 못하였고 관리도 하지 못했다.

참여정부에서는 인수위원회에서부터 생명윤리법의 제정을 서두르면서 생명윤리를 존중하는 절차를 설정하고 글로벌 수준의 규제를 준수하면서 생명과학 연구의 품격을 높이려는 목표를 세우려고 노력했지만, 결국 황우석 교수 사태를 맞게 되어 너무 안타까웠다. 더구나 줄기세포 자체가 조작이었다는 것은 아연실색할 노릇이다. 이런 부분을 미리 감독하지 못했다는 것에서 참담한 심정으로 정부의 책임을 통감한다. 국내외 생명과학자들과 국민들에게 사죄드린다.

개인적으로 나는 2001년부터 경제정의실천시민연합의 과학기술위원장으로서 연구는 허용하되 강도 높은 규제를 담은 생명윤리법 제정이 필요하다고 주장면서 생명과학 연구의 자유와 품격을 높일 수 있도록 줄기세포 연구와 유전자 변형 생물체GMO 제조 등의 생명과학 연구에서 절차적 규제에 관심을 갖고 오랫동안 활동하고 있었다.

과학자가 과학이 가능한 수준에서 연구내용을 설정하는 것은 사상의 자유처럼 존중받아야 한다. 그러나 사회적으로 수용성이 낮고 위험성이 예상되는 연구는 국가의 규제를 받아야 한다. 하지만 과학의 방향은 항상 가변적인 것이므로 연구내용을 규제할 때에는 법에 연구 금지조항을 넣기보다는 연구의 승인 절차와 가이드라인을 법률로 정하여 국가가 감독관리를 하는 절차법을 제안하였다. 연구를 통한 규제과학이 필요하다고 생각한 것이다.

그러면서 황우석 교수가 사회에서 높은 관심을 받으면서 연구하고 있는 유전자 변형 동물 제조와 핵치환 배아줄기세포 등의 연구에 참여하여 생명공학 연구를 대상으로 가이드라인과 법률 등을 포함한 법률적 규제 내용에 대하여 연구하게 되었다. 나는 법학자, 사회학자, 소비자단체 활동가 등 다양한 인문사회과학 분야 학자들과 연구팀을 구성하여 연구를 진행하면서 사회적 수용성과 생명윤리적 문제를 비롯하여 규제 절차와 가이드라인 등을 연구했다.

이렇게 한국의 생명과학에서 생명윤리를 존중하고 연구의 품격을 높이기 위해 규제 제도를 연구하였지만 결국 재앙을 겪게 되어 더욱 안타까웠다. 합리적 내용을 담은 절차적 규제를 통해 관리할 수 있는 제도를 만들어 놓으면 잘 지켜질 것이라 믿었지만 현실은 꼭 그렇게 정직하게만 움직이지 않는다는 것을 실감했다.

더욱 아이러니한 것은 국제적 수준에서 품격 높은 연구를 진행하고 연구자로서의 사명을 다하기 위해 과학기술인 헌장을 제정하기도 했지만, 공염불이 되고 말았다. 나는 거의 20년간 과학기술 시민단체에서 활동하면서 느꼈던 과학기술인의 공적인 자세와 책임감 및 윤리의식을 담아 인수위원 자격으로 〈과학기술인헌장〉을 제안하였고 초안이 만들어졌다. 참여정부 출범 후 한국과학기술단체총연합회가 2004년 11월에 제정하여 발표했다.

과학기술인헌장을 제정할 때에 강경한 입장의 생명윤리학자들은 참여하지 않았다. 생명윤리법을 논의하는 과정에서부터 갈등을 겪으면서 그들은 생명윤리를 지켜 나가려는 정부의 노력, 특히 나의 노력을 회의적으로 봤던 것 같다. 그러다 황우석 사건이 발생하면서 보기 좋게 그들로부터 강펀치를 맞게 되었고 생명윤리법도 규제 강도가 많이 강해졌다. 그 후 황우석 교수 사태를 겪으면서 과학기술계가 공통으로 적용할 수 있는 보편적 윤리규범이 필요하다는 인식하에 2006년 12월에 〈과학기술인 윤리강령〉이 제정되었다.

최근 크리스퍼 유전자가위 치료술의 개발 등 생명과학의 새로운 기술들이 출현하는 것을 보면서 정착되지 못한 제도에 대한 아쉬움이 더욱 커진다. 새로운 기술을 건별로 정부가 승인하기보다는 합리적이고 투명하고 안전성이 담보되고 신뢰도가 높은 가이드라인을 만들어서 연구관리 절차를 규정하고 지켜 나가는 제대로 된 절차적 규제를 정착시키지 못한 것이 더욱 아쉽게 느껴진다. 네거티브 규제 혹은 포지티브 규제를 대립적으로 검토하기보다는 합리적으로 작동할 수 있고, 점진적으로 적용해 과학자들이 연구 과정에서부터 지켜나가는 절차적 규제가 정착되는 것이 더욱 과학적이라고 생각했다.

혁신으로 새로운 성장을 꿈꾸다

3부

17장

차세대 10대 성장동력 육성

노무현 대통령은 2003년 2월 25일 대통령 취임식에서 과학기술정책을 적극적으로 추진하겠다고 선언했다. "우리는 새로운 성장동력과 발전전략을 요구받고 있는데 과학기술을 부단히 혁신해 제2의 과학기술입국을 이루겠다." 추진 전략으로써 지식정보화 기반을 지속적으로 확충하고 신산업을 육성하겠다는 의지를 분명히 천명하면서 참여정부가 출범했다. 특히 노무현 대통령은 미래 성장동력을 만들어 산업 성장 이후의 한국의 차세대 성장동력을 준비하려는 포부를 밝혔다. 특히 지식정보화 기반을 확충하여 신산업을 육성하겠다는 의지 표명은 ICT 혁명 시대를 예감하고 앞으로 다가올 기술 변혁 시대를 대비하겠다는 의미였다.

노무현 대통령의 이러한 예감은 과학기술의 발전을 꿰뚫고 있었음을 암시한다. 아무도 제4차 산업혁명을 예견하지 못했던 시기였음에도 ICT 기반의 성장동력 육성의 필요성을 역설했기 때문이다. 이어

2003년 3월 7일 대통령 주재 국정토론회에서도 "참여정부 다음 5년 내지 10년 동안 먹고살 것을 준비해놓아야 할 것이다"라고 밝혔다.

박정희 대통령이 주도한 산업 성장 시기에 도입된 중화학공업이 우리나라 주력산업의 위상을 이어가고 있지만, 차세대 기술과 산업을 확보해야 하는 시대적 필요성을 인식하고 산업구조 개편을 추진하기 위해 다시 한 번 과학기술 입국의 기치를 내걸어야 함을 강조한 것이다.

사실 노무현 대통령이 대통령 프로젝트로써 차세대 성장동력 육성을 제시하겠다는 뜻을 밝힌 것은 취임 훨씬 이전부터였다. 2002년 11월 19일 과학기술단체총연합회에서 진행된 대통령 후보 초청 토론회가 끝나고 민주당 당사로 돌아오는 버스 안에서 노무현 후보는 "대통령 과학기술 프로젝트를 하고 싶다"고 밝혔다. 그러나 이 시기는 후보였기 때문에 정책 수립 과정에서 충분히 공개적으로 의견 수렴을 거쳐 육성 분야를 선정하기도 어렵고, 공약으로서 센세이션한 요소도 다소 포함되어야 하므로 차세대 성장동력을 제시하기에는 역부족이라고 말씀드렸다.

또한 대통령 인수위원회 시기인 2003년 1월에도 당선인으로서 성장동력 육성을 위해 분야를 선정할 수 있겠는가를 타진하였다. 이 시기에도 역시 너무 짧은 시간에 국가의 미래 방향을 좌우할 성장동력을 선정하는 일은 어려울 것으로 판단하였다. 그 이유는 성장동력은 국가의 미래 산업을 좌우할 중요한 정책이며 민간기업과 함께 이루어야 달성할 수 있는데 시간도 촉박하였고, 광범위한 의견 수렴도 힘들 것으로 판단했기 때문이다. 그래서 대통령 취임 후에 성장동력 선정을 시작하도록 건의했다. 단, 인수위원회 보고서에 "과학기술중심 사회 구축"을 위한 주요 과제로 '핵심 기술 및 신산업 창출을 통한 국가 성장 엔진 강화'를 제시했다.

이런 일련의 전개 과정을 통해 대통령 취임사에 신산업 육성이 반영되었다. 이후 정부 부처에서 의욕적으로 차세대 신산업 발굴에 착수하게 되었으며 과학기술부, 산업자원부, 정보통신부 등 여러 부처의 대통령 업무보고에서 성장동력 육성 계획을 포함하였다. 대통령은 후보 시절부터 줄곧 진행하고 싶었던 내용의 보고를 받게 된 셈이다.

그러나 차세대 성장동력은 범정부 차원에서 수립하는 것이 필요하다는 판단에서 2003년 4월부터 과학기술부가 제안하여 범정부기관인 국가과학기술위원회 산하 '미래전략기술위원회(위원장: 박기영)'를 구성해 운영했다. 반도체 산업 이후 한국의 성장동력을 확대하여 선진국 대열에 진입할 수 있는 핵심 분야를 선정하는 일련의 '포스트-반도체 초일류기술 국가 프로젝트'를 추진하였다.

6월 말에는 3개 부처가 주관하는 지능형 로봇과 텔레매틱스, 디스플레이 등 80개 기술이 발굴되었으며 보건복지부, 농림부, 환경부 등의 부처에서 발굴한 항목을 포함하여 총 134개가 발굴되었다. 134개 항목을 최종 74개 항목으로 압축하여 제품 및 시스템(24개), 핵심부품 및 기술(22개)과 소재 및 원천기술(28개)로 구분하였다. 특히 삶의 질 향상을 위한 기술과 경제성장을 위한 성장동력을 구분하였으며, 미래 성장동력이 될 수 있는 전략 제품에 소요되는 핵심 요소기술과 부품 및 소재의 원천기술을 육성하여 전략 제품이 미래 성장동력으로 발전할 수 있는 추진 체계도를 제시했다. 이 기획안의 특징은 제품, 요소기술과 원천기술을 단계별로 제안한 것이다. 2003년에서 2012년까지 10년간 집중 육성할 전략 제품과 시스템을 선정했는데, 미래형 자동차, 차세대 선박, 차세대 전지, 지능·산업 로봇, 지능형 정보가전, 차세대 반도체, 맞춤의료 시스템 등은 현재 꽃을 피우고 있는 산업 영역들이다. 그리고 차세대 청정에너지와 환경보전, 복원, 관리 등을 삶의 질 향상을 위해 육성할 분야로 선정하였다. 이때 선정된 미래 성장동력은 이후 계속 육성되어 현재에 이르고 있다.

공교롭게도 최근 빌 게이츠가 기후변화 대응을 위해 주장하고 있는 차세대 원자로도 삶의 질 향상 인프라에 담겨 있다. 기후변화 대응을 위해 에너지 생산의 획기적 변화와 안전성이 필요하고 이러한 부분에서 기술을 선점해야 함을 강조하였다. 물론 문재인 정부가 탈원전 정책을 선택함으로써 15년 뒤의 우리나라의 정책 기조와는 상반된 입장이 된 면이 있으나 에너지 생산에서 차세대 청정에너지 기술 개발을 강조했다.

'과학기술중심사회 구축'을 슬로건으로 내건 참여정부에서 대통령의 최고 관심사인 성장동력을 육성하는 업무를 어느 부처가 주관할 것인가에 대해 관련 부처들은 사활을 걸고 첨예하게 대립하였다. 과학기술부가 제안하여 설치한 '미래전략기술기획위원회'에는 산업자원부와 정보통신부가 기술 품목은 제안했지만 추진에는 상당히 소극적이었다.

디지털 산업 고도화 분야

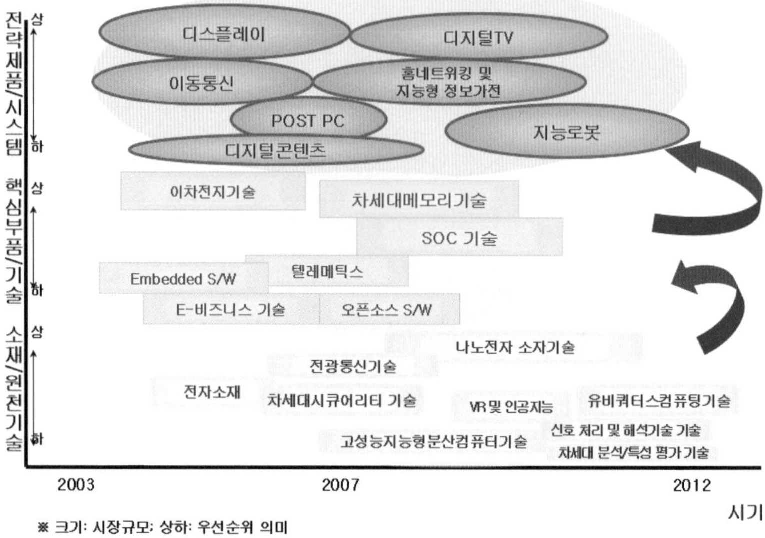

※ 크기: 시장규모; 상하: 우선순위 의미

전략 제품/시스템 분야

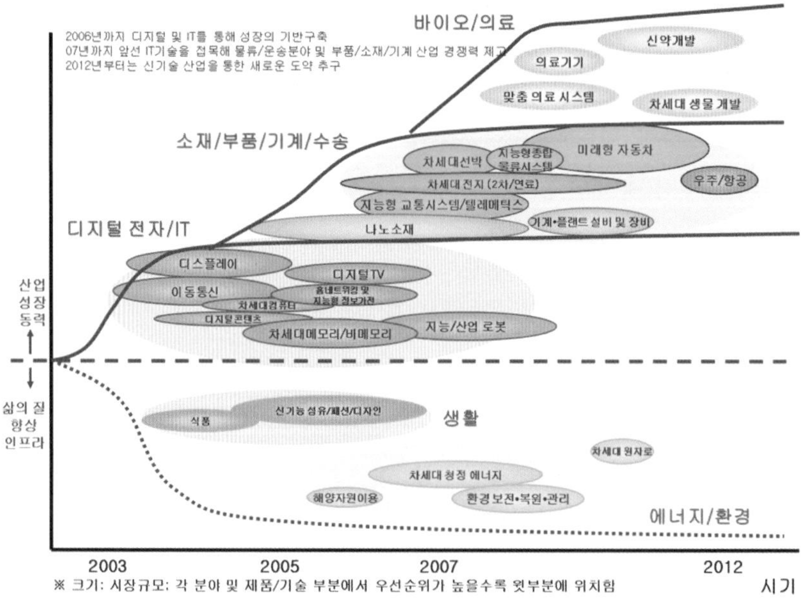

※ 크기: 시장규모; 각 분야 및 제품/기술 부분에서 우선순위가 높을수록 윗부분에 위치함

미래전략기술기획위원회 선정 미래성장동력(2003.7.)

특히 과학기술부는 기술을 중심으로 선정해야 한다고 주장했으며, 산업자원부는 산업 중심으로 선정할 것을 주장하였다. 산업자원부는 이와는 별도로 '미래 전략산업 발전 전략 세미나'를 개최하여 40개 산업 품목을 발표하였다. 산업계에서는 각 부처에서 발표되는 전략기술과 산업을 보면서 혼란스러워했다. 이렇게 성장동력이 부처마다 다르게 발표되는 상황에서 성장동력 쟁탈전과 부처 간 갈등 양상이 언론에 자주 보도되었다. 결국 사태의 심각성이 노골화되자 7월 1일 노무현 대통령이 주관한 3개 부처 장관 간담회가 열렸고 김태유 정보과학기술보좌관 주관으로 '차세대 성장동력' 선정을 추진하도록 결정했다. 7월 말 각 부처가 제안한 핵심 기술을 산업 중심으로 분류기준을 바꾸었고, 최종적으로 '10대 차세대 성장동력 산업'을 확정하였으며, 각 산업 별로 세부 품목과 기술을 나열하여 10대 성장동력을 결정했다. 드디어 2003년 8월 22일 청와대에서 개최된 '차세대 성장동력 추진 보고회'에서는 최종 확정된 10대 성장동력 산업과 핵심 품목 및 기술이 공개되었다. 10대 분야 40개 제품 및 153개 기술 육성에 8개 부처가 참여하도록 확정됐다.

대통령 주재 회의를 거쳐 차세대 성장동력의 10개 산업이 확정된 후 후속 작업이 진행되었다. 각 품목의 세부 기술을 부처 간 분담하는 과정에서도 잡음과 갈등은 끊이지 않았다. 김태유 정보과학기술보좌관이 주관하고 김진표 경제부총리가 협조하면서 부처 간 역할 분담을 조정했다. 하지만 첨예한 갈등은 수그러들지 않아 노무현 대통령의 지시로 '정부혁신·지방분권위원회'의 김병준 위원장의 조정을 거쳐 각각의 제품 혹은 산업에 대한 주관부처가 확정되었다.

2004년 초부터 차세대 10대 성장동력 육성이 본격적으로 시작되었는데 산업별로 종합 추진계획을 수립하고 과제 목록을 작성했으며, 기술개발 로드맵도 만들고 2008년도까지 시제품 출시 계획을 제시하였다. 산업별로 10개의 사업단을 구성했고 관련 제도 및 인프라, 인력양성, 활용 계획, 산업계 참여 촉진 방안, 연구 구성과 활용 방안 등 전방위적인 종합실천계획까지 수립하여 추진하였다. 총괄은 국가과학기술위원회 산하에 '차세대성장동력특별위원회'가 맡았다.

차세대 성장동력 선정이 갖는 의미

차세대 성장동력 사업을 제시한 것은 여러 가지 큰 의미가 있었다. 산업 성장 시기에 중점적으로 육성된 장치산업 중심의 중화학공업의 산업구조에 지식 기반의 정보통신 기술이 결합한 고부가가치 산업 분야를 보완하여 주력산업의 다양화와 산업구조 개편을 유도하려는 전략에서 출발하였다. 특히 김대중 정부에서 진행된 IT 지원 정책을 더욱 강화하여 기술 변혁 시대를 대비하고, 또한 ICT 중심의 첨단산업 시대를 견인하여 명실상부하게 선진국으로 도약하겠다는 취지가 담긴 전략이었다.

차세대 성장동력을 정부가 강조하면서 대기업들이 미래 비전을 수립할 수 있고, 이에 소재 및 부품 중심의 중소기업들도 미래 청사진을 준비할 수 있도록 과학기술 인력과 연구개발의 방향성을 설정하고 성장 분위기를 만들어낸 것에 의미가 컸다. 즉, 국가가 산업의 방향성을 제시하여 정부와 기업이 함께 자원과 인력을 결집하자는 취지인 것이다. 이렇게 제시된 성장동력은 국가연구개발 예산 편성 과정에서도 가중치를 반영하여 집중지원하도록 노력하였다. 예를 들면 디스플레이 영역에서 40인치급 OLED TV 제품을 2008년에 조기에 출시하겠다고 제시했는데 이것은 기업의 생산 목표였다. 기업의 신제품 생산 목표를 성장동력 목표에 담은 것은 부품소재 기업의 예측 가능성을 높이고 함께 도달할 비전과 성장 및 연구개발의 방향성을 제시하자는 차원이었다. 정부가 성장동력 산업에 요구되는 핵심적인 원천기술의 개발을 지원하고 인력을 양성하겠다는 선언이며, 산업화 및 상용화에 대비한 제도와 법률을 미리 정비하겠다는 목표이기도 했다.

차세대 성장동력 사업 기간(2004~2008년)에 정부 1조 9,070억

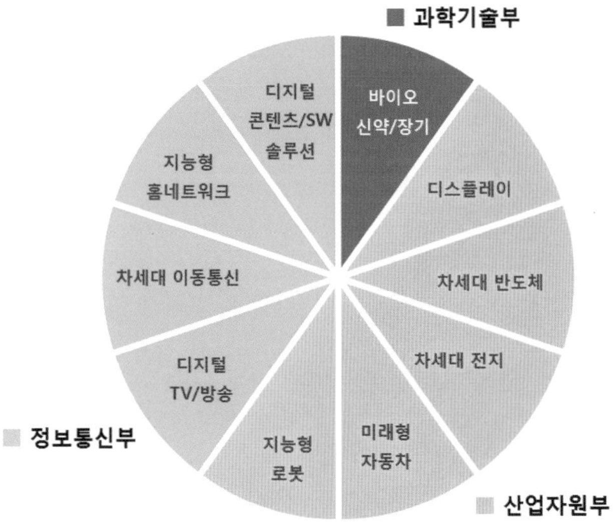

10대 차세대 성장동력.

원, 민간 8,904억 원, 총 2조 7,974억 원이 투입되었다(안승구 등, 2010). 이 중 디지털 콘텐츠 분야에 5,331억 원(19.06%), 차세대 이동통신 분야에 4,925억 원(17.61%), 홈네트워크 분야에 3,293억 원(11.77%) 순으로 투자되었다. 참여정부에서 가장 역점을 두었던 부분은 디지털 산업의 고도화로, 디지털 콘텐츠 분야에 집중적으로 투자했다. 10대 성장동력 중 대부분의 항목이 완성품 위주였고 대기업 중심의 산업 영역이었기 때문에 정부 투입은 기반이 취약한 디지털 콘텐츠 분야에 가장 많은 투자가 이루어졌다. 지금도 그 당시 시작된 디지털 콘텐츠 분야 투자로 성장의 발판을 마련했다는 분들이 많다. VR을 이용한 야외 행사도 진행하는 등 디지털 콘텐츠 산업을 시작하고 확산하려는 노력은 디지털 혁명을 견인하려는 목표를 갖고서 출발한 것이다. 특히 디지털 콘텐츠 분야 기술들은 코로나19 시대인 현재 비대면에 많이 활용되고 있다.

차세대 성장동력은 오늘날의 제4차 산업혁명을 견인하는 주요 핵심 분야들로 발전하였다. 세부적인 시제품 목표가 달성되지 못한 경우도 있었지만 각 산업 분야에서 현재 괄목할 만한 성과를 이루고 있다. 실제로 2008년까지 목표로 했던 시제품에는 국민로봇, 경비로봇, 주행로봇, 지능형 하이브리드 자동차 양산, 노트북용 이차전지, 완벽한 홈네트워킹, 한중영 자동번역 소프트웨어 등 여러 제품들이 있었는데 현재도 지속적으로 혁신을 거듭하는 제품들이다. 2012년을 목표로 한 디스플레이, 연료전지, 4G 통신 등의 분야를 비롯해 지속적으로 성장하는 영역에서 한국이 세계적인 차원에서 산업 주도권을 확보하는 데 '10대 차세대 성장동력 육성 사업'은 크게 기여했다고 판단된다. 특히 메모리와 비메모리 반도체를 포함하는 차세대 반도체를 중점으로 해야 함을 선언했고, 파운드리 육성 전략 등을 담았다. 노무현 대통령이 후보 시절부터 추진했던 과학기술 전략이 한국의 성장동력의 기반을 형성하고 기술선진국 도약에 크게 기여했다는 평가에 인색할 필요는 없을 것 같다. 제4차 산업혁명의 핵심 산업 분야를 표적한 성장동력 육성 전략은 지금도 유효하고, 앞으로도 유효하기 때문이다. 한국은 2021년 명실상부한 선진국이 되었다.

'10대 차세대 성장동력 육성 사업'의 평가

차세대 성장동력 육성 목표는 기존 주력산업에 디지털 기반의 첨단산업을 추가해서 산업 구조를 개편하여 국가 경쟁력을 강화하고 신규 산업 분야에서 양질의 고용을 창출하려는 전략이었다. 현재 시점에서 볼 때 산업경쟁력 제고에 비교적 높은 성과를 보인 분야는 디스플레이, 차세대 반도체, 차세대 전지, 미래형 자동차 등으로 세계 시장 점유율을 크게 높였고, 향후 성장잠재력도 매우 높은 분야로 판단된다.

노무현 대통령이 성장동력을 발굴하면서 임기 중에 목표를 달성해야 한다고 연연해 하지는 않았지만, 성장동력 육성 정도를 지표로 관리하면서 정부 관료들은 5년의 단임제 정부에서 가시적인 성과를 도출해야 하는 부담감도 컸다. 추진 전략을 수립할 때 5년 내지 10년 안에 가시적으로 시제품이 생산될 수 있도록 전략적인 품목도 열거했다. 8개 부처가 참여하여 10대 분야, 40개 제품, 153개 기술을 육성한다는 세부적인 계획도 수립했는데, 이 과정에서 대기업이 선도적으로 추진하면서 성공 가능한 소수의 품목에 집중되었다는 비판도 있었다. 또한 선정된 기술과 제품이 기술 변화의 시대상을 반영해 선정했기 때문에 차세대 성장동력 육성사업이 진행되지 않아도 실제 대기업 중심으로 진행되었을 것이라는 비판도 있다. 게다가 한정된 예산을 투입해 시제품을 생산해야 하므로 선택과 집중은 불가피했다. 차세대 성장동력 사업의 국가 예산이 1년에 약 5,000억 원 정도였는데, 삼성전자 한 개의 기업이 1년에 사용하는 연구개발 비용보다도 적었다. 성장동력의 연구개발 지원을 주제로 논의하는 자리에 참석한 삼성전자의 한 임원은 대학의 연구개발이나 지원하라고 했다.

산업을 미리 예측하여 육성하고 시장에서 성공한다는 것은 참 어려운 일이다. 한국이 최초로 주도한 기술로 전 세계의 제품을 바꿀 것으로 추진했던 와이브로와 DMB 단말기 등은 한때 세계 표준을 주도하기도 했으나 널리 활용되지 못하고 사양기술이 되어 버렸다. 기술과 제품의 운명은 기술 변화에 따라 수시로 변하면서 늘 새로운 정상이 만들어진다. 예측에 오류가 없다면 좋겠지만 과학기술의 세계는 늘 기존 기술의 패러다임은 새로운 패러다임으로 대체될 것이다. 이것이 바로 혁신의 속성이기 때문이다.

사실 국가가 거대 산업 분야에서 주요 전략제품 위주로 성장 목표를 설정하는 과정에서 연구개발이 대기업의 품목으로 집중되는 점은 불가피한 것 같다. 실제 참여정부에서 정부의 대기업 연구개발 투자 비중이 늘어났다는 비판이 많다. 특히 한국의 산업구조가 점점 소수의 품목으로 집중되면서 중소기업과 글로벌 대기업 간의 경제적 격차가 확대되고 한계 상황에 처하는 중소기업의 수가 증가해 경제적 양극화가 심화되면서 사회적인 문제가 되고 있다. 향후 이러한 기술 격차는 더욱 확대될 전망이다.

성장동력 육성을 통해 기존 영역의 혁신성을 강화하는 것도 중요했지만, 새로운 영역을 발굴하여 한국의 산업구조 개편에 보다 기여했다면 더 의미가 컸을 것 같다. 한국의 산업구조 개편이 가장 절실한 과제인 것을 고려하여 새로운 분야에서 신규 고용을 확대하고 고용을 통하여 소득 이동성이 제고될 수 있도록 성장동력의 다각화와 분산화 등을 생각했다면 더욱 큰 의미가 있었을 것 같다.

또한 미래 사회의 변화는 ICT 분야에서 디지털 네트워킹의 플랫폼이 산업에서 중요해진 점을 고려할 때 IT 제조업에서 ICT 서비스 산업 분야로 성장동력의 축을 이동할 필요가 있었다. 그러나 이러한 미래 사회의 기술 및 산업 변화에 대한 전망을 충분하게 담아내지는 못했다. 참여정부 이후에 선정되는 성장동력 대부분이 ICT 제조업 육성에 머무르면서 정보통신 서비스업의 발전까지 견인해내야 했다. 예를 들어 미래 자동차를 보면, 참여정부에서는 유비쿼터스와 모바일 통신을 강조했던 시기였기 때문에 자동차 산업에 정보통신 기술을 보다 접목하여 자율주행 자동차로 방향 설정을 했어야 했다. 그 당시 미래 자동차를 선정하기는 했지만, 수소차, 전기차에서 뚜렷하게 우선순위를 설정하지 못했고 다만 수소자동차에 좀 더 집중하는 분위기였다. 현재 수소자동차 산업에서 한국이 비교적 우위를 차지하고 있는 것과 무관하지는 않을 것이다. 한편 디지털 경제에서 네이버와 카카오의 성장은 한국의 경제에서 중요한 플랫폼으로 자리잡을 것이다. 그러나 플랫폼 기업의 급속 성장 앞에서 한국은 당황하는 모습도 보이고 있는 것 같다.

가장 아쉬운 부분은 에너지 산업이었다. 노무현 대통령은 신재생에너지 기술을 확보하기 위해 에너지 연구개발 체제의 구축을 제안하였다. 그러나 지열, 태양광, 풍력, 수소 등 다양한 에너지원에서 여러 의견이 제시되었을 뿐만 아니라 원자력의 발전 비중조차 합의가 어려워 에너지 분야의 연구개발 방향 설정은 거의 진전이 없었던 점이 많이 아쉽다.

한 가지 더 아쉬운 점은 미래전략기술기획위원회에서 선정한 품목에는 없었는데 10대 성장동력에 포함된 바이오 신약·장기 부분이다. 신약 개발이 보다 범위가 축소되었고 바이오 장기가 들어갔는데 시기상조였다. 바이오 장기는 거의 20년이 지난 아직도 의학 적용이 어려울 정도로 논쟁이 있는 분야임에도 불구하고, 당시에 일부 과장되고 왜곡된 분위기로 인해 포함됐던 것 같다.

차세대 성장동력의 목표를 제시한 것은 정부와 기업이 함께 공동의 목표를 향해 노력하자는 취지였고, 정부의 개입 정도도 산업 분야마다 달랐지만 기술 중심으로 접근한 영역에서 국가의 성장잠재력을 더 높였다는 것은 연구개발 전략으로써 시사하는 바가 크다고 생각한다. 기술과 산업은 일련의 발전 경로를 거친다. 기술의 패러다임 변화는 발전 경로를 거치면서 고도로 축적된 기술이 비약적 도약을 이룰 때 파괴적인 기술이 나오는 것이다. 경로를 거치지 않은 파괴적인 기술은 없다. 마치 주전자의 물을 가열할 때 계속 에너지를 흡수하여 끓는 온도에 도달해야 뚜껑이 들썩거릴 정도로 파괴적인 현상이 나타나는 것과 같다. 또한 경로를 거쳐야 길을 잃고 헤매지 않고 새 길을 개척할 수 있는 능력도 생긴다. 숲에서 길을 걸을 때 자신이 왔던 길을 잘 알아야 앞으로 더 잘 나갈 수 있다. 저력을 육성하는 과학기술정책이 필요하다. 지속적으로 넥스트코어Next Core를 찾아 나갈 수 있는 바로 그러한 진짜 실력이 필요하다.

산업 성장 시기 정부 주도형의 압축성장을 통해 우리나라의 민간 기업의 역량이 크게 성장했지만 참여정부에서는 혁신생태계의 시스템적 대전환을 추진하고자 했다. 미래 사회의 발전 방향과 트렌드에 대한 면밀한 분석과 예측에 기반하여 성장동력을 수립하는 것이 필요하다고 판단했음에도 기술 예측에 대한 전문가 등 제반 여건이 많이 부족해 과학기술 기획에 어려움이 많았다. 노무현 대통령은 엘빈 토플러를 접견하여 미래 방향에 대한 대화를 나누기도 하였다.

노무현 대통령의 접견을 마친 미래학자 엘빈 토플러 부부와 청와대 본관 1층에서 찍은 기념사진, 오른쪽은 국회의원 최인호(당시 청와대 부대변인).

18장 기초연구 진흥

노무현 대통령은 임기 내내 기초연구 육성에 매우 관심이 높았다. 노무현 대통령은 매우 논리적인 분이다. 그렇기 때문에 자연현상을 논리적으로 설명하고 연구하는 분야에 매우 관심이 컸고 호기심도 많았다. 내가 보좌관으로 근무했던 2년 내내 가장 주요한 업무가 바로 기초연구 육성에 관한 것이었다. 내가 보좌관 임명 후 첫 번째로 보고 지시를 받은 분야가 바로 기초연구 분야였다. 대통령은 과학기술부 업무보고 자리에서 기초연구 육성의지를 밝히면서 향후 진행될 과학기술 관련 정부조직 개편 과정에서 소홀함이 없도록 잘 관리할 방안을 수립하라고 지시한 것이다. 특히 기초연구 지원에서 수요자의 편익도 조사하여 국민에게 막대한 예산이 들어가는 정부 정책의 정당성을 설명하여 국민 수용성을 확보하라고 지시했다.

기초과학에 대한 대통령의 질문

- 기초과학은 무엇이고, 현재 어느 부처에서 담당하며, 문제점은 무엇인지, 정부조직 개편 이후 어느 부처에서 담당해야 하는 것인지 등에 관하여 검토가 필요하며, 담당부처 변경으로 인한 영향 등에 대해서도 평가가 필요함.
- 기초과학에 대한 국가적 관리를 어떻게 할 것인지에 대한 판단이 필요하며, 이를 위해서는 관련 부처 간에 충분한 협의가 요구됨.

(과기부 업무 보고시 대통령 지시 사항, 2004.1.30.)

- 기초연구 개념정립 보고시 수요자 편익조사 지시.

(대통령 업무 지시, 2004.3.5.)

처음 대통령 보고를 했는데 미흡한 점이 많아서 정책 수립 과정에서 주의할 점 등에 대해 노무현 대통령이 직접 설명 해주었다. 노무현 대통령은 어떤 정책이든지 국민에게 설명하고 동의를 얻을 수 있는지를 먼저 생각해보고 이런 자료들을 찾아보라고 하였다. 지도교수님께 논문 지도를 받는 것처럼 노무현 대통령의 지도를 받으면서 대학원생 시절로 돌아가 정책 연구를 수행한 것은 정말 소중한 경험이었다. 서면이나 혹은 e지원으로 결재를 올리면 어떤 경우는 꼼꼼하게 보완할 내용을 써주었다. 어떤 때는 "참 잘했습니다. 그대로 실행하도록" 이렇게 써주는 경우도 있었다. 이런 경우는 마치 담임선생님께 별 다섯 개를 받은 초등학생같이 기뻤다.

노무현 대통령은 향후 진행할 정부 조직개편 과정에서 기초과학이 소외되지 않도록 사전 준비를 철저하게 진행해야 한다는 인식으로 2004년 1월에 진행된 과학기술부 업무 보고에서 기초과학에 대한 정부지원의 근본적인 입장이 될 부분 몇 가지를 지시하였다. 그 업무는 보좌관 임명을 받은 지 10일밖에 되지 않은 나에게 떨어졌다.

기초과학 나아가서 기초연구의 개념 정립을 위하여 개괄적인 내용을 중심으로 대통령에게 1차 보고를 했는데 연구자 입장에서 보고한 내용이라는 질책을 받았다. 학문 차원에서 기초연구의 중요성과 지원 필요성은 공감할 수 있지만, 더욱 중요한 것은 수요자의 인식과 편익을 고려한 정부 지원이 필요하다는 점을 강조해야 하는데 그런 점이 누락됐다고 지적하였다. 결국 나는 보좌관 임명 후 첫 번째 대통령 보고에서 실패했다.

이후 재보고를 위해서 기초과학의 개념 정립을 비롯해 보다 심층적이고 체계적인 연구를 진행했다. 대통령 지시에 따라 여러 차례 보고자료를 만들고 직접 대면보고를 하면서 기초연구정책에 대해 많은 공부를 할 수 있어 큰 보람을 느꼈다.

과학기술 진흥 업무는 8·15 해방 직후에는 미군정청 문교부의 과학교육국, 이승만 정부의 문교부 기술교육국, 1962년 경제기획원에 설치된 기술관리국에서 담당했으나 제2차 경제개발계획 추진 과정에서 1967년 4월 21일에 독립된 중앙행정기관인 과학기술처가 설치되었다.[65] 이후 1998년 정부 조직개편 때 과학기술정책의 효율적 추

65 성하운, 〈과기처, 독립된 행정부처로 첫 발〉, 사이언스 타임즈, 2016.4.18.

진을 위하여 과학기술부로 승격하였다.

기초연구 육성을 위한 지원 업무를 국가가 담당한다는 것을 체계화하기 위해 과학기술부 내에 있는 '기초과학인력국'의 명칭부터 바꾸었다. 과학기술부로 승격되면서 1998년 설치된 기초과학인력국(1998. 2~2004. 10)은 부총리체제로 정부 조직이 개편되면서 기초연구국(2004. 10~2008. 2)으로 개편되었다. 그리고 과학기술인력 양성 업무는 교육부로 이관하였다.

기초과학 분야의 연구 활동이 기초연구라고 정의한 후 자연현상과 원리 규명을 통해 창조적 지식을 창출하는 순수 기초연구와 미래의 광범위한 응용을 목적으로 원천지식을 산출하는 목적지향형 기초연구로 나누었다. 특히 실용화 성공률은 낮지만 장기간의 지속적인 지원이 필요한 기초연구는 정부가 주도적으로 지원하는 것이 필요함을 강조하였다.

기초연구의 관리방안에 대한 수요자 조사도 진행했다. 과학기술인 505명을 대상으로 진행한 조사에서 전체 응답자의 79.2퍼센트가 기초연구를 특정부처가 총괄하되 73.9퍼센트가 과학기술부가 총괄하기를 희망한다고 답했다. 다른 의견으로 교육부가 기초연구의 중심이 되기를 바라는 이유는 대학이 기초연구의 중심이 될 수 있을 것이라고 보았기 때문이다. 실제 우리나라는 대학의 기초연구 비중이 37.1퍼센트에 불과한데 미국은 65.3퍼센트에 달하므로 대학이 보다 기초연구에 집중할 필요가 있었다.

기초연구의 관점과 정책 수요자 설문조사 결과를 반영하여 향후 진행되는 정부 조직개편에서 과학기술부와 교육부의 역할 분담도 정리했다. 과기부는 기술혁신의 역량 제고를 위해 수월성 위주의 전략적인 분야와 목적지향형 기초연구 분야에 집중하는 것으로 정의했다. 또한 교육부에서는 과학기술의 기반 확대와 교육혁신 역량 제고를 위하여 보편적 특성을 살린 기초연구 지원이 바람직하다는 결론을 도출했다. 대통령 결재를 받은 기초연구 개념 및 역할 정립은 이후에 진행되었던 정부조직 개편에서 그대로 적용하였다.

2003년 당시 정부의 기초연구 예산은 20퍼센트 수준이었지만 민간과 정부가 투자하는 국가 총 연구개발 투자 측면에서는 14.5퍼센트 수준이었다. 기술 선진국을 보면 프랑스의 기초연구 비중이 23퍼센트 수준이었고, 미국 등 대부분의 국가들은 18퍼센트~19퍼센트 수준이었다. 노무현 대통령은 기초연구 투자를 확대하는 것은 필요하지만 기업 경쟁력을 확보하기 위한 수단인 산업 기술 개발을 위한 투자가 상대적으로 위축되어서는 안된다는 점을 강조하였다. 이는 기초연구 투자가 확대되어야 하는 당위성은 충분히 인정하지만, 국가의 현실을 고려하여 투자 포트폴리오가 이루어지도록 정부 연구개발 투자의 실용적 측면을 강조했던 것이다. 노무현 대통령은 국가가 민주적이며 선진국적인 면모를 갖춰 나가도록 하는 원칙과 당위성을 행정의 최우선 순위로 설정하였지만, 현실적인 수용성을 고려하여 속도를 조절하는 등 유연성을 갖추도록 하라는 주의를 자주 주었다. 이 점에서 바로 노무현 대통령의 실용주의적 통치철학을 느낄 수 있었다. 이런 측면에서 기초연구 보고를 여러 번 다시 하면서 나는 노무현 대통령의 지도를 직접 받는 행운을 얻었다.

특히 참여정부에서는 기초연구자들의 입장에서 연구지원 제도를 추진하려는 노력을 기울였다. 정부의 기초연구 투자가 확대됨에도 불구하고 연구자의 체감도가 높지 않은 이유도 조사했다. 조사 결과를 보면 기초연구 예산 중 연구자들의 연구 지원으로 사용되는 비중이 2002년 44.5퍼센트에서 2004년에는 34.5퍼센트로 줄어들었는데, 그 이유는 인력 양성, 연구시설 및 장비, 연구기관 지원 등에 대한 투자가 상대적으로 늘었기 때문이었다.

더욱이 기초연구 지원의 체감도가 낮은 이유로는 연구 의욕이 높고 능력이 뛰어난 연구자들의 비중이 늘었음에도 이들을 지원하는 연구 투자가 상대적으로 취약했기 때문이었다. 따라서 연구자의 연구 능력 성장에 따라 적절한 연구 지원이 이루어질 수 있도록 연구 발전 단계별 적정 포트폴리오도 만들었다. 특히 미국과학재단에서 개인 연구를 지원하는 비중은 77퍼센트인데 우리나라는 개인 연구 비중이 38.6퍼센트에 불과해 이를 개선하기도 했다.[66]

개인과 집단을 지원하는 체제를 나누어 연구의 심화 정도에 따라 탐색 단계, 심화 단계, 고도화 단계로 나누어 연구 지원의 질적, 양적 관리를 체계화한 후 이에 대한 법적 기반을 만들기 위해 〈과학기술기본법〉에 제15조 제2항을 신설했다. 기초연구를 강조하면 원천기술 비중이 늘어나 오히려 기초과학 연구 투자가 위축될 가능성이 있어 '기초과학연구진흥협의회'에서 기초과학 연구의 계획과 투자를 심의하되 특히 매년 정부연구개발 예산 중 기초연구비의 비율 산정에 관한 사항을 심의하도록 명문화했다. 보편적인 연구 기반 확충을 위한

---

66 〈기초연구투자 분석결과 및 정책방향〉, 2005.7.1, 노무현사료관.

기초연구의 연구 발전 단계별 지원 계획

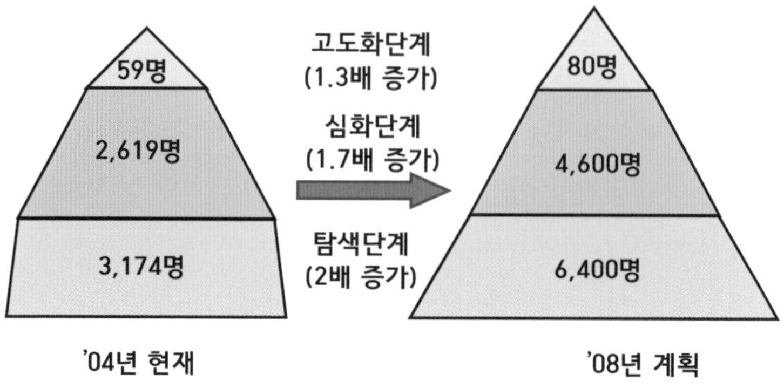

탐색 단계, 연구 역량과 수준을 발전시키는 심화 단계, 세계 최고 수준의 연구를 지향하는 고도화 단계 등으로 나누어 수요자 수혜율도 관리하도록 명문화했다. 개인연구 지원사업은 피라미드형 연구인력 구조와 투자 구조를 실현하는 것이 목표였다.

예산 비중으로 보면 2008년 기준으로 심화 단계를 가장 높은 비율인 56퍼센트로 확대하고 탐색연구도 38퍼센트로 확대하는 구조를 제안했다. 특히 공공성이 강한 기반 연구인 보편성을 지향하는 탐색 단계의 기초연구의 수혜자 수를 대폭 늘려서 대학의 연구 기반을 확충하고 인력양성 기능도 지원하는 두 가지 목표를 설정하였다. 담당 공무원과 교수들에게 내가 그린 피라미드 구조를 갖고 설명하면서 기초연구의 정책 목표를 수립했다.

이러한 기준들이 이명박 정부까지는 비교적 잘 유지되다가 박근혜 정부 시기에 기초과학연구원IBS의 연구 사업이 시작되면서 개별 연구과제가 대형화되어 소수에게 집중되는 엘리트 중심의 기초연구 지

연구발전단계별 과기부&교육부 연구지원사업 예산 소요계획

(단위: 억 원)

연구발전단계	'04년 현재	'08년 계획	증가	
			금액	배율
탐색연구 (비중)	1,326 (35.8%)	3,430 (38.0%)	2,104	2.6배
심화단계 (비중)	1,960 (53.0%)	5,055 (56.0%)	3,095	2.6배
고도화단계 (비중)	414 (11.2%)	541 (6.0%)	127	1.3배
합 계	3,700* (100.0%)	9,026** (100.0%)	6,069	2.4배

*2004년 기초연구예산 중 연구지원사업 총액(4,272억 원) 중 과기부와 교육부의 과학기술분야 연구지원 사업 예산임.

**2008년 연구지원사업 계획치(10,423억 원, 2004년 대비 2.4배 증가) 중 과기부와 교육부의 과학기술분야 연구지원사업 추정치임.

원이 확대되었다. 최근 기초연구투자에서 양극화가 심화되어 연구비 수혜자의 빈익빈 부익부 현상을 우려하는 목소리가 높으며 연구 현장의 불만도 커져가고 있었는데 문재인 정부에서 개인 기초를 강조하면서 이러한 문제점들을 해소하려고 노력하고 있다.

노무현 정부에서는 연구개발 사업을 연구자 중심으로 진행하기 위한 개선 작업도 적극적으로 추진했다. 대표적인 개선 사항으로는 대통령령인 〈국가연구개발사업관리등에 관한 규정〉을 개정했다.(2005. 3. 8.) 개정한 배경에 정부 연구비 사용 규정이 연구실 현실과 괴리된 부분이 있었다. 실제 연구실에 필요한 컴퓨터와 에어컨 등의 물품들을 구입하지 못하는데 이런 시설은 대학에서 제공하지 않으므로 결국 개인이 구입하지 않으면 정부에서 받는 연구개발 예산으로 구입하는 것이 현실이다.

연구실에서 학생이 사용하는 컴퓨터를 다 구입해놓고 있지만 서류상 지출이 불가능해 학생과 교수가 함께 협력해 불가피하게 소위 카드깡 같은 편법을 이용하는 경우가 있었다. 연구비를 유용할 의도가 없음에도 적발된 경우 사법처리를 받는 경우도 많았다. KBS 방송에서 대학원생이 청계천 상가에서 카드깡을 하는 장면을 1시간이나 방송하면서 대학에서 연구비가 유용되고 있다는 점을 보도했고, 일부 대학에서 교수들이 구속되었다. 졸지에 대학 사회가 연구비 횡령 등의 범죄가 일어나는 장소로 소개되고 있었다.

그러던 어느 날, 이런 연구비 유용사건에 대해 대통령에게 사죄의 말씀을 드리기 위해 면담을 신청하여 집무실에서 뵙게 되었다. 잘못 관리된 점에 대해 사죄의 말씀을 드렸는데 대통령은 이미 방영된 내용을 다 보고 알고 있음에도 불구하고 질책하는 말씀이 없었다. 오히려 운동장에 없는 길이 새로 만들어졌다면 그 길을 새로 지정해주라고 말씀하였다. 의도와 달리 불법을 저지르는 경우가 생기는 경우를 파악하고 제도적 보완이 필요하면 이를 보완하여 범법자가 생기지 않게 개선하라는 대통령의 지시를 받았다.

노무현 대통령의 지시로 규정 개정을 시행하였다. 직접비 항목에 수용비 및 수수료 항목을 넣어 연구환경 유지를 위한 항목을 직접비로 사용하도록 했다. 또한 연구 활성화를 위해 연구자에게 부여하는 인센티브로 인건비의 15퍼센트 내에서 연구활동비를 지급할 수 있도록 했고, 학생 연구원의 인건비 상한선도 인상했으며, 기술료 수익의 50퍼센트까지 연구자에게 지급할 수 있도록 개정했다.

가장 뜻깊은 제도로는 인건비 풀링제를 시범사업으로 시행한 것이다. 대학교수들이 연구비 유용의 의도가 없는 경우에도 학생 인건비

한국과학상 및 젊은 과학상 시상식 후 인사말을 경청하는 노무현 대통령(2004.2.10.).

출처: 노무현사료관

를 지급했다가 다시 환급받아 학생 등록금 납부나 물품 구입 등 필요한 경우에 사용하는 일이 발생했는데, 이것은 명백하게 연구비 유용이라는 범죄였다. 그래서 연구비에서 지급되는 학생 인건비를 연구책임자 명의로 풀링하여 실제 연구작업에 참여한 학생에게 필요시에 지급하도록 인건비 지급의 유연성을 제고시켰다. 인건비 풀링제와 수용비 집행은 이후 과학계에서 가장 환영하는 제도가 되었다.

또한 각 부처마다 서로 다른 연구사업 양식을 단일화하도록 권고하였고, 연구비 집행 비목도 통일시켰다. 연구자들의 편의를 위해 범부처가 적용하기 위한 규정을 만들어 공포했다는 데 의미가 컸다. 물론 모든 부처에 완전하게 적용하지는 못했지만 취지는 일부 적용되었다.

노무현 대통령은 과학자들을 많이 신뢰하고 따뜻하게 격려해준 분이었다. 스스로 과학기술인을 가장 많이 만난 대통령이 되고 싶다고 밝혔는데, 실제로도 재임 중 노벨생리의학상 수상자를 비롯해 국내외 유명 과학기술인들을 많이 만났다. 세계 3대 학술지인 《사이언스Science》, 《네이처Nature》, 《셀Cell》지에 논문을 발표한 유명 과학자들을 비롯해 과학 선진국에서 학술원 회원에 오른 해외의 한인 과학자 14명을 청와대에 초청하여 오찬을 나누면서 과학기술 육성을 위한 조언을 듣기도 하였다.(2004. 7.) 이때 초청되었던 한인 과학자들은 노무현 대통령의 청와대 초청에 매우 감동을 받았다고 했다. 청와대 초청으로 모국을 방문하게 되었다고 하니 주변의 외국 과학자들이 놀랍다고 평을 했다는 이야기를 전해주었다.

노무현 대통령은 과학기술 내용도 참 많이 알고 있었다. 실제 프로그램을 코딩해서 작동시킬 수 있을 정도의 컴퓨터 언어를 알고 있었고, IT 분야와 과학의 기본 법칙 등도 많이 알고 언급도 많이 하였다. 예를 들면 일상적인 현상으로 요트를 움직일 때 바람의 속도와 강도 이야기를 '베르누이의 원리'로 설명할 정도로 과학 이론에도 해박하였다. 또한 노무현 대통령은 과학자들을 믿고 사랑하고 또한 과학을 좋아하는 과학대통령이었다.

19장 바이오 코리아 육성

문재인 정부는 바이오헬스 산업을 비메모리반도체, 미래자동차와 함께 빅3로 칭하고 '3대 신성장동력산업'으로 선정하였다. 문재인 대통령은 2019년 5월 22일 충북 오송에서 열린 바이오헬스 국가비전 선포식에서 바이오헬스 산업의 세계 시장 점유율을 3배로 확대하여 2030년에 연 수출액 500억 달러를 달성하겠다는 육성 전략을 발표했다. 이는 한국의 바이오헬스 산업의 성장 가능성을 높게 평가했기 때문으로 여겨진다. 코로나19의 대확산 시기에 PCR 진단키트와 항체 치료제의 생산 및 특히 코로나 백신의 위탁생산으로 K-방역의 위상을 세계에 널리 알리게 되었다.

문재인 대통령이 바이오헬스 산업의 육성 근거로 제시한 내용으로는 2018년 바이오시밀러(바이오의약품의 복제품) 분야에서 세계 시장의 3분의 2를 국내기업이 점유하고 있으며, 바이오의약품 생산량도 세계 두 번째 규모라는 점이었다. 2018년에는 48억 달러의 신약

기술을 해외에 수출했고 의약품과 의료기기 수출도 144억 달러로 매년 20퍼센트씩 성장하고 있다는 점을 열거하였다.[67]

참여정부에서는 생명과학 분야의 기초연구 확대, 제약산업 육성, 첨단의료복합단지 추진 등 바이오 분야의 연구 역량 강화와 기반 구축을 확대하기 위하여 많은 노력을 기울였다.

그동안 합성의약품 중심이었던 제약시장은 바이오의약품 비중이 급속도로 늘어나 2010년 이후 연평균 7.7퍼센트씩 성장하고 있었다.[68] 2017년 기준 전체 의약품 시장은 8,030억 달러인데 이 중 바이오의약품이 25퍼센트를 차지하여 그 규모가 2,020억 달러로 추정하고 있으며 향후 9퍼센트대의 성장이 기대된다. 최근 붐을 이루고 있는 K-방역, K-바이오의 분위기를 타고 한국의 바이오산업의 성장은 더욱 큰 기대를 갖게 된다.

산업통상자원부의 자료에 따르면, 2019년 1분기 바이오헬스 산업의 수출액은 19억 7,000만 달러(약 2조 3,453억 원)에 달하면서 한국의 주력 수출품들인 정밀화학원료, 이차전지, 컴퓨터 및 가전을 추월하였으며 전체 수출액의 1.5퍼센트에 달했다.[69]

특히 한국은 2017년 바이오시밀러 시장에서 전 세계 비중의 43퍼센트를 차지할 정도로 세계 최대의 생산 국가가 되었다.[70]

이런 괄목할 만한 성장의 결과로 한국의 SK 바이오사이언스의 안동

67 대통령 발표문, 문재인 대통령 페이스북, 2019.5.22.
68 〈바이오의약품 산업동향 보고서〉, 한국바이오의약품협회, 2018.12.
69 2019년 3월 수출입 동향, 산업통상자원부, 2019.4.1.
70 Biosimilars development moving to Asia, Generics and Biosimilars Initiative (GaBI), 2018.6.29.

백신 생산공장에서 아스트라제네카의 COVID-19 백신이 위탁 생산되어 국내에 공급되는 등 주요 회사의 백신이 국내에서 생산된다. 바이오 의약품은 향후 한국의 주요 수출 항목으로 성장할 것으로 기대된다.

특히 바이오시밀러는 점차 환자 복용의 편의성과 약효를 높이는 방향으로 발전하고 있는데 자가주사 방식의 피하주사 제형 또는 경구용으로 진화되고 있으며, 상온 보존 기간도 늘려나가고 있다. 그 결과 시장 규모도 더욱 커질 것이며 경쟁도 더욱 치열해질 것으로 예상되어 2025년에는 663억 달러(약 80조 원)로 전망되고 있다.[71]

현재 바이오시밀러의 세계 주요 기업들(셀트리온, 산도즈, 삼성바이오에피스, 암젠, 화이자 등)에 한국 업체가 두 곳이나 포함되었다. 1위 업체인 셀트리온은 2002년에 의약품 CMO(Contract Manufacturing Organization, 의약품 및 기타 원료물질 등을 위탁생산하는 대행 전문기업) 사업으로 시작하였고, 2011년에 설립된 삼성바이오로직스도 동물세포 기반의 항체의약품을 전문 생산하는 바이오CMO 업체로서 세계 빅3로 성장하였다.

셀트리온은 2009년부터 바이오시밀러 제품의 개발, 임상, 판매 허가 등을 시작하였으며, 바이오시밀러 전문회사인 삼성바이오에피스도 2012년에 설립되어 류마티스 치료제를 개발하는 등 전 세계 바이오시밀러 생산액의 43퍼센트를 한국 기업이 차지할 정도로 업체로는 세계 최고 수준으로 성장하였다.[72]

---

71 김병호, 〈바이오시밀러의 진화… 알약, 자가주사제로〉, 《매일경제》, 2019.6.17.
72 Biosimilars development moving to Asia, Generics and Biosimilars Initiative (GaBI), 2018.6.29.

참여정부가 출범하기 전에는 바이오 제약산업은 불모지나 다름없었다. 참여정부는 출범과 동시에 제약산업 발전과 생명과학 관련 고학력 청년인력의 좋은 일자리 창출을 위해 제너릭의약품 생산과 바이오시밀러 개발에 주목하기 시작했다.

노무현 대통령은 대통령직 인수위원회가 구성된 직후, 거의 10년 정도 제정을 못하고 제자리걸음을 하던 〈생명윤리 및 안전에 관한 법률〉(생명윤리법) 제정을 위한 검토 작업을 지시하였다. 생명과학 육성을 강조하는 과학계와 안전 및 생명윤리를 강조하는 생명윤리학계 및 종교단체 사이에서 합의점을 찾기는 매우 어려웠으나, 규제를 강화하면서 생명과학 발전을 도모하는 선에서 합의를 도출하여 2004년 1월 29일 제정하여 2005년부터 시행되었다. 생명과학 산업을 육성하면서 적절한 수준에서 진행되는 규제 제도를 수립한 것이었다. 노무현 대통령이 지속적으로 강조하던 과학기술 발전에서 사회적, 정치적 역할을 찾아 나가겠다는 방침의 일환이었다. 노무현 대통령은 과학기술 발전의 미래 가능성에 대한 합리적 규제와 제도화를 강조하였다.

노무현 대통령은 제약산업 발전에 각별한 관심을 갖고 있었다. 다국적 제약기업의 CEO 등을 비롯하여 노벨 생리의학상을 수상한 미국의 프레드 허친슨 암 연구센터의 해리슨 하트웰Harrison Hartwell 박사 등 세계적인 생명과학자들을 청와대에서 직접 면담하고 조언을 들을 정도로 이 분야에 대한 의지가 강했다. 노무현 대통령은 특히 제약산업과 건강보조식품 등 바이오 분야에서 인허가 제도의 미흡한 면이나 심사 지연으로 인한 기업의 어려움을 해소하고 인허가 절차를 체계화해서 예측 가능성을 높이고 연구과정에서 보완되도록 안내해야 함을 강조하였다.

〈건강보조식품에 관한 법률〉이 2004년 3월 22일부터 시행되었다. 특히 식품의약안전청의 인허가 업무를 강화할 필요가 있었다. 노무현 대통령의 지시로 제약산업의 인허가 과정을 분석하고, 필요한 인력을 보강하거나 제도를 보완하기 위한 작업을 시작했다. 제약업체나 건강보조식품 업체에서 식품의약안정청의 인허가 업무에 대한 불만이 매우 높았기 때문이었다.

그러나 업무 개선은 쉽지 않았다. 인허가를 다루는 규제 업무에서 신규성과 도전성 그리고 안전성 확보가 어느 수준에서 이루어져야 합리적 결정인지 등을 제도화하기가 매우 어려웠다. 또한 인허가 과정에서 서류 심사에만 의존할 것인지, 아니면 허가 과정에서 어느 정도까지 직접 실험을 수행하여 확인하고 결정할지에 대한 합의점을 찾기도 까다로웠다. 특히 업체들은 식약청에서 요구하는 서류가 너무 방대하다고 불만이 많았다. 얼마나 서류가 많아 불만이 높은지를 확인하기 위해 인허가 과정에 대한 사례를 하나 보여달라고 요청을 했다. 그랬더니 어느 날 청와대에 있는 나의 사무실로 캐비닛 같은 크기의 소포가 배달되어 깜짝 놀라 나가 보았다. 한 품목의 판매 허가를 받기 위한 서류가 들어 있는 소포였다. 그 소포를 사무실 내에 들여놓지 못할 정도로 너무 커서 곧장 돌려보냈다.

사실 바이오 업계에서는 끊임없이 규제 완화를 요구하지만 생명을 다루는 영역에서 실제 과감하게 규제 완화를 시행하기란 쉽지 않다. 연구 과정에서 많은 우려의 가능성을 점검했다 하더라도 연구가 되지 않은 영역에서 문제 발생의 가능성에 대해서는 모르기 때문이다. 특히 생명과학 영역은 이러한 우려가 더 높아서 규제 완화가 쉽지 않다. 사회적 논의를 거치고 연구 결과에 대한 신뢰도 높은 검증 과정을 통해 합리적 수준을 결정하고 신규 의약품이나 시술에 대한 사회적인 수용성도 고려되어야 했다. 또한 승인 과정에서 식약처(식약청에서 승급됨)가 어느 정도까지 실험을 통해 확인해야 할지 등의 절차에 대해 많은 고민을 거듭했다.

최근 코오롱생명과학이 생산한 국내 첫 골관절염 유전자치료제 '인보사케이주'(이하 인보사)에 대해 허가 취소가 결정되면서 식약처의 검증에 대해 우려가 많았다. 재판(2021.2.19, 서울중앙지법)에서도 보면 식약처의 검증 과정이 잘못되었다고 판단했으며 성분 조작 의혹을 받고 있는 코오롱생명과학 임원들이 1심에서 무죄판결을 받았다. 인보사에 연골 세포가 아닌 신장 세포가 들어 있었고, 종양을 유발할 가능성도 확인되면서 충격을 주었다. 식약처는 품목허가를 위한 서류 심사 과정에서 이를 확인할 길이 없었다고 했지만 성분을 조작한 제약회사보다는 검증 과정의 부실에 더 큰 책임을 물었다. 이런 사례는 인허가 기관의 검증 업무의 책임이 그만큼 막중하다는 뜻이다.

저가 복제약품 중심의 과당경쟁 구조 속에서 한국의 제약기업은 영세한 수준이었으며, 인허가 과정을 비롯하여 허가와 임상 단계의 품질관리 체계도 미흡한 형편이었다. 또한 의료기기는 중·저급 기술 중심의 제품이 주를 이루었고 영세한 중소기업이 난립하고 있었으며, MRI와 CT 등 첨단의료기기는 대부분 수입에 의존하고 있었다. 특히 대형병원은 1억 원 이상의 고가 의료기기의 99퍼센트를 수입에 의존했으며, 병원의 국산 의료기기 사용률은 10퍼센트 미만에 불과할 정도로 국산 의료기기의 사용을 기피하고 있었다.

따라서 의료산업을 세 분야로 나누어 발전 로드맵을 수립하였다. 의료기기산업 육성을 우선적인 목표로 정하고 디스플레이 등의 우수한 정보통신산업 분야 기술력을 활용하는 '바이오 코리아Bio-Korea' 전략을 수립했다. 제약산업을 발전시키기 위해서 기존 제약기업과 벤처기업 간 협력 지원을 확대하였다. 특히 노무현 대통령은 국내의 우수한 인력들이 의과대학에 진학하는 장점을 살리라는 말씀을 자주하였다. 이런 지시 내용을 살려서 병원의 연구 기능을 강화하기 위한 병원 중심의 연구개발 사업을 활성화하는 계획을 수립했다. 의료 및 생명과학 분야에서 가장 각광을 받았던 정책이면서 지금까지도 잘 유지되고 있는 영역이 바로 '연구 중심 병원' 정책이었다. 이렇게 수립한 계획을 제약협회에서 내가 발표도 했는데, 제약산업을 발전시키려는 정부 계획은 처음 있는 일이라면서 참석자들이 많이 환영해 주었다.

특히 벤처형 제약기업이 의약품 제조시설을 갖추지 않아도 의약품 생산이 가능하도록 위탁생산 방식Contract manufacturing organizations, CMO도 활성화했다. 바이오의약품의 위탁생산 방식을 제일 처음 시도하였던 곳은 산업자원부의 생물산업기술 실용화 사업의 일환으로 설치된 전라남도의 화순에 있는 '생물의약연구센터'였다. 현재까지 전국에는 바이오 위탁생산을 위한 정부출연연구소 및 민간기관들이 늘어났으며, 삼성바이오로직스와 SK바이오사이언스도 크게 성장하였다. 최근 세계적으로도 바이오제약 분야에서 생산 효율성을 높일 뿐만 아니라 시설 투자 부담을 줄이고 규제 기관의 승인 절차에도 유리한 CMO 산업이 크게 성장하고 있다.

제약산업 육성을 위해 기업체의 신규 투자 활성화를 위한 정책도 추진하였다. 2004년 당시 한국은 바이오제약 분야에서 백신 생산에서는 불모지였다. 수요가 가장 많은 제품이지만 전량 수입에 의존하고 있던 독감백신을 국산화하기 위해서 국내 백신 수입업체 7곳이 'IVC'라는 컨소시움을 만들었다. 독감백신 생산 컨소시움 사업은 지방에 생산시설을 건설하고 해외에서 기술을 도입하여 생산한다는 방식이었다. 국가균형발전과 생명과학의 기술혁신을 추진하는 정부의 지원 요건을 충족하게 되어 지역혁신 사업으로 선정되면서 국비 160억 원의 예산지원을 받게 되었다. 예산 부처에서 강하게 반대했던 국비지원이었지만 노무현 대통령의 결단으로 백신 생산설비 비용을 지원하였다.

사업명은 '인플루엔자 백신 생산기반 구축 사업(백신사업)'이었는데 전 세계적으로 독감이 확산될 때를 대비하여 백신 주권을 확립하고 국민 건강을 지켜내기 위한 사업이었다. 전국적인 사업 공모를 통해 전라남도의 화순군에 독감백신의 생산시설을 건설하게 되었다. 추진 과정 중 IVC 컨소시움에서 기업체들이 이탈하고, 해외기술 도입 과정에서도 여러 어려움을 겪었지만, 결국 독자적인 기술개발로 독감백신 생산공장 건설에 성공하여 2009년 7월 준공식을 갖고 세계 12번째, 아시아 2번째로 독감백신을 생산하게 되었다. 생산량은 우리나라 국민의 4분의 1이 접종받을 수 있는 규모였다. 당초에는 2010년부터 백신을 생산할 계획이었지만, 2009년 전 세계적인 신종플루의 확산을 계기로 생산 시기를 앞당겨 2009년부터 독감백신을 생산하였기 때문에 신종플루로부터 국민 건강을 지켜내는 데 큰 몫을 해내었다.

나는 해외기술 도입을 위해 다국적 기업의 최고경영자들도 만났다. 외국 제약기업의 경영자들은 한국의 바이오산업의 여건을 매우 긍정적으로 평가했다. 당시 아시아의 생명산업 중심지로 부상하는 싱가포르보다도 한국의 여건이 더 좋은데, 그 이유로 연구인력과 의료인력이 양적, 질적인 면에서 모두 우수하다는 점을 들었다. 그렇기 때문에 바이오시밀러 같은 분야를 우선적으로 집중 지원하는 것이 좋을 것이며, 성공 가능성도 높다는 평가였다. 이런 평가에 고무된 국내 제약기업들이 바이오제약산업 육성에 용기를 얻게 되었고 현재 한국의 바이오시밀러는 매우 중요한 성공 분야로 발전해가고 있다.

참여정부가 바이오 코리아를 외치면서 의욕적으로 추진한 정책에는 명암이 존재했다. 독감백신을 비롯하여 의료기기산업 육성 및 제약산업 기반 확충, 연구 중심 병원 등 여러 부분에서 진일보하면서 생명과학을 국가의 중요한 성장동력으로 출발하도록 했다는 점에서는 성공적이었다.

그러나 한편으로는 황우석 교수의 줄기세포 논문조작 사건이 일어나면서 바이오 코리아는 치명적인 타격을 입게 되었다. 또한 산업자원부에서 야심차게 시작한 바이오스타 프로젝트에 선정되어 2005~2007년까지 33억 2,500만 원의 연구개발기금을 지원받아 개발되었던 '인보사'의 허가 취소 사태까지 발생하기도 했다. 노무현 대통령은 과학 발전의 길을 열어놓아야 하되 기술의 오남용에 대해서는 정치권의 역할을 통해 합리적으로 규제와 관리를 해야 한다는 것을 원칙으로 언급했다. 참여정부 이전부터 생명윤리법 제정에 앞장섰고 줄기세포의 연구 가이드라인을 확립하기 위해 규제방안 연구에 참여하였던 나는 줄기세포 조작 사건으로 매우 충격을 받았고 어려움도 많이 겪었다. 독감백신을 국내기술로 개발하는 것을 강조했다고 좌파 국수주의자로 비판도 받았다. 많은 아픔도 있었지만 참여정부에서 바이오 코리아를 위해, 또한 생명과학을 전공한 선배로서 생명과학 후배들에게 좋은 일자리와 함께 바이오의 미래 비전을 갖게 해주려고 노력했던 점에 대해서 큰 의미를 느낀다.

20장

부품, 소재 및 장치산업 육성

한국은 정보통신 제조업 비중이 매우 높고 세계에서 첨단 제품 수출 비중이 가장 높은 나라이다. 2020년 반도체 매출을 보면 삼성전자가 세계 반도체 시장에서 562억 달러(약 61조 5,950억 원)였고 SK하이닉스는 253억 달러(약 29조 1,456억 원)를 기록하여 매출 규모로 각각 2위와 3위를 차지하였다.[73]

2020년 전 세계 반도체 매출은 총 4,498억 달러인데 세계 매출 비중이 각각 12.5퍼센트와 5.8퍼센트를 차지하여 한국은 총 18.3퍼센트를 차지하였다. 세계 1위는 15.6퍼센트의 비중을 차지한 인텔로 702억 달러의 매출을 올렸다. 특히 SK하이닉스의 성장이 돋보였다. 2020년에는 비대면 활동이 늘고 서버 구축 등 추가 수요가 늘어나면서 전년 대비 CPU, 낸드플래시 및 D램이 크게 성장했다.

---

73 Gartner, 2020 Worldwide Top 10 Semiconductor Vendors by Revenue, 2021.1.14.

2018년 기준으로 삼성전자와 SK하이닉스의 반도체 매출은 1,136억 달러로 일본 148억 달러의 7배가 넘는 수준이었고, 휴대폰은 삼성전자와 LG전자가 974억 달러로 일본 68억 달러의 14배가 넘었다.[74] 특히 부품과 소재는 한국의 국가별 무역수지에도 결정적인 요소로 작용하는데, 중국에는 수출이 집중되지만 수입은 일본에 집중되어 있다.

일본 경제평론가 고무로 나오키는 1989년 《한국의 비극》란 책에서 "한국 경제는 목줄이 묶인 양쯔강의 가마우지 같다"고 비유했다. 옛날에 중국에서는 물새인 가마우지의 목 아래를 끈이나 갈댓잎으로 묶어 물고기를 삼키지 못하게 해놓고 이 새가 물고기를 잡으면 목에 걸린 물고기를 어부가 가로채는 낚시법인데, 한국이 꼭 가마우지 같다고 한 것이다.

2019년 7월 4일 일본은 반도체 소재인 불화수소와 포토레지스트, 스마트폰 소재인 플루오린 폴리이미드의 3대 품목을 지목하여 족집게 수출규제를 자행했다. 이 세 가지 품목은 한국의 주력산업인 반도체와 디스플레이에 사용되는 핵심 소재로, 당시에 일본으로부터 포토레지스트는 92퍼센트, 폴리이미드는 94퍼센트를 수입했는데 이에 대한 수출을 규제한 것이다. 이 품목들은 세계 시장에서 일본의 점유율이 불화수소는 70퍼센트, 다른 두 품목은 90퍼센트에 이르는 것이라 대체국을 찾기도 쉽지 않은 품목이다. 한국이 핵심 산업으로 자랑하는 품목의 핵심 부품을 일본에서 수입하고 있는 가마우지 처지라면서 한국의 취약한 경제구조를 정조준한 수출규제였다. 정부는 한

74 〈국내 대표기업 매출, 일본의 절반 수준…반도체·휴대폰만 경쟁 우위〉, CEO스코어데일리, 2019.8.14.

국이 소재와 부품에서 빠르게 성장하여 가마우지가 아니라 펠리컨이 되겠다는 결기의 목소리를 높였다. 현재 한국은 가마우지가 아니었음을 확인시켜주고 있다.

한국은 반도체, 휴대폰, LCD, 자동차 등 주요 품목의 수출이 늘어나면서 관련 부품 및 장비의 수입도 급격히 늘어나는 추세인데, 그 구조는 얼마 전까지 개선되지 못하고 있었다. 그 이유는 한국의 수출산업 구조가 완제품을 생산하는 조립 구조이고, 그동안 많은 부분에서 한국의 기술이 성장했다고 하더라도 핵심 고부가가치 부품 및 소재 분야에서 취약성이 크게 개선되지 못했기 때문이었다. 따라서 'Made in Korea'라고 표시된 완성품 안에 있는 고가의 핵심 부품은 일본산이며 일부는 중국산 부품이므로 실제로는 'Assemble in Korea'의 제품인 것이 많다. 또한 국산이 개발 완료되었어도 신뢰도 확보 및 영업전략에 따라 수입 부품을 사용하는 경우도 있기 때문에 국산화율이 곧 국내 개발 여부를 반영하는 것은 아니라는 특수성도 존재하였다.

국민의 정부와 참여정부에서는 출범 초기부터 부품 소재의 취약성을 개선하기 위해 많은 노력을 기울였다. 2001년에는 〈부품소재특별조치법〉이 발효되어 부품·소재 전문기업이 탄생하는 계기도 되었다. 참여정부에서는 2004년 1월 30일에 노무현 대통령은 성장동력산업에 부품·소재·공정혁신을 포함하라고 지시하였다. 청와대가 중심이 되어 '부품·소재·공정혁신 발전전략 수립 지원'이라는 업무를 새롭게 시작하였다. 과학기술부, 산업자원부 및 정보통신부의 3개부처가 개별적으로 전략을 수립하고 민관전략회의를 거쳐 범부처 TF(단장: 산자부 차관보)가 구성되었다.

부품소재 산업이 중견·중소기업에 집중된 품목이었으므로 2004년에 '7. 7 중소기업 경쟁력강화 대책'을 추진하면서 1만 개 중소기업 실태조사를 통해 중소기업 육성을 위한 12개의 정책 과제를 도출하면서 핵심 정책으로 부품소재 육성을 설정했다. 2005년 1월 17일에 개최된 중소기업특별위원회에서 부품소재 육성 정책이 집중적으로 논의되었다.[75] 정책의 주요 내용은 부품·소재를 품목별 특성에 따라 4개 유형(미래원천형, 시장수요형, 경쟁력 열위형, 구조적 열위형)으로 구분한 후 중책 기업을 집중 지원하는 차별화된 기술개발 전략을 추진하는 것이었다.

2010년까지 세계시장 선도 품목 100개를 확보한다는 목표로 세우고 범부처적으로 부품·소재 기술개발을 추진하기 위해 '차세대 성장동력산업'과 연계하는 전략도 수립했다. 특히 IT부품의 자립화를 위해 김대중 정부부터 시작한 산업자원부와 정보통신부가 공동으로 추진한 '유망전자부품 기술개발사업Electro-0580사업'[76]을 지속적으로 추진했다.

수요, 공급 기업 간 협업을 활성화하기 위해 수급 기업 간 공정혁신을 위한 제조장비 개발, 중소 부품·소재 기업과 대기업 간의 제조공정 정보화(e-메뉴팩처링)를 통한 공정혁신을 추진하면서 '대·중소기업 협력재단'을 설립했다.(2004. 12. 27.) 경제 5단체는 '대·중소기업

---

75 중소기업특별위원회 보도자료, 노무현사료관.

76 Electro-0580은 2005년까지 핵심전자부품의 국산화율을 80퍼센트로 제고한다는 의미, 정보통신부의 정보화촉진기금 중 차세대 이동통신(IMT 2000) 사업자 출연금을 재원으로 '정보통신 원천기술 개발사업'의 세부 사업으로 추진, 원천기술개발 분야 등 3개 분야에 5년간(2001년 말~ 2006년) 총 962억여 원을 투입, 총괄관리기관은 전자부품연구원임.

협력확대 선언문' 채택으로 고조된 협력 분위기를 국산 부품·소재 구매 촉진으로 연계시키기 위해 주요 대기업이 참여하는 '구매조건부 신제품 개발사업'도 추진했다. 외국 부품·소재 기업의 국내 덤핑 행위를 방지하기 위해 반덤핑 조사 개시 요건을 완화하고, 국내 부품·소재 기업의 글로벌 수출 기업으로 성장하고 대형화되도록 지원 했다.

연구개발 부문에서는 산학연 협력연구도 강조했지만, 특히 국방 R&D 중 체계개발비에서 핵심 부품·소재에 책정되는 비율을 기존 9.2퍼센트에서 15퍼센트로 확대하고 국방기술의 민수이전을 촉진하는 정책도 추진했다.

2006년 말에는 '반도체 재료기술 로드맵'을 수립해 반도체 산업의 지속적인 경쟁력 강화 및 성장을 유지하고 이를 뒷받침하기 위해서는 새로운 공정개발과 함께 재료 산업의 동반 발전이 필수적임을 강조하였다.[77]

이 보고서에 의하면 반도체 재료를 기능상으로 분류하면 기능재료, 공정재료, 구조재료 등 크게 세 가지로 구분할 수 있는데, 반도체 소자를 구성하는 소재뿐만 아니라 공정상의 화학 처리를 위해서 이용되는 재료도 필요하므로 매우 넓은 범위의 재료 산업이 필요하다고 지적했다. 일본이 발표한 수출규제 세 가지 품목 중 포토레지스트와 고순도 불화수소는 공정재료에 해당하여, 웨이퍼는 기능재료에 속한다.

특히 공정재료 중 반도체칩 제조 공정에서 사용되는 화학물질은 요구 조건이 매우 까다로워서 소재업체와 반도체 제조업체가 합작으

77 〈반도체재료기술 로드맵 조사 연구 보고서〉, 한국반도체산업협회. 2006.11.

로 생산하는 방식을 취하고 있다. 나노 시대에 접어들면서 차세대 반도체 재료의 기능이 매우 중요한 기술 요소로 부각되면서 반도체 재료의 첨단화가 진행되고 있다. 2005년도 당시 반도체 소재의 수입률은 50.5퍼센트이며 그중 75퍼센트를 일본에서 수입하는 구조로 분석되었다. 특히 국내 반도체 재료업체들의 성장에도 불구하고 소재의 국산화율은 계속 낮아졌고, 특히 고기능 반도체 재료의 수입 의존도는 갈수록 높아지고 있어 일본 의존도가 높은 상태를 유지했다. 다만 그럴 경우 '재료무기화' 가능성도 있을 것으로 판단해 대응하려고 했다.

반도체를 비롯해 한국 주력산업의 부품, 소재 및 장비 산업의 해외 의존도 특히 일본 의존도를 낮추려는 노력은 상당히 오래전부터 시작됐다. 특히 2001년에 시작하여 2006년까지 총 962억 원을 투자하여 '유망전자부품 기술개발사업(Electro-0580 사업)'도 진행되었다. 목표는 2005년까지 반도체 등의 핵심 전자부품의 국산화율을 2001년 50퍼센트에서 2005년까지 80퍼센트로 높이는 것이었다. 감사원 보고서에 의하면, 2008년 조사대상 품목의 국산부품 사용률은 59.3퍼센트, 선진국 대비 기술 수준은 83.6퍼센트로 나타났다고 한다.[78] 당초 목표에는 크게 미치지 못한 실적이었다.

이 사업의 문제점으로 특정 연구기관이 발굴한 정책 지정과제가 48.9퍼센트에 달했기 때문에 성과가 낮았다고 지적되었는데, 톱다운 방식의 정책 지정과제 수행 비중이 높은 것은 바람직하지 않다는 교훈도 얻었다. 반도체 소재는 연구개발과 제품 상용화의 사이에 '죽음

78 감사보고서, 〈전자부품연구원 연구개발사업 추진 및 관리실태〉, 감사원, 2010.6.

의 계곡'이라는 높은 장벽이 존재하였다. 연구개발을 해도 실제 공정에 적용하기가 상당히 어렵다는 것을 의미한다. 특히 반도체 공정재료는 정밀화학 분야로, 매우 높은 기술력과 신뢰성을 요구하고 공급기업과 수요 대기업 사이의 협업이 절대적으로 필요하다. 우리나라의 부품소재 기업은 비교적 영세한 수준이었기 때문에 고도의 기술력이 필요한 영역에서 자체적인 혁신 역량도 부족한 상황이었고, 부품소재 기업이 홀로 높은 장벽을 넘기는 매우 어려운 실정이었다.

실제 역대 정부에서 반도체 소재 등 첨단 부품소재를 국산화하기 위해 많은 노력을 기울였지만 쉽게 성공할 수 없었다. 일본은 기초연구를 비롯해서 부품과 소재 부문에서 오랜 기간 연구한 역사와 높은 기술력을 갖고 있을 뿐만 아니라 관련 기업들과의 M&A와 합작 및 공동연구 등 다양한 방법을 통해 시장지배력을 유지하는 전략을 추구했다. 한국 기업은 일본과 중국 사이에서 공급과 수요의 분업적 구조를 형성하면서 반도체 생산 규모를 지속적으로 확대시켜 왔는데 이제는 보다 자립도를 높여야 했고, 일본의 수출규제가 발전의 계기가 되고 있다.

부품소재 산업의 국산화율에 대한 산출 방법도 부처마다 서로 달랐다. 부품소재의 국산화율은 경제적, 기술적 수준을 나타내는 중요한 지표인데, 산출 근거가 불분명하고 서로 다른 국산화율이 산업지표로 활용되고 있어 현황 파악에도 혼선이 초래되고 있었다. 통계 인프라의 혁신 차원에서 국산화율 지표를 합리적으로 산정할 필요가 있었다.

노무현 대통령은 임기 내내 부품소재 국산화에 대해 매우 높은 관심을 갖고 있었고 공개석상에서도 아주 여러 차례 필요성을 역설했으며, 업무 지시도 많았다. 2005년 노무현 대통령은 부품소재 산업의 발전 형태를 추적 분석할 것을 지시하고(대통령령, 2005.5.26) 부품소재의 국산화지수 표준화를 지시할 정도로 국산화에 많은 노력을 기울였다. 청와대가 주관해 반도체 생산 공장과 관련 기업들과의 공동 연구개발 방안도 여러 차례 협의를 진행했고 반도체 생산 라인도 직접 찾아가 협상도 해보았다. 그러나 산업적 특성, 협력의 어려움, 기술개발뿐만 아니라 개발된 제품이라고 하더라도 실제 공정에 적용하는 것의 어려움 등으로 인해 크게 진전을 이루지는 못했다. 일본의 수출규제를 접하면서 더욱 아쉬움이 컸다.

국민의 정부와 참여정부에서 부품소재 산업의 발전을 위해 노력했음에도 핵심 부품 및 소재의 국산화율은 지속적으로 낮아졌으며 반도체 장비의 국산화율은 2013년 25퍼센트에서 계속 떨어져 18퍼센트까지 추락하기도 했다.[79]

이명박 정부 시기인 2010년에도 대일본 무역역조의 원인이 부품소재 산업으로 분석하고 반도체 연구개발 지원예산을 1,000억 원을 투입하기도 했지만, 박근혜 정부인 2016년부터 반도체 R&D 지원예산이 전액 삭감되기도 했다.

2001년 2월 〈부품소재특별조치법〉이 제정된 후 중소기업의 소재부품 산업 육성의 컨트롤타워 역할을 하기 위해 산업부 산하에 '부품소재통합연구단'이 발족했다. 참여정부에서는 이 연구단을 2005년 '한국부품소재산업진흥원'으로 확대 개편했다. 그러나 이 기관은 2009년 정부 조직 개편에 따라 R&D 기능은 한국산업기술평가관리

79 [이슈 분석] 〈반도체 코리아에 취해 소재개발 시기 놓쳤다〉, 《파이낸셜뉴스》, 2019.7.9.

원KEIT으로, 산업진흥 기능은 한국산업기술진흥원KAIT으로 나뉘면서 해체되었다.80

이제 정부는 일본의 부품소재 수출규제로 부품소재 및 장비의 국산화를 비롯하여 일본 의존도를 줄이려는 연구개발 사업에 많은 예산을 투자하고 있다. 반도체와 스마트폰 등의 첨단 정보통신기기의 산업적 특성과 국제적 분업 구조 및 연구개발의 난이도 등을 고려하되 수요 대기업과 공급 기업과의 협력적 상생구조를 만들어야 할 것이다. 특히 부품소재 기업은 대기업의 수직적 하청구조에서 탈피하여 글로벌 기술 대기업으로 성장하는 전략이 필요하다.

일본이 반도체 생산에서 반도체 부품소재 국가로 발돋움한 이유는 2000년대 초반에 소재 산업을 전략적으로 집중육성한 덕분이다. 이제 한국도 기술 난이도가 높은 부분에서 기술적 우위를 갖는 나라로 성장함으로써 국제적 분업의 종속성에서 탈피해야 할 것이다.

우리나라를 IT 국가라고 하는데, 실제로는 정보통신 기기 제조업 1등 국가이다. 따라서 IT 제품의 핵심 부품소재 및 장비 산업의 성장은 무엇보다 중요하다. 최근 일본의 수출규제를 보도할 때 노무현 대통령이 부품소재 산업에서 가장 적극적인 의욕을 보였냐는 기사들이 많았다. 그때의 그 노력이 지금까지 이어졌다면 핵심 부품소재의 일본의존도는 지금보다는 훨씬 나아지지 않았을까 하는 추측을 해본다. 그러나 역사는 가정이 없다고 했다. 이제 다시 시작해야 할 것이다. 이제는 반드시 산을 넘기를 기대해본다.

---

80 [손성진 칼럼] 〈일본의 도발, '20년 후'에는 견딜까〉, 《서울신문》, 2019.7.17.

21장

한컴슬라이드 프레지던트 버전과 NEIS 정착

정보과학기술보좌관은 업무에서 혁신이나 개선을 필요로 하는 분야의 일도 해야 한다. 나는 우리나라에서 컴퓨터활용이 도입되던 시기인 1981년에 건설회사에서 인사 담당 컴퓨터 프로그래머로 근무한 경험이 있어 소프트웨어에 관심이 많았다. 또한 노무현 대통령은 직접 업무용 관리 프로그램인 e지원을 개발하였으며 대통령 취임 전에도 프로그램을 직접 코딩한 경험이 있어 소프트웨어에 관심이 높았다.

정보통신 업무 중 IT기기를 비롯하여 대부분의 영역은 정보통신부의 업무 영역이었으므로 청와대 정보과학보좌관실에서 수행했던 업무는 틈새 영역을 찾아서 진행했다. 특히 소프트웨어 산업 발전을 위하여 몇 가지 분야에서 노력해보았다.

첫째로는 슬라이드 발표자료는 거의 대부분 파워포인트로 작성하도록 바꿔보는 시도를 했다. 국산 소프트웨어인 '한글과컴퓨터'사의 오피스 프로그램 중 프레젠테이션 소프트웨어인 '한컴슬라이드

2004'를 사용해보기도 했다.

처음으로 적용한 것은 대통령이 위원장인 국가과학기술자문회의에서 〈국가기술혁신체계(NIS) 구축 방안〉을 보고하면서 보고자료를 한컴슬라이드로 만들었다. 물론 마이크로소프트사의 파워포인트를 이용하지 않고 한컴슬라이드로 시도하는 것에 불안한 시각도 많았다. 이러한 시도를 해볼 수 있었던 것은 노무현 대통령의 소프트웨어 산업에 대한 관심이 지대하다는 것에 대한 믿음이 있기 때문이었다. 보고 과정에서 문제가 생겨도 이해해줄 것으로 믿었다. 이러한 시도 때문에 과학기술자문회의의 이만기 사무처장을 비롯하여 손병호 박사 등 실무진에서 노심초사 고생을 아주 많이 했다.

대통령 보고문건을 완성한 다음 한컴슬라이드를 이용해 슬라이드를 만드는 작업을 시작했다. 처음부터 난관이 많았다. 생각만큼 잘 작동하지도 않을 뿐만 아니라 오류도 많았다. 결국 한컴슬라이드를 이용해 어느 정도 슬라이드를 만든 다음 원활하게 작동할 수 있도록 오류(버그)를 바로잡기 위해 자문회의 실무자들이 한글과컴퓨터 회사로 이틀간 출근해 밤을 새면서 오류를 수정했다. 나름 완벽하다 할 정도로 준비된 슬라이드 파일이 만들어졌다.

대통령이 참석하는 자문회의 개최 당일에 회의 장소인 청와대 세종실 컴퓨터에 슬라이드 파일을 실행하였다. 작동도 잘되었고 대부분의 모니터에서 슬라이드가 잘 보였으나 대통령이 보는 모니터에서 문제가 생겼다. 슬라이드가 상하로 약간 흔들리고 있어 불편함이 느껴졌다. 컴퓨터 작동을 지원해주는 기술 담당자는 나에게 결단을 내리라고 했다. 이 상태로 그냥 한컴 슬라이드를 이용할 것인지, 빨리 파워포인터로 전환할 것인지를 결정하라고 했다. 물론 파워포인트로 전환이 잘될지도 걱정되었지만, 이 정도의 기술적 문제는 대통령께서 조금 불편하더라도 이유를 설명하면 될 것 같았다. 물론 예전 대통령들은 보고 과정에서 슬라이드가 잘 넘어가지 않는 등 문제가 발생할 경우 심하게 질책하는 경우가 많았다는 것을 걱정하면서 나에게 담당자가 말해주었다. 만약 사고가 나면 대통령께 이해를 구하자고 담당자를 설득하였다. 물론 한컴 슬라이드로 보고자료를 만들었고 대통령이 보는 모니터에 문제가 약간 있다는 것을 사전에 보고했다.

2004년 7월 30일에 진행된 대통령 주재 과학기술자문회의는 다행히 별 문제 없이 준비된 순서를 잘 마무리했다. 특히 이 회의에서 보고된 〈국가기술혁신체계NIS 구축 방안〉은 대통령직 인수위원회에서부터 준비했던 내용으로 정권 출범 후 대통령 정책 자문위원회, 보좌관실과 과학기술부가 함께 거의 1년 넘게 준비한 내용이었다. 이것을 함께 준비하면서 고생이 많던 과장 한 분이 먼저 세상을 떠났기에 마음이 많이 아프다.

이후 과학기술부에서는 중앙부처 공공기관으로는 처음으로 국산 오피스 프로그램을 전격 도입했고 국산 프로그램을 직접 활용하여 최초로 대통령 업무보고를 한 것으로 알려져 화제가 되었다. 한컴이 보도자료도 발표하였다.[81]

소프트웨어 업계에서는 "정부가 구호에만 그치는 것이 아니라 몸소 실천으로 국산 소프트웨어 육성 의지를 보여준 사례이다"라며 환

81 〈과기부 오명 장관, 국산 프레젠테이션 S/W 사용 대통령 업무보고〉, 한글과컴퓨터 보도자료.

영하였다. 또한 자문회의 실무자들과 함께 직접 자료를 만들면서 협력했던 것을 계기로 한컴의 백종진 사장은 "신속한 패치 서비스와 구조 통합 작업, 외산과 호환성 제고로 품질을 높이겠다"고 약속했다.

이것은 국산 소프트웨어 산업에 대한 육성 의지를 대통령이 직접 보여준 계기가 되었다. 이후 오명 과학기술부총리는 2005년 진행된 외부 강연에서도 국산 프레젠테이션 소프트웨어로 작성한 〈새로운 국가과학기술체제의 구축 방향〉을 발표하면서 국산 소프트웨어 사용을 외부에 직접 알리기도 하였다. 과학기술부는 2005년 대통령 업무 보고도 한컴 슬라이드를 사용하였으며 정보통신부에서도 대통령 보고에 여러 차례 사용하였다.

이후 노무현 대통령은 한컴오피스 사용에 더욱 많은 관심을 갖게 되었다. 특히 한컴 슬라이드를 사용하면서 오류를 수정했다는 보고를 받은 이후에는 국내업체 제품은 사용자 요구가 쉽게 반영된다는 것에 더욱 관심이 커졌다. 어느날 노무현 대통령은 보고문건에서 "추가 지시사항을 종이에 적지 않고 바로 입력할 수 있는 기능이 있으면 편하겠다"고 말했다. 이 내용을 직접 한컴에 전달하였는데, 당시 한컴은 〈한컴오피스 2010〉을 개발 중이어서 즉시 한컴의 발표용 소프트웨어인 '한컴 슬라이드'에 대통령이 원하던 '메모 기능'을 개발해서 탑재해주었다. 이 프로그램이 바로 대통령의 아이디어를 담아 개발한 '한컴 슬라이드 프레지던트president 버전'이다. 이 버전을 대통령 비서실 제1부속실로 전달했다. 물론 노무현 대통령이 프레지던트 버전을 얼마나 직접 사용했는지는 잘 모르겠다.

노무현 대통령은 소프트웨어 개발을 했던 분으로서 국내 소프트웨어 산업 발전을 위해서 많은 관심을 기울였다. "소프트웨어 부문에 특별히 국가적인 역량을 기울이도록 하겠다"며 소프트웨어 강국의 의지를 적극적으로 강조하였다.[82]

노무현 대통령은 2003년 12월 4일 〈소프트엑스포·디지털콘텐츠페어 2003〉 개막식 연설에서 자신의 프로그램 개발 경험을 바탕으로 소프트웨어 산업의 중요성을 강조하며 "소프트웨어 산업이 2만 달러 시대 목표 달성에 큰 역할을 해달라"고 당부했다.[83]

참여 정부에서는 대통령이 직접 소프트웨어 산업 육성을 강조한 것 외에도 공공부문에서 공개 소프트웨어 사용을 확산시켜 나갔다. 공개 소프트웨어 사용을 확산하는 과정에서 가장 첫 번째 난관은 교육행정 정보시스템을 도입하는 과정에서 나타났다.

김대중 정부에서 교원 1인당 한 대의 PC가 보급된 이후 2001년 5월 교육행정정보시스템National Education Information System, NEIS, 이하 나이스이 전자정부 구현을 위한 11대 중점 추진과제의 하나로 선정되면서 도입이 결정되었다. 국민적 합의하에 개방의 수준과 절차가 이루어져야 한다는 사회 참여적 의식 변화가 진행되고 있었다. 또한 정보화 네트워크를 통한 통합적 운영이 가져다주는 예산 절감과 경영 효율성은 행정 업무의 합리화 과정에서 필수불가결한 요소라는 인식도 확산되었다.[84]

나이스는 1만여 개 초·중·고·특수학교, 178개 교육지원청, 17개

---

82 〈[결단의 순간들]백종진 한컴 사장(5)〉, 전자신문, 2006.8.30.
83 노무현사료관.
84 노무현사료관, 2권 정책추진 : 사회, 2-37 교육정보화시스템(NEIS).

시·도교육청 및 교육부가 교무학사 등 모든 교육행정 정보를 연계 처리하는 종합 교육행정 정보시스템이다.[85] 이 시스템은 각 시·도 교육청과 산하기관, 그리고 각급 학교가 인터넷을 통해 교육부와 연결하여 교육 관련 정보를 공동으로 이용할 수 있는 전산 환경이 구축되어 활용도가 매우 높았다.

그런데 교육부가 나이스NEIS를 도입하기로 결정하고 자료를 이관하는 과정에서 진행이 순조롭지는 않았다. 특히 공개 소프트웨어인 리눅스를 활용한 나이스가 해킹에 취약할 것이라는 불안감이 크게 작용하였으며, 학생의 학사정보가 노출되거나 조작될 위험성과 개인정보 침해 및 정보 집중화에 따른 국가통제 등을 우려한 전교조가 정보인권을 내세우면서 전면적으로 반대하고 삭발과 연가투쟁까지 벌였다. 이뿐만 아니라 학생부 자료까지 담아 입시에 활용하게 된다는 점에 주목하여 갈등이 커지면서 사회적 분열 양상으로까지 확대되었다.

나이스는 2002년 3월에 시스템 설계를 완료했고, 삼성SDS가 개발하였으며 원래 김대중 대통령 임기 말인 2002년 10월에 개통하려고 했다. 그러나 교육단체의 반대로 시범운영을 연장하고 인권침해 항목을 조정하자는 의견에 따라 일단은 회계, 급여, 인사 등 일반행정 22개 영역을 2002년 11월에 우선 개통하고 교무·학사, 보건, 입(진)학 등 학생과 관련된 3개 업무 영역은 제외하였다. 이들 3개 영역은 2003년 3월에 개통하기로 합의한 바 있었으나, 전교조 집행부가 전

---

85 교육행정정보시스템 홈페이지.

면 반대를 주장하면서 계획된 일정에 맞추어 개통되지 못하였을 뿐만 아니라 2년여에 걸쳐 사회적 논쟁으로 극심한 대립을 겪었다.

노무현 대통령은 이 부분에서도 기술변화, 즉 디지털화는 거스를 수 없으며 기술적 문제가 있다면 해결해 신뢰할 수 있는 시스템을 만들어야 함을 여러 차례 강조하였다. 노무현 대통령이 2003년 5월 27일 국무회의에서 말한 내용은 다음과 같다. "정보화 시대에 개인의 정보 일부를 국가적으로 집중된 시스템에 저장하는 사실 자체에 대해서 거부감을 가지는 이것은 아날로그 시대의 사고방식입니다. (……) 학교 학사 관리 정보도 관리 시스템을 제대로 만들어 나갈 생각을 해야지, 입력하는 것을 원천적으로 막아버리는 이런 사고방식은 아날로그 시대의 사고방식입니다."

2004년에는 국무총리실 산하에 구성된 교육정보화위원회가 합의안을 도출하였다가 결렬되기도 하는 등 우여곡절을 겪었지만 2004년 9월에 결국 최종 합의안이 도출되었다. 2005년 7월 1일부터 새로운 시스템을 순차적으로 개통하여 2005년 9월 1일에 전국적으로 전면 개통하고 안정화시켜 2006년 3월 1일부터는 최종 시스템을 학교 현장에 정착시킨다는 일정에도 합의하였다. 합의안에는 새로운 시스템 개발시 운영체제를 공개소프트웨어로 사용할 수 있도록 최대한 노력한다는 내용도 담겼다.[86]

따라서 정부에서는 나이스가 전면적으로 개통될 때, 또한 그 후 정보 유출이나 해킹 등 어떠한 사고도 발생하지 않도록 해야 하는 부담

---

86 이달곤, 〈교육행정정보시스템(NEIS) 정책사례〉, 서울대 행정대학원 한국행정연구소, 2007.8.31.

감이 무척 높았다. 그래서 결국 2005년 초부터 나이스가 개통될 당시 긴급사안이 발생하면 문제를 해결하기 위한 정부 내 역할 분담 및 응급 처치 등 위기대응 방안을 논의하면서 결국 청와대 정보과학기술보좌관실을 중심으로 범정부적 차원에서 위기대응팀을 구축하게 되었다. 보좌관실에서 이 어려운 작업을 자처해서 떠맡았다.

나이스를 전면 개통하는 것에 대해 교육부에서 불안감이 매우 컸기 때문에 기술적인 측면에서 자신감을 갖는 것이 중요했다. 교육부에 자신감을 주기 위해, 특히 문제 발생 시에는 보좌관실에서 책임지고 위기대응을 하겠다고 약속도 해주었다. 위기대응 방안은 행정자치부 전자정부본부장, 교육부 교육정보화국장, 정보통신 정보통신정책국장 등을 비롯해 한국교육학술정보원, 나이스총괄팀장, 교육행정정보센터소장, 한국소프트웨어진흥원장 등이 만나서 위기대응을 준비했다.

특히 고현진 원장의 제안으로 문제 발생시 한국소프트웨어진흥원이 기술적 문제를 반드시 해결하겠다고 결의했고 나이스 전면 개통을 불안해 하는 교육부를 안심시켜 전면 개통을 예정대로 실시하였다. 한국소프트웨어진흥원은 나이스가 안심할 정도에 도달할 때까지 매일 24시간 대기하면서 위기에 대응했다. 보좌관실에서 책임지기로 한 일이므로 개통된 이후 일주일이 넘게 손에 땀을 쥐면서 노심초사했지만, 문제는 전혀 발생하지 않아 안도의 한숨을 쉬었다. 이후 2011년 2월 차세대 나이스 구축을 완료하고 나이스를 시·도 단위로 통합하여 현재까지 안정적으로 잘 운영하고 있다.

나이스는 공개소프트웨어를 사용한 성공적 사례이었다. 이후 공공부문에서 공개소프트웨어 운용을 더욱 확대하였다. 시군구 정보화 표준환경 신규도입과 공공기관의 공개소프트웨어 도입을 지원하기도 하였다. 공개소프트웨어 육성을 추진한 이유는 정보통신부가 2005년을 소프트웨어 도약 원년으로 선포했는데, 소프트웨어는 새로운 개척이 가능한 분야이고, 공개소프트웨어를 통한 중소기업 육성으로 동반성장을 촉진할 수 있다고 판단했기 때문이었다. 정부는 공개소프트웨를 사용할 경우 문제가 발생되면 복구를 체계적으로 지원하기로 역할 분담도 하였다.

특히 나이스 시범사업에서 단독서버 2,289대에 리눅스가 적극 활용되었으며, 앞으로 그룹서버에도 공개소프트웨어 적용이 필요할 것으로 보았다. 공개소프트웨어 적용을 통해 로열티 비용을 절약하고, 소프트웨어 산업 발전에 기여할 수 있다는 것을 확인했다. 당초 공개소프트웨어는 보안이 취약할 것으로 우려했으나 소스코드가 공개되어 보안시스템 개발이 촉진되고 있어 우려했던 보안 문제가 더욱 확실하게 해결되었으며, 보안기술 개발 촉진을 통해 파생적으로 긍정적인 선순환 효과까지 발생하고 있음을 확인하였다.

나이스를 통해 신뢰를 확보한 공개소프트웨어를 범정부적 차원에서 공공부문에 도입할 수 있음을 제안하였다. 행정자치부에서는 지자체 정보화 평가 항목에 공개소프트웨어 설치를 추가하기도 하였다. EBS 수능 강좌를 비롯해 정부통합전산센터와 우정사업본부에서도 리눅스가 채택되었다. 이에 노무현 대통령은 공개소프트웨어 지원센터를 강화하여 적극적으로 기술지원을 실시하면서 전자정부 사업 등 공공부문을 중심으로 대규모 레퍼런스를 확보하라는 조언도 주었다.

노무현 대통령은 2005년 12월 1일 '소프트웨어산업 발전 전략보고회'를 개최하여 소프트웨어 개발자들을 격려하였으며 소프트웨어 산업이 발전할 수 있는 생태계를 조성하기 위해 소프트웨어는 정당한 대가를 지불하고 사용해야 함을 강조하였다. 특히 정부 부처의 전산화 사업부터 제값을 주고 발주할 것을 강조하면서 소프트웨어 공공구매 제도 개선 방안을 수립하라는 지시도 하였다. 발주 관행을 개선하라는 취지도 담고 있었다.

특히 노무현 대통령은 공공부문에서 AS를 받는 과정에서도 제값을 지불할 것을 강조하였다. 노무현 대통령은 구로디지털미디어센터도 방문한 적이 있는데, 정보과학기술보좌관실에서 행사 전날 받은 보고서의 내용이라고 공개하면서 공공부문에서 소프트웨어와 IT 시스템 설계가 저가 입찰로 제값을 받지 못하는 것이 소프트웨어 산업을 어렵게 하는 한 가지 원인이라면서 공공부문부터 제값을 지불하여 소프트웨어 산업의 경쟁력을 키워주어야 한다고 말하였다. 이는 노무현 대통령의 소프트웨어 산업 육성에 대한 의지와 관심을 지속적으로 확인한 대목들이다.

22장
나로호 발사 및 인공위성 연구 활성화 추진

2013년 1월 30일 오후 4시, 나로호가 굉음과 함께 엄청난 양의 수증기와 불빛을 내뿜으면서 발사되어 우주로 향했다. 이륙 후 55초에 음속을 돌파하고 3분 35초에 페어링이 분리, 6분 35초에는 2단 엔진이 점화된 후 7분 35초에는 2단 엔진의 연소가 끝났으며 9분에는 위성이 분리되었다. 100킬로그램의 나로과학위성이 성공적으로 목표 궤도에 진입했다는 것을 확인하고 교신을 정상적으로 주고받았다. 세 번째로 진행된 나로호 발사가 모든 부분에서 성공이라는 것을 확인하게 된 것이다.

나로호 발사 성공으로 우리나라는 미국, 러시아, 일본, 중국 등에 이어 11번째로 인공위성 개발 및 로켓 발사 기술을 보유한 국가들을 지칭하는 스페이스 클럽Space Club에 들어가게 되었다. 2009년과 2010년에 진행된 1, 2차 발사가 실패했고, 3차 발사 때도 두 차례나 발사 연기가 되었다가 성공하였기 때문에 모두가 무척 졸이던 마음을 쓸

어내렸을 것이다. 우주 발사 실험을 보면 참 허망하다는 생각이 든다. 10년 이상 수십 명의 연구원이 필사의 노력을 다하고 수천억 원의 국가 예산를 투입해 진행하지만 승부는 10분 내에 판가름이 나는 게임인 것으로 보인다. 모든 사람들이 긴장하고 보고 있다가 하늘에서 실패하면 변명의 여지도 없어 보일 만큼 위험도와 긴장도가 높은 연구개발 사업이다.

우리나라의 우주발사체 개발은 1990년부터 시작되었다. 처음 1단형 과학로켓KSR-I을 1993년에 발사했고, 2단형 과학로켓KSR-II은 1998년에 발사, 2002년에는 액체추진과학로켓KSR-III을 발사하였다. 이와 같은 기술적 토대 위에서 2002년 8월부터 소형위성발사체KSLV-I인 나로호를 개발하기 시작했다.[87]

나로호 발사체 사업은 한국항공우주연구원이 총괄하여 진행했다. 발사체인 나로호는 2단 발사체인데, 1단은 러시아 흐루니체프사Khrunichev가 제작한 액체연료 로켓이며 2단은 국내 연구진이 제작한 고체연료 로켓으로 이루어져 있다. 100킬로그램급 인공위성을 지구저궤도에 진입시킬 수 있는 발사체를 개발하는 사업으로 2002년에 시작되었는데 실용 위성급 발사체의 핵심기술을 확보하는 것이 목적이었다. 또한 위성 발사를 위한 발사대 건설도 함께 추진되었다.

우주기술은 미사일기술통제체제Missile Technology Control Regime, MTCR에 의해 엄격하게 통제되고 있어 국가 간 기술이전이나 공동연구를 추진하기 어렵다. 나로호 개발을 2002년에 착수하였지만 그 당시의

87 홍일희, 〈어려움을 딛고 우주로 간 한국최초 우주발사체 나로호〉, 공학교육 제20권 제1호, 2013.3, 28-31.

기술로는 2단 로켓을 한국 기술로 개발하기도 벅찬 상태였으나, 대한항공, 한화, 두원중공업 등 대기업을 비롯하여 많은 중소기업이 참여하여 개발해 나갔다.[88]

문제는 1단 로켓이었다. 1960년대와 1970년대에 위성 발사에 성공한 나라인 일본, 중국, 북한 등은 선진국의 도움을 받았다. 그러나 1987년 MTCR을 7개국(미국, 캐나다, 영국, 프랑스, 독일, 이탈리아, 일본)이 설립하였는데, 핵무기 등 대량살상무기를 운반할 수 있는 미사일의 확산을 방지하기 위한 수출통제 체제가 1993년부터 시행되었다. 이후 러시아(1993년), 우크라이나(1994년) 등이 가입하였다.[89] 물론 MTCR은 각국의 우주개발사업 및 동 사업의 국제협력을 저해하는 것이 아님을 명시하고 있었지만, 2000년대 들어서 발사체를 개발하기로 한 우리나라의 발사체 제조에 협조해줄 국가는 없었다.

이러한 국제 상황에서 1단 로켓 제조에 필요한 발사체 기술을 확보하기 위해 선택한 국가가 바로 러시아였다. 2000년대 초 러시아가 경제위기를 겪고 있어서 한국의 발사체 개발 사업은 러시아에게는 매력 있는 사업이었다. 러시아 기술로 발사체를 제조하기로 한 다음에는 업체 선정의 문제가 또 남아 있었다. 러시아에는 흐루니체프, 에네르기야, 미카예프 등 발사체 개발 업체가 있어서 업체를 선정하는 것도 매우 중요한 과제였다.

1990년대 초 러시아는 21세기형 초중량급 발사체 개발을 진행했

88 김승조, 〈나로호 발사와 그 이후, 우주 시장으로 도약하는 나로호의 성공적 발사〉, 나로호 발사 성공 소감과 향후 계획, 2013.
89 최정준, 〈미사일기술통제체제(MTCR)〉, 국가기록원, 2017.

는데 이때 러시아 우주청은 흐루니체프를 21세기 러시아 발사체 공식 지정업체로 선정했다. 우리나라는 아리랑 2호를 발사할 때 함께했던 흐루니체프사를 나로호 제조업체로 선정했다. 나로호 발사체 제조를 위해 러시아에 제공하는 비용만 한화로 약 2,000억 원이었다. 1916년에 설립된 흐루니체프는 소련 최초의 자동차 '루소-발트'를 제작했고, 1920년대 중반에는 폭격기도 제작했으며 냉전시대에는 대륙간탄도미사일ICBM을 생산하기도 했다.[90]

2004년 9월 노무현 대통령이 직접 러시아를 방문하여 푸틴 대통령과 정상회담을 진행한 후 21일 한국과 러시아 간 우주기술협력협정을 체결했다. 이후 한국항공우주연구원과 흐루니체프 간에 한국우주발사체시스템 협력 계약이 체결되었다. 발사체 시스템 설계조립 및 발사 운영은 한국과 러시아가 공동으로 수행하고, 발사체 1단은 러시아가 개발, 2단은 한국이 자체 개발하기로 했다.

나로호 발사체를 우리 땅에서 발사하려면 로켓 발사대 건설이 필요했다. 발사대인 나로우주센터는 국가우주개발 중장기계획(1996~2015년)에 따라 1999년부터 준비되었으며 공식적으로는 2000년 12월에 시작되었다. 2001년 1월에는 전라남도 고흥군 봉래면 외나로도(예내리 하반마을)가 최종 부지로 선정되었다. 이후 토지 보상을 거쳐 2003년 8월부터 건설을 시작하여 2009년에 완공했다. 나로우주센터가 건설됨으로써 우리나라는 세계 13번째 우주센터 보유국이 되었다. 나로우주센터는 로켓 발사를 위한 발사대, 위성시험동, 발사체조

---

90 [나로호] 〈발사체 제작 '흐루니체프'는 어떤 곳〉, 뉴시스, 2013.1.30.

립동, 발사통제동 등 다양한 최첨단 시설들을 갖추고 있다.[91] 또한 우주발사체의 비행 정보를 수신하기 위한 추적 레이더와 원격자료 수신장비도 보유하고 있다.

나로우주센터는 현재 2009년부터 시작하여 2019년에 완성하는 2단계 사업을 진행했으며 한국형 발사체인 누리호 발사에 사용될 제2 발사대가 건설 중에 있다. 이는 소형 위성 발사에 이어 저궤도 실용 위성 발사를 위한 발사장으로 확충하는 과정이다.

사실 1단계 사업 과정에서 수많은 우여곡절이 있었다. 나로호 개발의 책임을 맡았던 조광래 단장은 1, 2차에 걸친 나로호 발사의 실패와 함께 엄청난 부담으로 실제 많은 어려움을 겪었던 것 같다. 1차 발사 전 어느 날 나로우주센터에서 만난 조광래 단장은 나이에 비해 너무도 할아버지가 된 모습이었다. 물론 나로호 성공 이후에 다시 자신의 나이로 돌아오기는 했다.

나로호 발사체 개발과 나로우주센터가 건설을 시작하기까지 우여곡절이 아주 많았다. 나는 제16대 대통령직 인수위원회의 경제2분과 인수위원을 맡으면서 우주개발사업을 보고받게 되었고, 실제 현장도 여러 번 방문하였다. 나로도를 가게 되면 매번 하루를 묵게 되었는데 나로2대교 옆에 있는 숙소에서 머물렀다. 최근 그 숙소에 다시 가서 아침 식사를 했는데 숙소 사장님이 나를 알아보았다. 그런 사장님이 너무 반가웠다.

나로도를 여러 번 방문했던 이유는 김대중 정부에서 나로우주센터

91 한국항공우주연구원 홈페이지.

건설을 추진하였는데 계획은 2002년까지 토지보상 등이 완성되고 실제 토목공사가 시작되어야 했지만 계획대로 진행되지 못했기에 현장을 방문하게 되었다. 토지보상이 쉽게 해결되지 않아 거의 1년 정도가 늦어지고 있었다. 나의 역할은 그저 방문하는 것에 그쳤지만, 과학기술부와 항우연의 많은 분들의 노력으로 2003년 상반기에는 토지보상을 마무리하고 발사대 건설을 위한 토목 작업에 들어갈 수 있었다.

또 하나의 중요한 문제는 발사체를 개발하는 데 필요한 기술 문제였다. 사실 우주개발사업에 대해서 정치권, 과학기술계, 언론 등에서 좋은 시각은 아니었다. 아직 우주 기술이 높은 수준에까지 도달한 것도 아닌데 거대 과학기술인 우주개발사업에 너무 많은 연구개발비가 투입되고 있다는 점이다. 과학기술계 내에서조차도 한국의 우주기술에 신뢰성이 확보되지 않은 상황에서 너무 많은 연구개발비가 투입되고 있다는 점을 지적했다. 이러한 입장이 정치권에도 반영되어 대통령직인수위원회에 지시가 내려졌다. 우주개발사업의 타당성과 가능성 등을 분석해서 예산을 감축해야 할지를 평가해보라는 지시였다. 덧붙여서 우주개발예산을 크게 삭감해도 좋다는 입장을 전달받았다. 내가 나로도를 방문한 이유도 바로 이런 지시가 있었기 때문이었다.

물론 인수위원회에서는 우주개발사업이 지속적으로 유지되어야 한다는 입장으로 정리했다. 그 이유는 우주개발기술은 고도로 지식집약적인 첨단기술이며 복합기술로써 통신, 소재, 엔진, 기계 등 첨단산업 분야에 대한 파급 효과가 매우 큰 영역이라고 판단했기 때문이었다. 이후 내가 국가과학기술위원회 수석간사를 할 때에도 우주개발사업은 문제 사업으로 분류되어 사업을 유지할 것인가에 대해 특별위원회에서 별도로 논의도 했다. 이때에도 유사한 이유로 우주개발사업은 지속하기로 결정했다.

2004년 1월에 보좌관 업무를 맡은 나에게 또다시 우주개발사업은 주요 업무가 되었다. 미사일기술 통제체제가 실행되고 있는 상황에서 한국의 발사체 개발에 기술 협력을 해주겠다는 서방국가는 한 곳도 없었다. 그러나 다행히 1단 추진체를 공동개발하는 형태로 국가 간 기술 협정을 통해 발사체 연구개발 및 제작비용을 제공하는 조건으로 러시아와의 기술 협력을 논의할 수 있게 되었다.

다음에 또 다른 문제가 기다리고 있었다. 미사일 개발 기술을 갖고 있는 러시아 기업 중 어느 곳을 택하느냐의 문제가 있었다. 러시아에는 흐루니체프와 에네르기야 등 3개의 기업체가 발사체 제작이 가능했다. 한국의 연구진들과 정부는 이들 기업에 대한 약간의 정보는 갖고 있다고 할지라도 미사일 발사의 성공을 담보할 기업체를 선정하는 일이 쉬운 일이 아니었다. 발사체 개발비가 한화 약 2,000억 원 정도가 투입될 것으로 여겨졌기 때문에 러시아 기업들의 수주 활동도 치열했다. 그럴수록 한국 정부는 더욱 신중할 수밖에 없었다. 결국은 러시아의 우주청과 논의한 결과 러시아의 발사체 지정업체인 흐루니체프를 선정하기로 했다.

한국 정부가 미사일 개발 기업체로 흐루니체프를 선정할 움직임을 보이자 여러 곳에서 혼란을 주기 시작했다. 한국의 기술협력 비용은 그 당시 러시아 기업인이나 연구자들에게는 매우 매력적인 금액이었다. 그중 대표적인 혼란은 한국이 나로도에 발사대를 지을 필요가 없는데 과학기술부, 항우연 및 청와대가 강행한다는 것이었다. 이미 토지

보상도 다 끝나 토목공사를 시작할 무렵인데 발사대를 지어서는 안 된다는 의견이 정치권 고위층까지 상당히 빠르게 퍼져 나갔다. 과학위성을 예전처럼 다른 나라의 발사대를 이용해서 발사하면 100억 원이면 되는데 약 5,000억 원이나 소요될 것 같은 로켓발사대를 한국에 건설하는 것은 낭비라는 것이다.

또한 러시아의 일부 우주 관련 과학기술자들은 다른 제안도 했다. 호주의 해외 영토인 크리스마스섬Christmas Island에 발사대를 건설하라는 것이다. 그렇다면 매우 적은 비용으로 발사대를 건설하고 로켓도 개발할 수 있도록 해주겠다는 제안이었다. 크리스마스섬은 인도양에 있는 섬으로 자바섬 남쪽 360킬로미터 지점에 위치하고 있는데, 국립공원이 63퍼센트를 차지하고 있으며 냉전시대에는 미국과 영국의 핵실험 장소 중 하나였던 곳으로 현재는 난민 수용소도 세워져 있는 섬이다. 이것을 제안한 측에서는 자신들도 발사체 개발 기술을 갖고 있다는 점을 강조했고, 호주령이지만 한국이 크리스마스섬의 일부를 매입할 수 있도록 호주 정부의 승인도 받아 놓았다는 편지까지 보여주면서 수주 활동을 매우 적극적으로 전개하였다. 나도 그들을 만나 보았지만 신뢰감은 들지 않았다. 전문가들로 위원회를 구성해 기술 검토를 하겠다면서 관련 서류 일체를 제공해달라고 하니까 나의 제안을 거절했다. 그러니 그들을 더욱 신뢰할 수 없었다.

이런 상황이므로 정부의 입장은 더욱 신중할 수밖에 없었다. 결정을 하지 못한 채 장차관급 참석자들이 청와대 옆의 서별관에서 회의도 여러 차례 열었다. 어느 기업으로 해야 하는지, 나로도 발사대 건설을 계속 추진해야 하는지에 대한 고민도 깊어졌다. 특히 크리스마스섬의 발사대 건설을 제안한 측은 국내에서도 활발하게 활동해 투자금도 많이 확보하고 있었다. 결국 신중할 수밖에 없는 정부는 결정을 못한 채 국정원을 통해 러시아에서 관련 정보를 입수하기도 하고, 과학기술부 고위급 인사가 러시아로 급파되어 러시아 우주청의 의견도 청취하고 다양한 방법으로 판단에 필요한 자료를 수집하였다.

그러던 중 이와 관련한 다양한 정보가 대통령에게도 보고되었던 것 같다. 2004년 이른 여름 어느 날 대통령으로부터 항공우주 및 위성 산업 관련 보고를 하라는 지시를 받았다. 그동안 발사체 문제로 쩔쩔매던 나는 며칠 동안 관련 업체와 전문가 등을 두루 만나면서 보고서를 작성하는 데 몰두했다. 음식이 배달되지 않는 청와대에서 저녁을 연구자들과 함께 주먹밥을 사다 먹기도 하였다. 그래서 우리가 작성한 보고서를 '눈물의 주먹밥 보고서'라고 하였다.

보고서를 갖고 대통령께 간단하게 보고했다. 대통령께서는 한마디로 사업성을 물어보았다. 이렇게 로켓발사와 위성 제조로 구성된 우주개발사업을 지원해주면 언제쯤 경제성이 생기겠냐고 물었다. 나는 주저없이 20년은 투자해야 경제성을 확보할 것이라고 대답했다. 특히 소형 위성 제조를 비롯하여 저궤도 위성 발사 등에 대한 사업성 등을 다 검토해본 결과를 말씀드린 것이다. 그랬더니 대통령은 그렇다면 현재 진행되고 있는 우주개발사업을 계획대로 진행하라고 지시를 내려주었다. 그럼으로써 그동안 복잡하게 논의되던 내용이 종결되었고 당초 계획대로 진행할 수 있었다.

이후 호주령의 크리스마스섬 발사대는 더 이상 거론하지 않게 되었다. 정치권의 몇 명의 인사들에게는 러시아의 입장 등 관련 사항을 정리하여 개별적으로 만나서 설명하기도 하고 친전으로 전달하기도 했다. 나중에 알게 된 내용이지만 크리스마스섬 발사대 사업에 기관 투자자들과 개인들이 투자도 했으나, 결국 사업은 실패하였고 일부는 법적인 문제도 발생했다.

노무현 대통령의 단호한 결정으로 정부의 계획 추진이 탄력을 받게 되었다. 러시아 우주청의 추천과 함께 당초 정부가 계획했던 대로 흐루니체프와 기술협력을 결정하고 한러 우주협력협정을 체결하게 되었다. 나도 그 이후부터는 협정 체결을 위한 대통령의 러시아 방문 준비에 몰두하였다.

노무현 대통령은 2004년 9월 20일부터 23일까지 러시아연방공화국을 공식 방문하여 푸틴 대통령과 한러 정상회담도 가졌다. 특히 우주기술 분야에서의 상호 협력의 중요성을 고려하여, 한국형 민간용 우주발사체의 개발 및 2007년 최초의 한국인 우주인 양성을 위한 공동 유인 우주 프로그램 개발과 관련된 협력을 계속해 나가기로 합의도 하였다.[92] 노무현 대통령이 직접 흐루니체프를 방문하여 로켓제조 현장을 살펴보기도 하였다. 나는 대통령의 러시아 방문을 준비하고 수행하면서 한국의 우주개발사업의 큰 흐름을 함께하게 되어 행운이었다.

그러나 이명박 정부가 출범한 이후에는 발사체 기술협력을 러시아와 맺은 것에 대한 비판도 있었다. 서방국가와 협력하지 않은 점을 비롯하여 기술이전 형태가 아니라는 점 등이 비판 대상이었다. 사실 러시아와의 기술협력을 통해 발사체를 제조하는 과정이 기대했던 것만

---

92 한-러시아 정상회담, 국가기록원, 2004.9.21.

러시아 우주청장의 안내를 받아 흐루니체프 우주센터를 방문해 둘러보는 노무현 대통령 내외(2004.9.22.).

출처: 노무현사료관

큼 순조롭지는 않았지만 기술협력 자체가 비난 받을 사안은 아니었음에도 불구하고 많은 비난이 이어져 발사체 개발을 진행하는 데 어려움도 겪었다고 한다.[93]

사실 미사일 기술의 확산을 방지하기 위한 통제체제에서 러시아로부터의 기술이전은 당초부터 어려운 일이었다. 그럼에도 불구하고 한러 협력에 대한 비판 목소리가 높아지면서 협력국을 서방 세계에서 찾아보려는 움직임도 있었다. 그러나 미국 등 서방 국가들은 한국의 발사체 개발 자체를 찬성하지 않는다는 입장을 밝혔다는 이야기도 전해졌다. 결국 러시아가 제조한 1단 로켓을 사용하여 비록 1, 2차

93 김승조, 〈나로호 발사와 그 이후, 우주 시장으로 도약하는 나로호의 성공적 발사〉, 나로호 발사 성공 소감과 향후 계획, 2013.

는 실패했지만 3차에서 나로호는 성공적으로 발사되었다.

발사체 개발 사업은 축적된 기술도 부족한 상태에서 외국 기술의 도움을 받아 매우 힘겹게 진행되었지만, 완벽에 가까운 성공을 거두면서 모든 시름을 날리고 2단계의 새로운 희망을 열었다. 러시아 연구진과 함께 나로호 개발 및 발사를 진행하면서 한국 기술진은 우주발사체의 첫 개발 단계부터 마지막 발사까지의 전체 과정의 기술을 경험하고 습득할 수 있었으며, 400명의 연구인력과 300명의 산업인력을 확보하고 관련 기업들도 성장하게 되어 우주개발사업의 든든한 토대가 마련되었다.[94]

2013년 1월에 나로호 발사에 성공한 이후 현재는 한국형 발사체인 누리호를 개발 중에 있다. 순수 우리기술로 한국형 발사체 3단형 액체연료 로켓인 누리호를 개발해 2021년에 1.5톤급 실용위성을 탑재하여 발사할 계획이다. 또한 한국형 발사체 사업 후속 단계로 달 탐사 계획도 추진하고 있다.

2021년 3월 25일에는 발사체 실험에서 가장 어렵다고 하는 누리호의 연료 연소실험을 성공적으로 마쳤으며 문재인 대통령이 현장에서 참관도 했다. 3일 선인 3월 22일에는 카자흐스탄에 있는 우주센터에서 러시아의 소유즈 발사체를 이용하여 제1호 국산위성인 중형위성 차중 1호의 발사도 성공했다. 차중 1호는 규격화된 본체 제작 공정(플랫폼)을 통해 만든 국산의 첫 인공위성이며 앞으로 민간 기업 주도로 인공위성을 양산할 수 있는 플랫폼이 만들어졌다는 기술적 의

94 김광석, 〈나로호 발사의 경제적 파급영향: 우주 및 우주관련 산업의 시장규모 추정〉, 항공우주산업기술동향 11권 1호, 31-41, 2013.

미가 커서 값싸고 빠르게 새로운 위성을 개발할 수 있을 정도로 위성 산업이 성장했음을 보여주는 성과였다. 20년 후면 성장동력이 될 우주산업을 위해 우주산업 지원을 결단한 것이며 결국 노무현 대통령의 결단이 옳았다. 보다 큰 결실이 맺어졌으면 좋겠다.

한국의 우주개발은 김대중 대통령이 시작해 노무현 대통령이 1단계는 완성하였다. 노무현 대통령의 과학기술에 대한 믿음과 사랑에서 비롯된 결단과 지원이 큰 결실을 맺게 해주었으며 우리나라의 우주 기술이 크게 발돋움할 수 있는 기회를 만들어주었다.

23장

국방 R&D 확대 및 민군 국방산업 협력 강화

한국의 국방연구개발은 1970년 8월 국방과학연구소가 출범하면서 시작되었다. 국방과학연구소가 설립된 배경은 1960년대 닉슨독트린에 따른 주한미군 일부 철수, 북한의 4대 군사노선 추구와 무장공비 남파 등 국내외 안보 환경이 극도로 긴박한 상황에서 자주국방과 방위산업 육성이 필요해졌기 때문이었다.[95]

그러나 기계산업과 중화학산업이 취약한 출발 당시에는 자주국방을 위해 독자적으로 무기를 개발하기에는 역부족이었다. 대부분의 국방 연구개발은 자체 개발한 사례들도 있었지만, 무기의 개량개발 혹은 무기 국산화를 목표로 해외에서 부품을 들여와 조립하는 수준에 머무른 경우도 많았다. 또한 조기 전력증강 정책에 따라 국내에서 연구를 통해 자체 개발하기보다는 수입에 의존하고 있어 국방 연구

95 박용득 국방과학연구소 소장, 〈국방과학, 안보와 자주국방 초석〉, 사이언스 타임스, 2004.6.24.

개발에 대한 관심은 낮은 편이었다.

그러나 참여정부 출범 시기인 2003년 당시에는 국가 과학기술 수준과 민간의 중화학공업의 경쟁력도 크게 성장했으므로 어느 정도 세계 수준의 무기를 독자적으로 개발하는 것이 가능해졌다고 평가하기에 이르렀다. 이 같은 판단 속에서 방위산업의 선진화를 위해 국방과학의 패러다임이 바뀌어야 함을 강조하게 되었다. 정보과학보좌관실에는 국방과학 연구소에서 파견 나온 행정관도 배정되어 있었다.

우선 핵심기술 개발능력을 강화하기 위해서는 국방 R&D 비중을 확대하되 투명하게 관리해야 하며 민간과 군이 협력해 기술 개발을 확대할 필요가 있는데 이 과정에서 민군 겸용 기술 개발도 강조하게 되었다. 특히 국방 연구개발의 성과로 실용화가 가능한 제품 제조기술이나 기술적 성과는 민간에게 공개하여 국가적 활용도를 높여야 함을 강조했다. 이러한 국방 연구개발의 패러다임 전환은 제16대 대통령직 인수위원회에서부터 끊임없이 강조되었다. 이는 전반적으로 국방 R&D가 군사력의 증강에도 이용되고, 다른 한편으로는 산업 경쟁력 강화에도 반드시 필요하다는 전략을 취한 것이다. 또한 수입품 조립보다는 부품 개발을 강화하여 방위산업의 실질적인 경쟁력 향상에 집중할 것을 강조하였다.

실제 국방과학연구소ADD가 발표한 자료에 의하면, 국방 연구개발 투자에 의한 국내산업 생산유발계수는 제조업과 비슷한 수준이었으며 부가가치유발계수와 고용유발계수는 제조업의 각각 1.13배와 1.75배로 집계되어 산업 연관 효과가 큰 것으로 분석되었다.[96]

국방 R&D에서 가장 역점을 두었던 것은 수송용 헬기 등을 비롯하여 그동안 수입에 의존하던 정밀무기를 자체적으로 생산하기 위한 체계를 비롯해 부품 등을 일괄적으로 국내기술로 개발하여 무기의 해외 의존도를 줄이고 방위산업을 국가 기간산업으로 육성한다는 목표를 세웠다.

방위산업의 육성 전략 등은 대부분 국가안전보장회의National Security Council, NSC를 중심으로 진행되었고, 정보과학기술보좌관실에서는 연구개발 내용을 지원하는 형태로 진행하였다. 특히 그동안 국방 관계자에 의해 주도되던 방위산업의 연구개발 정보를 민간에게 제공하는 등 방위산업의 민간화 부분을 보좌관실에서 지원하였다.

대통령직 인수위원회에서 방위산업을 민군 협력사업으로 발전시켜야 함을 강조했던 나에게는 우여곡절도 많았다. 특히 국방 고위 인사들로부터 민군 협력사업으로 강조한 내용과 의도를 설명하라는 압력도 여러 차례 받았으며, 그럴 때마다 그 취지를 설명하면서 공감대를 확대해 나가기도 했다. 또 청와대 내에서 NSC의 이종석 상임위원장과 서주석 전략기획실장 등도 국방 R&D 발전을 적극적으로 도와주었다.

NSC와 가장 논의를 많이 진행했던 분야는 한국형 헬기 사업Korean Helicopter Program, KHP인데 완제품 수입으로 결정되어 있던 수송용 헬기와 공격용 헬기를 자체적인 개발을 통해 방위산업의 경쟁력과 국방기술력을 확보한다는 계획으로 변경하였다. 헬기의 자체개발 비용은 수입보다 1.5배가 더 많이 들어갔지만 기술력 확보를 위해 자체개

96 〈국산무기 개발로 국방예산 36조 원 절감〉, 《한국경제》, 2003.8.10.

발로 결정했다. 그러나 개발에 따른 위험과 비용 부담을 분산하기 위해 헬기를 두 가지 유형으로 나누어 수송용으로 쓰이는 기동형 헬기를 먼저 개발하고 이것이 성공한다면 추후 공격용 헬기를 개발한다는 계획을 세웠다.

기동형 헬기는 한국항공우주산업KAI이 체계개발을 맡았고, 국방과학연구소 등이 개발에 참여해 첫 번째 한국형 기동헬기인 수리온을 탄생시켰다. 총 투입된 개발비는 1조 3,000억 원으로 2006년 6월에 개발을 착수했으며 2009년 7월 31일에 경남 사천시 한국항공우주산업 공장에서 수리온이 출고되었다. 이로써 한국은 독자적으로 헬기를 개발한 세계 11번째 국가가 되었다.

또한 2005년 1월 국무조정실 산하 국방획득제도 개선단장에 임명된 이용철 변호사는 나와는 시민운동 선후배 사이였고 '노무현을 연구하는 모임(노연)'을 함께한 인연이 있었다. 청와대 법무비서관도 역임했는데 참여정부의 국방 최대 과제인 군수획득 분야의 비리 근절과 방위사업청 출범을 진두지휘하여 국방 연구개발의 패러다임 전환에 많은 도움을 주었다.

국방연구개발 사업을 전담하고 있는 국방과학연구소를 문민화하기 위해 그동안 군 고위장성들이 맡아오던 소장을 민간인으로 임명하는 것을 논의하였다. 이러한 건의를 대통령 주재 회의에서 거론하기로 청와대 일부 참모진과 사전에 모의도 했다. 국방획득 분야를 개선하기 위해 방위사업청 등을 발족하기 위해서 대통령 주재로 개최된 회의가 청와대에서 열렸는데, 국방부 장관을 비롯하여 육군, 공군, 해군의 고위 장성들이 모두 참석하여 별들이 반짝거렸다. 이 회의

국방획득제도 개선 방안 보고회에서 말씀하는 노무현 대통령(2005.1.19.). (대통령 좌측으로) 오영교 행자부장관, 김우식 비서실장, 김병준 정책실장, 권진호 국가안보보좌관, 문재인 시민사회수석, 전해철 민정비서관, 박기영 정보과학기술보좌관, 이종석 NSC사무차장.

출처: 노무현사료관

에서 나는 과감하게 손을 들어 대통령으로부터 발언권을 얻어 건의를 할 수 있게 되었다. "국방과학연구소 소장은 연구개발 전문 지식이 없는 군 장성 출신이 이제 맡으면 안 된다. 민간인에게 넘겨주어야 한다"는 것을 강조하였다. 대통령 앞에서 공개적으로 국방 연구개발의 문민화를 강조하게 된 셈이었다. 회의가 끝난 후 국방부 장관으로부터 그런 발언을 대통령 주재 회의에서 공개적으로 한 것에 대해 섭섭하다는 말을 들었다.

이후 국방과학연구소 소장을 공모하는 과정에서 민간인으로 위촉하기 위해 정보과학기술보좌관실과 적극적으로 협의를 진행하였고 후보를 추천하라는 요청도 받았다. 그동안 국방기술의 연구개발에 주도적 역할을 해왔던 민간인이 거의 없어 국방과학연구소 소장을 군 출신이 아닌 분으로 임명하지는 못했으나, 군 출신이지만 민간인 신분으로 오랫동안 국방 분야 연구개발에 참여한 분으로 위촉했다. 다음 이명박 정부에서도 초기에는 민간인이 소장을 맡았지만 이후 군 장성 출신으로 되돌아갔다. 비장한 각오로 출발한 개혁 작업이 원위치한 셈이었다.

한국의 국방 연구개발비의 절대 액수는 이미 세계 7~8위에 달할 정도로 높은 수준이다. 무기산업을 국가 기간산업으로 육성한다는 것이 세계 평화 추구에 어떤 의미를 가질 것인가에 대한 평가는 유보하고자 한다. 그러나 방위산업은 미국 등 선진국의 핵심 산업이며 우리나라는 남북한 분단 속에서 막대한 국방 비용을 지출하고 있다. 우리나라가 국방을 위하여 이왕 지출하는 비용을 활용해 국내 산업의 성장동력을 육성하는 것은 연구개발 전략으로써 상당한 의미가 있다고 생각한다.

나는 대학교수가 된 이후 대통령 선거 캠프에 참모진으로 몇 차례 참여했다. 대통령 선거는 선거공약을 통해 나라의 미래를 설계하고 시대정신을 바꾸는 것이라고 생각했기 때문이다.

내가 처음으로 정당의 과학기술정책 자문에 참여하게 된 것은 1995년 김대중 대통령이 창당한 새정치국민회의였다. 정당의 강령에 과학기술 육성을 담기 위해 과학계 의견을 청취하는 자리에 참석했다. 제15대, 제16대 대통령 선거 과정에서 여러 인연으로 열심히 뛰었고, 과학기술인으로서 정책 아이디어도 많이 내보았다.

제15대 김대중 대통령은 '국가정보화'로 정보통신산업의 인프라를 구축하였고 제16대 노무현 대통령은 '과학기술중심사회'로 국가의 성장동력과 시스템을 혁신하겠다고 공약하였다. 최근 문재인 대통령이 참석하여 과학기술의 성과를 널리 알린 한국형 우주발사체 누리호의 발사 시험 성공 등 여러 성공 사례들은 실제 김대중 대통령 시기에 비전을 제시해 노무현 대통령 시기에 구체적으로 실행계획을 만들기 시작했으며 이후 우여곡절은 있었지만 10여 년간 지속적으로 추진되어 올해 2021년에 성공을 거둔 것들이다. 미래 비전을 제시하는 것은 결국 대통령의 몫임을 확인한 셈이다. 나는 개인적으로 노무현 후보의 공약 수립에 참여했고 공약 이행의 참모로도 기회를 갖게 된 것을 영광으로 생각한다.

나는 고등학교 때 공부보다는 신문 사설과 세계 명작을 읽는 데 더 집중했고 대학 다닐 때는 생물학과 학생이었지만 경제학과, 행정학과 등에서 사회과학 교과목을 청강하여 생물정치학과를 다닌다는 놀림을 받았다. 1980년 서울의 봄 시기에는 1학기 동안 부활한 학생회에서 여학생회 임원으로도 활동했다. 예전에 출판한 나의 저서에 문재인 대통령께서 추천사를 써주었는데 나에 대해 "과학기술인이지만 인문사회 소양이 있다"는 평이 있었다.

1977년 대학교 1학년 때, 과학기술 동아리에 가입하여 농촌봉사활동으로 태양열 목욕탕을 만들기 위해 비용을 모금하러 다니기도 했다. 대학원을 다닐 무렵에는 대학원학생회를 창립했으며 서울YMCA에서 청년운동과 시민운동에 참여하면서 과학기술 동아리인 두리암과 경제정의실천시민연합에서 과학기술위원회, 녹색소비자연대에서 ICT 소비자정책 연구원 등을 만들어 활동했다. 정보기관의 사찰을 받기도 했고 이로 인해 대학교수 임용에서 어려움을 겪기도 했다. 공부 모임을 통해 얻어진 내용으로 끊임없이 정책 과제를 정부에 제안했다. 현장에서 경험한 내용과 정책을 공부한 내용, 여러 단체와 모임을 통해 토론하면서 정립한 내용을 끊임없이 정책으로 구상하여 기회가 있을 때마다 건의하고, 글도 쓰고 보고서도 만들었다. 내가 전공한 과학기술 분야는 정책 내용과는 전혀 무관하기 때문에 정책 공부와 전공 분야 연구로 실제는 투잡을 뛴 셈이다. 식물분자생리학이 전공이지만 독학으로 과학기술정책을 부전공이라 할 만큼 공부했다. 나는 정책 수립에 참여하는 정치교수지만 전공을 열심히 한다는 평을 받는 교수가 되기 위해 평생 참 많이 힘들었다.

과학기술 운동은 80년대 초에 부문 운동으로 처음 시작된 운동이었기에 77학번인 나는 늘 선배 노릇을 하게 되었고 과학기술 운동의 의제를 이끌어가는 역할이 주어졌다. 우리나라에서 처음 생긴 과학기술인들의 NGO를 만들면서 창립선언문을 썼는데, 20년이 지나 대통령 보좌관이 된 입장에서 다시 읽어보았다. 과학기술의 운동 과제에서 보면 1985년과 2004년의 상황은 그대로였다. 과학기술 운동을 통해 과학기술인 노동조합, 식품의약안전처와 특허법원이 탄생하는 계기를 만드는 등 의미 있는 결실도 많았다.

노무현 후보의 공약을 수립하는 과정이나 이후 노무현 대통령의 정보과학기술보좌관의 역할을 하면서 가장 유의한 점은 과학기술이 정치에 의해 휘둘리지 않도록 과학기술정책의 내용에 충실하도록 설계하는 것이었다. 과학기술은 과학기술 그 자체로 말해야 한다고 생각했기 때문이다. 어떤 과학기술을 선택해 어떻게 발전시키느냐의 문제와 어떻게 활용하느냐의 문제는 정치적 선택의 문제로서 과학기술의 내용과는 다른 문제라고 생각했다.

과학기술인은 과학기술의 내용을 정확하고 충실하게 그리고 중립적으로 이야기해야 한다고 나는 믿는다. 과학적 내용 그대로를 사회에 알린 후 여론 형성 과정을 통해 정책의 방향이 선택되도록 하여야 한다고 생각한다. 노무현 후보의 공약을 수립할 때 김대중 정부가 수립해놓은 공약을 거의 그대로 활용했고, 김대중 대통령의 비전을 발전시켰고 또한 당시 새롭게 출현하는 문제를 해소하는 방향으로 공약을 정리해서 보고하고 노무현 대통령의 정책적 선택과 결재를 받아 진행했다. 그래서 참여정부의 국가과학기술혁신체계NIS가 너무 정치중립적, 가치중립적이란 평가도 받았다. 그러나 매우 장기적이고 국가의 미래에 영향을 미치고 많은 투자가 소요되는 부문 정책을 취급하는 자세로는 바람직했다고 평가하고 싶다.

내가 보좌관으로 임명받은 직후 개최된 정부출연연구기관 연합행사에서 과학기술계 참석 인사들에게 노무현 대통령은 나에 대한 당부를 했다. "박기영 보좌관은 여러분들에게 입이 열려 있지 않다. 귀만 열려 있다. 박기영의 입은 대통령에게만 열려 있다"라고. 임명받은 지 며칠 안 된 나에게는 대통령의 그 말씀이 너무 충격적이었다. '보좌관을 사퇴하라는 말씀인가?' 라는 생각까지 하면서 당황했었다.

그러나 한편으로는 공연한 이야기나 약속을 하고 다니지 말라는 의미로서 나를 지켜주고 또 한편으로는 보좌관의 업무를 정확하게 정리해준 말이라고 생각되었다. 즉 현장의 이야기를 많이 듣고 대통령께 직접 전달하라는 뜻으로 해석하게 되었다. 이후 난 열심히 현장을 다녔다. 어느 날 대통령은 야외용 모자를 쓰고 직접 보좌관실을 방문했는데 "일을 제일 잘하고 있다"고 칭찬했다. 특히 총무비서관에게 지시하길 내가 과학기술 현장을 많이 돌아다니는 것 같은데 업무추진비를 더 주라고 했다고 한다. 내가 알뜰하기 때문인지 업무추진비가 더 필요하지는 않아 사양했다.

과학기술에 대하여 대통령과 많은 이야기를 나누었다. 아주 가끔 독대를 한 적도 있었고 소수의 몇 명과 식사를 겸하여 이야기를 나누기도 하고 어떤 날은 오후 내내 정보통신 및 과학기술정책의 방향성에 대해 대통령, 진대제 장관과 함께 대화를 나누기도 했다. 나는 평소 강하게 내 주장을 하는 경우가 있어 대통령과의 토론에 집중하다 보면 나도 모르게 내 특기가 발동하여 과도할 정도로 강하게 의견을 피력하는 경우가 생길 것이 걱정되어 '이분은 대통령이다'를 마음속으로 외우기도 했다. 그만큼 대통령께서는 토론 시간에 참모들의 의견을 들어주었다. 이런 대화는 주로 관저에서 나누었는데 대화가 끝나고 들어가시면서 "오늘 유익했다"라고 말해줄 때도 있었다. 논의시간에 가끔 옆 테이블에 있는 물건이 필요한 때나 간혹 떨어뜨린 물건이 있어 내가 가지러 가려고 일어서면 못 하게 하시고 직접 갖고 오셨다. 나는 대통령께서 다시 자리로 오실 동안 엉거주춤 서 있었다.

황우석 사건이 언론에 보도된 직후 내가 포괄적으로 정무적 책임을 지는 것이 옳다고 생각하고 사표를 냈다. 사표는 즉시 수리되지 않았고 거의 세 달 가량을 끌었다. 잘못이 있는 부분이 밝혀지면 그때 책임을 지우겠다고 공개적으로 말씀하였다. 그 기간 내내 나는 밥도 제대로 먹을 수 없을 정도로 무척 고통스러웠기에 주변 참모진들에게 사표 수리를 건의해달라는 요청을 하기도 했다. 오명 부총리는 본인이 총체적인 책임을 지겠다면서 나에게는 사퇴하지 말라고 조언했다. 오명 부총리에게는 내가 사표를 낸 사실을 사표 수리 이후 말씀드렸다.

황우석 교수는 여러 정권을 거치면서 서울대학교와 정부, 언론계,

학계 및 국내외 많은 단체로부터 집중적인 지원을 받은 과학계 영웅이었다. 그러나 그리스 신화에 나오는 이카루스가 너무 높게 날아 태양의 뜨거움 때문에 깃털을 붙였던 밀랍이 녹아 날개를 잃고 바다에 떨어져 죽고 말았던 것처럼 황우석 교수는 배아줄기세포로 처음 《사이언스》에 논문을 내고 세계적 스타가 되면서 너무 높게 날았나보다. 항상 하늘과 바다의 중간으로만 날라고 한 아버지 다이달로스의 조언을 잊고 날개를 달고 자유롭게 하늘에 오르자 탈출의 기쁨에 이카루스가 너무 높게 날아버린 것이다. 황우석 교수와 연구진들은 모두 하늘을 너무 높게 날고 싶었고 보안이라는 명분으로 내부에서 비밀도 너무 많았고 서로를 속였다. 이런 상황이 복합적으로 작용해 황우석 사건이 만들어졌다. 황우석 사건이 발생한 다음, 내가 늘 죄인처럼 행동하니까 노무현 대통령은 외부에 비칠 때에는 어쩔수 없다고 하더라도 내부에서는 그렇게 기죽어 있지 말라는 말씀도 해주었다. 그럴 때마다 나는 더 고개를 들지 못했다.

사표가 수리되기 전이었는데 대통령이 물었다. "그간 하고 싶은 일은 다했는가?" 평생 과학기술 운동을 했던 내가 정책으로 실현시켜 보고 싶었던 꿈이 있었기에 보좌관을 시켜주었고 정책을 추진하도록 지원도 해주었다는 대통령의 깊은 뜻이 이 말씀에서 느껴졌다. 이렇게 나의 꿈을 정책으로 실현시켜볼 기회를 주신 대통령께 너무도 감사드리고 영광이었다는 인사를 드렸다. 또한 정책으로 실현시킬 수 있어서 과학기술 운동으로 생각했던 나의 꿈이 틀리지 않았다는 자신감도 들었다고 말씀드렸다. 기술혁명시대를 앞에두고 그동안 집중적으로 정책연구를 했던 과학기술을 통해 경제양극화를 해소하기 위한 동반성장전략 보고서를 대통령께 드렸다.

사표를 수리해주시면서 약속을 하나 하라고 하셨다. 그 당시 과학기술정책 기획은 다 완성했다고 하더라도 행정 부처로 넘어간 정책들이 제대로 추진되는지를 확인하고 정착시키는 업무가 남았는데 이런 부분이 우려된다는 염려의 말씀이 있었다. 사퇴 후에도 정책 추진을 위해 꼭 애프터서비스를 하라고 강조하였다. 난 반드시 그렇게 하겠다고 했지만 사퇴 후에는 너무 진이 빠져 건강을 추스르는 일도 힘들었고 여건도 주어지지 않았다.

노무현 대통령이 아니었다면 내가 보좌관이 되는 일은 꿈도 꿀 수 없었을 것이다. 화려한 외국 대학 학위도 없는 나에게 이런 중책을 맡길 정권은 없을 것이다. 노무현 대통령이 인수위원으로서 위촉했을 때 나는 주류 과학계에는 전혀 알려져 있지 않던 과학기술 운동권의 비주류 지방대학 교수였다. 몇 년 전 누가 나에게 "박기영은 과학계 마이너리티 5관왕"이라고 알려주었다. 지방대학교 교수, 여성, 서울대학교 출신이 아닌 점, 국내 박사, 그리고 식물 전공을 꼽았다. 그러고 보니 평생 마이너리티로서 보이지 않은 냉대 속에서 과학기술정책에 대해 열심히 온 힘을 다해 목소리를 냈던 것 같다. 스펙이 화려하고 언론 노출이 많은 과학기술계 셀럽인 엘리트 과학자들이 던지는 나에 대한 비하와 공격은 참 많이 힘들었다. 언론은 늘 그들 편이었기에 더 혹독하게 날 힘들게 했다. 그러나 나는 늘 나를 필요로 하는 곳이 있으면 어느 자리든지 마다하지 않고 함께 고생에 동참했다.

황우석 교수 사건에서 《사이언스》에 실린 논문들에 심각한 문제점들이 있는 줄은 전혀 몰랐다. 나는 질병 치료가 약물치료 시대에서 세포치료 시대로 전환될 것을 예상하고 줄기세포도 그중의 한 방법이라고 생각했다. 바이오산업의 패러다임 전환이 이루어질 텐데 그때에는 한국이 선두주자이기를 바랐다. 생명윤리 차원에서 논쟁이 많은 줄기세포와 유전자 변형 연구에 대해 글로벌 스탠다드 수준의 제도로서 가이드라인과 적절한 규제를 설정하는 방안을 연구해보고 싶었다. 규제를 잘 하기 위해서 규제 과학 분야를 개척해보고 싶은 작은 소망이 있었다.

나는 식물분자생리학을 초기에 전공한 사람으로서 20여년 전에 유전자 변형 생물체GMO의 유전자 증폭 검사 방법PCR과 비의도적 혼입 비율 설정 등 GMO관리 정책을 수립하는 데 참여했다. 이번에는 세포치료 등의 규제 제도를 연구해보고 싶어서 황우석 교수의 연구를 대상으로 선택했다. 《사이언스》에 발표한 첫 번째 논문의 공저자가 된 사연이다. 그 선택이 나에게 엄청난 평생의 족쇄가 될 줄은 꿈에도 몰랐다.

줄기세포 연구 가이드라인을 만드는 연구에 참여하면서 논문이 나오면 공저자로 들어가기로 주요 연구책임자들과 사전에 합의했지만, 공저자임은 논문 심사가 끝난 후 게재 직전에 알았다. 《사이언스》에 게재한 첫 번째 논문은 지금도 학계에서 인용되고 있어 구글의 인용지수가 1,000회를 넘고 있다. 줄기세포 조작이 전면적으로 일어난 논문은 《사이언스》에 발표한 두 번째 논문이었는데, 그 시기에는 난 청와대 근무 중이었기에 연구내용도 논문 발표도 사전에 몰랐다.

황우석 교수 사건으로 이후 나는 스스로 불가촉천민이라는 느낌이 들 정도로 주저앉아 지낼 때도 많았다. 노무현 대통령이 항해를 잘해보라고 내어준 배를 내가 바닷물에 통째로 빠뜨린 심정이라 괴로웠다. 노무현 대통령은 한밤중에 언론의 댓글을 보지 말라는 조언도 해주었다. 대통령은 자신에 대한 기사에 달린 댓글을 보는 고통도 경험담으로 들려주었다. 수석보좌관 회의에서 나는 울음 때문에 얼굴을 들지 못하는 경우도 있었다. 권양숙 여사께서 가끔 관저에 불러 따뜻한 차를 내어주면서 위로도 해주었다. 대형사고 와중에 어쩔 줄 모르는 참모에게 따뜻한 위로를 전해주시는 두 분이 너무 고마워 참 많이 울었다. 퇴임 후에는 폐쇄병동에 입원도 하고 심리치료도 받았는데 청와대에서 병원비를 보조해주기도 했다.

연구 관리의 주체가 서울대학교이던, 과학기술부이던, 청와대이던 누구든 관계없이 연구 관리를 제대로 이루지 못한 것도, 논문에 속은 것도 모두 내 잘못이었다. 정무적으로 내가 총괄적인 책임을 지고 싶다는 것을 처음부터 분명하게 밝혔다. 내가 선택한 그 총괄적 책임이 10여 년이 지난 2017년에는 서울대학교 일부 교수와 언론이 나를 황우석 사건의 주인공으로 만들어 버렸다. "나는 황우석이 아니다"라고 항변하고 싶다. 2017년과 2018년, 2년에 걸쳐 나를 위로해주고, 또 증언해줄 과거 이야기들이 있다고 순천까지 찾아주신 분들, 책과 유튜브, SNS로 항변을 해주신 분들도 많았다. 문재인 정부에서 임명받았다가 4일 만에 사퇴한 과학기술혁신본부장의 사건 이후로 정말 많은 이들의 위로를 받았기에 외롭지 않게 잘 극복했다. 정부의 틀이 다 짜여진 다음 대통령의 지명으로 갑자기 임명을 받게 되었다. 정부의 몇몇은 대통령 임명이 자신들의 뜻과는 다르다고 출근 다음 날부터 사퇴압박을 가했다. 처절하게 당하는 도중에 문재인 대통령께서 나를 지키기 위해 노력하시는 모습에 죄송했고 하기도 싫은 마음에 빨리 그만두었다.

나는 대학원 다닐 때에는 지방대학 교수가 되는 것이 꿈이었다. 공부가 끝나고 취직해서 여유 있는 삶을 살고 싶었기 때문이었다. 그러나 실제 삶은 달랐다. 실험할 학생도 거의 없고 실험 기자재도 매우 열악한 지방대학 연구실에서 아주 힘겹게 실험 지도하고 학부생, 대학원생과 동고동락을 같이하면서 실험 결과를 얻고 어렵게 논문을 한 편, 한 편씩 쓰고 학술지에 게재도 했다. 지금도 논문을 쓰려고 학생들과 열심히 고생하고 때론 좌절도 한다. 도전, 실패, 도전, 실패를 반복하면서 너무도 고통스러운 나날들이지만 더 좋은 학술지에 논문을 내보려는 도전은 멈출 수 없다. 나와 함께해주는 학생들이 너무도 고맙다. 얼마 전부터는 "아직도 연구하냐?"라는 인사를 듣는다. 그렇지만 3년도 채 남지 않은 대학교수 정년 때까지 열심히 연구하고 논문을 써보려고 한다. 지역 사회에서 순천만 보전 운동과 지속가능한 생태도시 기획 등으로 '순천시민의 상'을 받을 정도로 봉사도 했다. 블루이코노미 등을 자문하면서 한 시간 30분이 걸리는 전남도청에 자주 간다. 최대한 봉사하려고 노력했고 앞으로도 계속하려고 한다.

노무현 대통령은 후보 때 현장에서 과학기술정책을 직접 세 번이나 발표하였고 공약을 5년 내내 실행에 옮겨 완성시켰다. 과학기술정책에서 준비된 대통령이었음을 증명하는 후보 때 발표한 첫 번째 자료를 이 책의 부록으로 첨부한다.

노무현 대통령은 퇴임한 후에도 미래 비전을 고민하였다. 2008년 가을 어느 날 참여정부의 몇 분과 봉하 사저를 방문하게 되었다. 그

날은 날씨도 좋았다. 사저의 접견실에서 긴 대화를 나누었고 정원에서 차도 마셨다. 대화의 주된 내용은 그간 읽은 책 내용이었는데, 미래 사회의 비전, 개혁 그리고 혁신 이야기였다. 좋은 책은 혼자만 읽지 말고 여러 권 사서 주변에 돌리라고 하였다. 그러면서 폴 크루그먼의 《미래를 말하다》라는 책에 서명까지 해서 주었다. 내가 감명 깊게 읽은 혁신에 관한 책을 사서 보내기로 했다. 돌아와서 즉시 책 10권을 주문했다. 그 이후 뵙지 못하게 되었다. 드리지 못했던 책은 노무현 대통령 서거 이후 우리 대학교 도서관에 기증했다.

노무현 대통령이 추진하였던 동반성장을 위해서는 복지와 성장의 선순환이 필요했다. 그중 한 축으로 혁신과 성장의 과학기술중심사회로의 시대 전환을 통해 노무현 대통령이 꿈꾸던 미래가 실현되기를 바라며 이 책을 노무현 대통령의 영전에 바친다.

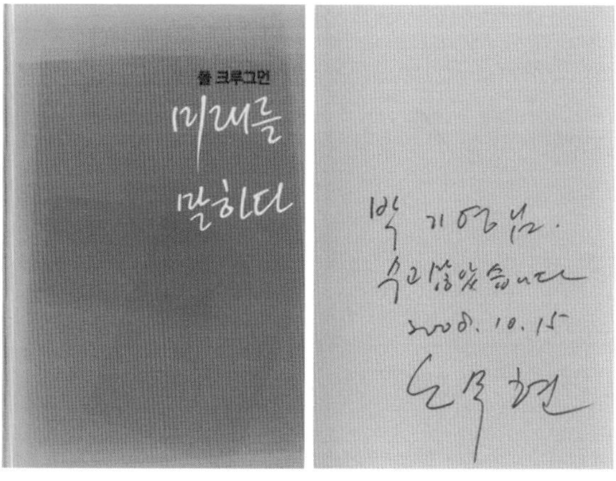

第16대 대통령 후보 초청 토론회 공약 발표 (준비 자료)

(2002년 11월 19일, 과총 주관)

과학기술정책 방향

- 국가 지식사회 건설, 과학기술 5대 강국 선언, Science Korea 추진

후보 기조연설 개요

- 과학기술자들이 국가 경제성장을 위하여 꾸준히 노력하고 있어 괄목할 만한 성과를 거두었으며 오늘날의 경제 성장이 모두 과학기술자들의 노력의 결실이라는 점 강조.
- 최근 대덕연구단지의 정부출연연구소에서 유능한 30, 40대 젊은 과학기술자들이 스트레스 등으로 사망한 일들이 몇 건 발생하여 안타까운데 과학자들의 건강을 지킬 수 있는 체계적인 관리와 처우 개선이 시급하다고 생각함.

- 과학기술자들이 사회 발전에 기여하는 것만큼 대우받는 풍토를 조성해서 과학기술자들이 사회적으로 존경받는 사회를 만드는 데 노무현이 앞장서겠다.

주요 과학기술정책

1. 신산업 창출을 위한 미래선도기술 분야 집중 투자

- 첨단산업(IT, BT, NT, ET, ST) 분야 집중 지원으로 산업경쟁력 강화
- 기초과학, 공공기반기술, 원천핵심기술 분야 집중 지원
- 첨단기술과 전통기술의 융합으로 기술 증대 효과 극대화
- 해외연구개발센터를 확보하여 글로벌 연구체제 구축

2. 연구개발 투자 확대 및 배분체계 개선

2-1. 연구개발 투자 확대

- 연구개발예산 중 자본적 지출을 제외한 (거품을 뺀) 순수연구비 계정으로 만들었을 때 GDP 대비 투자가 3%가 되도록 R&D 투자의 절대적 규모를 확대하겠음. (2001년도 2.9% , 2000년도는 2.68%)

-순수연구비 계정은 총 R&D 투자가 14조에서 19조 규모로 증가하게 됨.

※ 참고사항

- 우리나라는 이제 연구개발을 본격적으로 시작하는 단계이므로 시설 투자에 대한 수요가 크므로 연구개발 투자에서 토지, 건물, 연구 장비 등에 소요되는 자본적 지출의 비중이 매우 높기 때문에 R&D 투자에서

거품이 발생하는 데 연구개발비로 19조 투자를 하게 되면 GDP 대비 약 3.3% 수준이 되므로 세계 최고 수준이 투자되게 됨.

- 총 연구개발비 중 우리나라의 경우 최근 정부 비중이 크게 확대되어 정부 부담이 2001년 28.6%로 증가하였지만 아직도 상대적으로 낮은 편임.(독일: 35.9%, 프랑스: 41.8%, 대만: 40.5%)

- R&D 예산을 국가의 현행 4.7%에서 7% 수준으로 확대.(현행 5조 3천억에서 약 8조로 증가, 2조 정도는 지방정부 예산 활용)

- 기업연구개발투자 확대 유도

- 세계 일류 기업들은 매출액 대비 5% 이상은 연구개발에 투자함.
  예) 필립스: 매출액 대비 7.5% 투자
- 매출액 대비 R&D 투자가 상위 20개 기업은 7~8% 수준이고 대기업 평균은 3.33%이며 현재 대기업 투자가 지속적으로 증가하여 1997년도 연구개발비 규모 면에서 세계 상위 300대 기업 중 한국 기업 5개가(삼성전자 103위, 현대자동차 167위, LG전자 193위, 한전 296위, SK 299위) 포함됨.
- 우리나라 경제가 한 단계 도약하기 위해서는 매출액 대비 연구개발 투자를 대폭 상향시켜야 함.
- 일반용 전력요금을 적용받는 기업부설연구소 연구시설은 산업용 전력요금 적용
- 기업부설연구소의 환경개선 부담금 예외 인정
- 신기술 인증제도에 의해 인정받은 신기술 제품 우선 구매 권고
- 민간 기업 연구지원 각종 제도를 체계적으로 검토하여 효율적으로 보완
- 기업 소속 연구원의 연구성과 급에 대한 세금 공제
- 중소기업이 당해 연도 연구·인력개발비에 지출한 비용 중 직전 4년간 평

균 연구·인력개발비 발생 금액을 초과하는 금액의 50%에 대한 세액공제를 60%로 확대하겠음.

- 중소기업에 대한 최저한세를 현행 12%에서 10%로 인하하겠음.
- 전문연구요원(병역특례) 배정 확대

• 중앙정부와 지방정부의 matching 기술개발 지원 제도의 도입으로 지방의 연구개발 지원 능력을 강화: 지방정부의 연구개발투자는 현재 8천억 원 정도임.

- 지방 관련 연구개발 사업비 지원은 중앙정부가 70%, 지방정부가 30% matching으로 부담하도록 하여 지방정부의 정책 사업비 중 일부를 연구개발투자로 유도하는 등 연구개발비 확대
- 2005년도에는 지방정부 전체가 약 2조 원 정도 연구개발비 투자 가능

2-2. 재원배분 체계 개선

• 현재는 기획예산처가 사업이나 프로그램별로 예산을 배정하고 있음.

→ 기획예산처는 부문별로만 예산 규모만 결정하고

→ 세부적인 예산 배분은 각 부처, 연구회, 각 연구기관에서 배분할 수 있도록 개선되어야 함.

3. 과학적인 사회로의 전환

• 이공계 기피 현상에 대한 대책 강구

- 이공계 기피가 심각한 사회 문제로 대두되어 미래의 유망한 과학기술자 확보가 더욱 어려워질 것으로 예상, 이공계 기피 현상을 해소할 만한 특단의 조치가 필요한 실정임.

(1) 과학기술자를 존경하는 사회 건설

① 이공계 지도자를 국가지도자로 육성

- 과학기술 훈장, 포상, 표창 등의 시상의 권위를 대폭 높이고 물질적 보상도 상향조정, 수상자에 대해서는 지속적으로 연구비 등 지원
- 성과급, 상여금 지급 확대, 연구수당 확대, 소득공제 등 금전적 보상 차원의 인센티브 제도 확대
- 기업체 및 정부출연연구소 연구원에게 부여되는 연구 연가를 정부에서 지원

② 과학기술자 우대 국정 운영, 더욱 많은 과학기술자가 정책 결정에 참여토록 유도

- 정부 주요 위원회에 위원 참여율을 향후 3년간 30%까지 확대
- 현재 위원 참여율은 10% 수준이므로 국가주요정책 결정에 법정·경상계열이 주도하고 있는 상황임.
- 30개 대기업 상장사의 CEO 중 이공계 전공자 비중은 16%임.
- 참고로 사회주의 국가에서는 과학기술자 정책 결정 참여율이 50%에 달함
- 과학기술 관련 정무직을 10개 확대하여 총 13개로 설치, 운영
- 현재 과학기술 관련 정무직은 과학기술부 장관, 차관 및 과학기술자문회의 위원장(장관급)뿐임.
- 과학기술 관련 정무직을 10개 더 늘림.
- 대상:국가과학기술위원회(위원장: 대통령)에 연구회 이사장을 참여시키며 장관 예우
- 주요한 국책연구소의(KAIST, KIST, ETRI 및 원자력연구소 등) 기관장

은 장관급으로 격상: 현 국책연구소장은 준차관급임, 주요 정부출연연구소의 연구소장은 차관급으로 예우

※ 참고사항

- 현재 법조계의 정무직(차관급 대우 이상)은 약 170개임.

• 정부의 3급 이상 기술직 임용가능 직위 중 기술직 임용비율 목표제 도입(예: 1급 50%, 2급 60%, 3급 80%)

→3급 이상 고위관리직에 기술직 임용확대: 현행 15% →30%

• 정부 부처 공무원 신규임용시 '이공계 출신자 우대정책' 및 '최소임용비율 할당제도' 도입을 단계적으로 확대하여 현재 17%에서 선진국 수준인 50% 달성

• 기술고시 채용 규모 확대

• 과학기술인력 적정임금 유지 정책 도입: 급여 수준 향상 유도

- 연구인력 증원 촉진 프로그램 실시: 일정 규모 이하(종업원 100명 이하)에 신규로 채용되는 기업체 연구인력에 대하여 인건비 30% 보조(현행 인턴연구원 제도 보완하여 실시)

- 중소기업체 연구개발 인건비 세액 공제

예) 독일 연방과학교육기술부의 연구인력증원촉진 프로그램: 종업원 1,000명 이하에 근무하는 연구인력에게는 임금의 50%를 15개월간 지원

※ 참고사항

- 현재 법정·경상 계열과 과학기술자와의 평상 급여 격차가 30% 정

도입(업종별 대졸 초임 연봉에 대한 한 조사에서 신용평가사 3,500만, 원, 금융 2,400~3,000만 원인 반면, 전자 1,900~2,300만 원, 정보통신 1,800~2,100만 원임)

- 프랑스는 인문계 출신 대졸 초임보다 이공계 출신이 약 70% 더 높음.

② 과학기술인력 고용복지 정책 실시

■ 현황

- 과학기술, 인력의 공급 과잉으로 박사,학위 취득자 미취업 현상이 발생(사회, 인문뿐만 아니라 이학, 공학 등 전반적인 문제임)
- 외환위기 당시 구조조정 1순위가 과학기술자 였음.(1997년 기업연구원의 약 5%인 4,000명 해고)
- 기술고도화로 기존 기술의 노후화가 빨라져가고 있어 고용불안감이 더 높음.
- PBS 추진에 따라 석박사급 인력이 보조인력이나 임시직 형태로 활용되고 있음: 과학기술인력의 10% 이상이 사회보험의 수혜를 받지 못하고 있음.
- 여성 과학인력의 낮은 취업률과 불안정한 신분

■ 고용복지 정책 방안

- 장기적인 관점에서 정확한 수요 공급에 대한 전망을 제시하고 대학 및 대학원 정원 조정 및 특정 지원분야 설정, 범부처별 차원의 일원화된 인력양성 정책 수립
- 과학기술고용정보망 구축으로 과학기술인력 노동시장 정보 제공

- 고령과학기술인 고용 촉진 방안 수립
- 과학기술인 재취업을 위한 고용안정센터와 인력은행 운영, 대학과 산업체와 연계된 재교육프로그램 운영
- 과학기술인의 고용을 유지시키기 위한 고용조정지원 사업을 실시하여 재훈련시켜 관련 분야로 전환시키는 정책 추구, 고용유지지원금, 채용장려금 지급
- 여성 과학인력에 대한 채용목표제, 보육사업 제공

4. 평가 및 감사체제 개선

■평가

- 연구개발 자원을 효율적으로 활용하기 위해서는 평가 체계가 중요함
- 국가연구개발 활동과 관련된 평가 제도를 종합적으로 검토하여 〈국가연구개발 관련 평가 지침〉 수립
- 공정하고 투명한 평가를 위하여 객관성과 신뢰도가 높은 평가도구 개발 및 평가전문기관 육성
- 국가과학기술위원회 산하에 평가전문분과위원회를 설치하여 국가연구개발제도를 종합적으로 조정
- 실적 위주의 평가보다는 사업 단위나 국가 전체의 연구개발 사업의 종합 조정을 지원할 수 있는 분석 기능이 강화된 평가 실시
- 일률적으로 평가 시행 시기를 작용하는 것이 아니라 사업의 연속성과 장기성을 고려하여 시행 주기 조정
- 평가항목 선정시 연구결과의 수적 나열보다는 결과의 독창성, 경쟁기술과의 비교우위 등의 핵심요소를 판단할 수 있도록 평가도구 개발

• 평가결과를 문책이나 예산 삭감으로 활용하기보다는 연구원의 사기를 진작시키고 국가 정책 개발에 활용하도록 함.

• 프로젝트 평가보다는 연구개발 프로그램을 평가하여 연구 사업의 기획 과정, 목표 달성도, 사업 운영체계 등을 평가함.

- 평가의 공정성, 신뢰성을 향상시킴
- 평가대상 및 일반에게 평가 결과 공개

■ 감사

• 회계감사 중심에서 회계감사 60%, 연구성과 감사 40% 반영하도록 연구평가를 개선: 과학기술자 감사관을 학문 분야별로 확보

• 현재 감사가 연 평균 3회~5회 정도 실시되고 있음(국정감사, 감사원 감사, 관련부처 감사, 연구회 감사 등) → 이를 연 1~2회로 감축

5. 인력양성 및 활용

5-1. 인력양성 방안

• 연구인력 수요공급의 가장 큰 문제점: 양적인 초과공급, 질적인 초과수요로 인력 수급의 불균형으로 청년 실업 증가

• 현장성이 향상된 인력양성 정책 수립 필요

- 인력구조의 변화, 기술의 변화, 노동시장의 변화 등이 학과별 정원 조정 및 교과 과정에 반영시킴
- 현장실습 학점 필수화, 석박사 과정 학생 기업체 파견 교육 실시
- 대학의 커리큘럼이 현재 이론 중심으로 되어 있는데 이를 실험연구 중심으로 전환

- 산업체 겸임교수 확대
- 획일성 교육을 탈피하고 창의성을 함양하기 위하여 다양한 교과목을 개발하여 전공 선택과 교양과목을 더욱 확대
- 연구와 교육을 연계하는 시스템 도입 설치: 단설 대학원 등
- 초·중·고교의 실험실 환경 개선 및 실험기자재 보급 수준 향상
- 대학원 교육 과정으로 학제 간·전공 간 융합 분야의 전공을 설치

• 이공계전공자(대학생 및 대학원생)에게 병역특례 확대 및 국가재정에서 장학금 지급액 대폭 확대

- 이공계 대학원 장학금 혜택을 확대하여 등록금은 해결될 수 있도록 지원

• 대학교수 요원으로 연구소, 산업체 연구경력자 비율을 30%로 확대
• 석·박사 학위수여 시 전공을 세분화하거나 복수전공을 명기하는 방안을 검토
• 재교육 과정을 위하여 국가가 교육훈련 프로그램 설치 운영

5-2. 인력활용방안

■ 취업 확대 방안 수립

• 과학기술연구 부문에서 연구개발 활성화를 통하여 2만여 개 일자리 창출(현재 16만 명의 연구원 취업 중)

- 현재 이공계 박사학위 소지자 약 2만 명이 대기

• 여성 고급인력 활용 확대: 박사급 여성 과학기술인력 채용목표제(30%) 도입
• 미취업, 실직 고급 과학기술인력 활용 사업 확대
• 연구인력 유동성 제고 방안 수립

- 대학교수를 연구소나 산업계로 파견하는 파견근무제 실시
- 대학교수를 국책연구과제 책임자로 선발하여 산업체나 연구기관에 파견
- 산학연 간의 협력 단기교류 확대 및 협력 네트워크 강화로 인력이 직접 이동하지 않아도 지식과 기술이 확산될 수 있는 체제 구축
- 산업체 및 공공연구소에서 우수 연구인력에게 높은 임금을 주는 임금 유인체계 도입

• 현재 잘 정착되고 있는 포스트닥Post-Doc 제도 및 전임연구원 제도를 지원하여 급여 수준을 1.5~2배로 인상

• 과학기술인력 데이터베이스 구축

6. 지방의 기술 경쟁력 향상

• 지방분권의 일환으로 지방의 과학기술력을 향상시키기 위해서 산학연 협력 네트워크를 강화하되 하향식 기술혁신 크러스터링 체제 구축

• 산학연 협력 네트워크에서 인력, 연구비, 시설을 공동으로 활용하고 연구인력도 필요한 곳으로 자유롭게 상호 파견이 가능한 유기적인 지식 네트워크 구축

• - 1차적으로는 기술혁신에 중심적인 역할을 수행하는 혁신 거점을 구축하겠음

- 지방대학 육성책을 수립하여 이들 지역으로의 양적, 질적 인적자원이 지속적으로 유입, 집중될 수 있는 특별지원책을 실시하겠음.
- 외국 선진기술 지식이 유입될 수 있도록 이들 클러스터 지역에 외국기업 진출 및 해외자금이 유입되도록 관련 요건을 대폭 완화하고 해외 한인과학자와의 지식네트워크 형성을 지원하겠으며 우수한 해외유학 인력의

유치 시 정부에서 정착금 지급

- 벤처 캐피털 등 금융지원 시스템을 보강하여 지원하겠음.
- 석좌교수 및 겸임교수제 정착을 통하여 산학연 협력을 강화하고 석박사 과정생들의 파견근무제를 실시하여 취업을 확대하겠음.
- 중앙정부에서 지방 전략산업을 중점적으로 지원 육성하겠음.

7. 남북한 과학기술 협력

■ 현황

• 섬유류 위탁가공을 비롯해 최근에는 전자 제품 위탁가공이 주를 이루고 있음, 직접 투자에 의한 현지 생산이 일부 진행

■ 협력 방안

• 남북과학기술협력 사업은 비정치적 특색이 있어 정치와 무관하게 협력 가능

• 남북과학기술협력은 단계별로 추진하여 최종적으로는 남북한 과학기술공동체 구축으로 한반도 국가경쟁력 제고 및 남북한 공동 번영 추구

○ 1단계: 과학기술 상호이해 단계

- 남북의 과학기술 수준 및 과학기술 체계 이해를 위해 인적 교류 위주의 협력
- 남북한 과학기술 수준 공동 조사
- 한반도 청소년 과학기술 캠프 개최
- 대북한 과학기술 정보 제공 사업
- 과학기술장관회의 개최

○2단계: 남북한 과학기술 협력 사업 단계

- 실질적인 과학기술 협력 사업 수행
- 과학기술자 상호교류 및 공동학술회의 개최
- 북한의 과학기술 인프라 개선 사업
- 북한 과학기술자 창업 지원
- 북한 과학기술자의 남한 연수 사업 실시
- 남북한 공동연구 프로젝트 및 생산 기술 협력 사업 실시
- 남북한 과학기술 표준화 사업 추진

그가 꿈꿨던 혁신 성장

초판 1쇄 인쇄일 2021년 11월 5일
초판 1쇄 발행일 2021년 11월 11일

지은이 박기영

발행인 박헌용, 윤호권
편집 이정미 **디자인** 박지은(표지)
발행처 ㈜시공사 **주소** 서울시 성동구 상원1길 22, 6-8층(우편번호 04779)
대표전화 02-3486-6877 **팩스(주문)** 02-585-1755
홈페이지 www.sigongsa.com / www.sigongjunior.com

ISBN 979-11-6579-786-7 03300